価値の探究者たち

THE **VALUE** INVESTORS

Ronald W. Chan［著］
山本御稔・小林真知子［訳］

一般社団法人 金融財政事情研究会

私の妻、ジャシンスへ。
彼女は何度もこの原稿に目を通してくれた。私以上に。

発刊に寄せて

投資を学ぶ者は、理想の公式を探し求めるものだ。その公式は、会計やその他の情報を結びつけて、間違いなくリターンを得られる銘柄を選び出してくれる。目を見張る成功をおさめた投資手法の創設者であり、その投資手法をけん引したベンジャミン・グレアムですら、そのような公式を探し求め続けた。投資を学ぶ者はそのために実証的な研究報告を読み、過去の成功した投資家の言葉を追う。そして、どちらもほとんどの場合失望に終わる。

実証的な研究の成功例は思ったほど多くはない。たしかに、何冊かの注目すべき著作はある（ジョエル・グリーンブラットの『あなたも天才投資家になれる』、グレアムとドッドの『証券分析』など）。しかし、そこに示された技法を用いて投資してリターンを得られたとしても、一貫して高いリターンを得ることはむずかしい（もし、うまくいくのなら、みながその方法を使うために、結局、その方法は自滅するだろう）。

投資家の回想録も、投資について学ぶ者を失望させることがほとんどだ。多くのページは投資の哲学を述べることに割かれていて、どうやって銘柄を選べばいいのかといった実践的なアドバイスは少ない。とはいえ、成功をおさめた投資家たちの回想録は十分に読む価値がある。一般論ではあるが、こういった著作には実際に通用した投資のアプローチが記されている。また、投資の成功にとって重要な一側面、すなわち、投資の成功は数学的あるいは技術的な能力より投資家の人間性にかかっていることを示している。これこそ、投資家の回想録が一貫して伝えているメッセージなのである。

それぞれの回想録は投資の成功に必要な人間性を独自の視点でとらえようとしているのだが、実はこれが問題だ。忍耐、危機における冷静さ、幅広い好奇心、徹底した情報収集、思考の独自性、細部にわたる定量的な分析に対比される幅広い定性的な理解、謙虚さ、リスクと不確実性の適切な評価、長期的な投資期間、貪欲な知性とバランスのとれた分析、群れから外れて生きる指向性、批判的観点を保ち続ける能力など、著者が違えばそれに応じてさまざまな異なる特徴が強調される。残念ながら、こうした特徴をすべて備えた投資家を見つけるのはきわめてむずかしい。

これこそ、ロナルド・チャンが本書において価値ある貢献をした理由である。彼は著名なバリュー投資家を広い範囲で取り上げ、その特徴を徹底的に、生き生きと、わずかなページで表現することに成功している。その描写はウォルター・シュロス、アービング・カーンからウィリアム・ブラウンに至るまでさまざまな年齢層をカバーし、アジア、アメリカ、ヨーロッパといった複数の地域にわたって、バリュー投資のすべてのスタイルを網羅している。投資のアプローチを投資家の生き方と結びつけて描くことで、人間の個性と優れた投資行動の関係を明らかにしている。全体として、本書はバリュー投資を実践しようとする者に対して、これまでの歴史のなかから選りすぐった材料を提供し、彼らが自分に最も適した投資のスタイルを見出せるようにしてくれている。

ロナルド・チャンの仕事は、バリュー投資の初心者には重要な出発点となり、経験の長い投資家にとっては貴重な参考書となる。

ブルース・C・N・グリーンウォルド
コロンビア大学ロバート・ヘイルブラン寄付コース、ファイナンス、アセット・マネジメント教授
ヘイルブラン・センター・フォー・グレアム・ドッド・インベスティング　アカデミック・ディレクター

日本語版まえがき

私の著書の日本語訳『価値の探究者たち』（原題：The Value Investors）が出版されることを光栄に思う。私の著書に興味を示してくれた一般社団法人金融財政事情研究会の花岡博さん、日本語への翻訳を担当してくれた山本御稔さんと小林真知子さんに心から感謝したい。この三人の存在なくして本書が日本で世に出ることはなかった。また、本書の出版にあたり、クロスパス・アドバイザーズ代表取締役の黒田恵吾さんと、シンガポールで上場するユニ・アジアホールディングスの創業者である山代元圀さんからは貴重な助言をいただいた。キキ・モクさんには各章の冒頭に投資家たちの肖像画を描いてもらった。リチタ・シャルマさんにも私の日本での活動をサポートしてもらった。なかでも私のメンターであり、友人でもある黒田さんには、このまえがきの翻訳の労をとっていただいた。彼とのコラボレーションが実現した日本語版は、私にとって特別なものとなった。

ファンドマネジャーである私にとって、日本の株式市場は常にエキサイティングな存在である。多くの日本企業の株式は一株当りの純資産額やネット現金残高（現金から負債を控除した金額）より低い価格で取引されており、バリュー投資の投資基準に適合する。本書で私がインタビューした多くのファンドマネジャーたちも日本への関心を表明していた。たとえば、二〇一五年に一〇九歳で亡くなった伝説の投資家アービング・カーンは、生涯で最高のパフォーマンスを残した投資の一つは日本企業だといっていた。彼は一九五〇年代に東京を訪問し、多くの中小企業の経営陣と会った。当時、彼はラジオを生産しているエレクトロニクス企業にバリューを見出し、その会社の株式を購入し、長年にわたって保有した。その会社とはソニーである。

一九八〇年代初頭、日本企業の株式はアメリカやヨーロッパの企業の株式よりも安く取引されていたため、ジャン・マリー・エベヤールは日本企業の株式を買った。その後、しばらく日本市場は動かなかったが、辛抱強く何年も待った後、ついに上昇期を迎えた。一九八〇年代終わりには、日本株は欧米の株式よりも高く評価されるようになった。本質的な価値を重視するバリュー投資の考え方に従って、エベヤールは日本市場から撤退することを決めた。マーケットが暴落したのは、それから間もなくのことだ。このエピソードは、経験豊富なバリュー投資家は魅力的な投資とは何かについて知っているだけではなく、危険から離れるべきタイミングについても知っていることを示唆している。

バリュー投資のコンセプトは、ベンジャミン・グレアムがファンダメンタル分析の考え方を提唱した一九二〇年代後半のアメリカで生まれた。このコンセプトは数十年間にわたって進化し、今日のバリュー投資家が投資対象を探す方法は五〇年前のバリュー投資家のそれとは異なっている。「バリュー」は時間の経過とともに変化するのだ。

私はこの「バリュー」の進化を研究するため、世界中を旅して、さまざまな地域の、異なる世代に属するバリュー投資家にインタビューすることにした。実をいうと、私の「バリュー=価値」を探究するための旅は、この日本から始まった。スパークス・グループの阿部修平さんがインタビューにこころよく応じてくれたからだ。阿部さんはアジアにおけるバリュー投資の実践方法は、欧米のそれと異なることを示した。また、成功するファンドマネジャーは知性だけではなく、忍耐力と持久力も備えている必要があると教えてくれた。私はあらためて阿部さんがこの本に参加してくれたことに感謝するとともに、阿部さんとの面談をアレンジしてくれたマシュー・久保さんにも感謝したい。

「バリュー」は、それをみる人の目のなかに存在する。日本の読者が本書を通じてバリュー投資家たちと出会う旅に出発し、その旅を通じて正しい投資の考え方を養うことができることを願っている。

二〇一六年一〇月六日

ロナルド・W・チャン

黒田　恵吾　訳

著者紹介

ロナルド・W・チャン（Ronald W. Y. Chan）

香港を拠点とする資産運用会社チャートウェル・キャピタル・リミテッドの創設者。アジア太平洋地域の金融の専門紙や雑誌に多くの寄稿をしている。また、『バフェット合衆国――世界最強企業バークシャー・ハサウェイの舞台裏』（パンローリング刊）の著者でもある。ニューヨーク大学スターン・スクールで、ファイナンスと会計の学位を取得。

訳者紹介

山本　御稔（やまもと　みとし）

監査法人勤務。同志社大学経済学部卒。シカゴ大学ビジネススクールＭＢＡ。九州大学博士課程単位取得退学。信託銀行、外資系年金コンサルティング会社を経て現職。一貫して資産運用、年金信託に関する実務とコンサルティングを実施。東京国際大学の客員教授として留学生相手に奮闘中。

小林　真知子（こばやし　まちこ）
監査法人勤務。慶応義塾大学文学部卒。損害保険会社、総合商社を経て現職。日系、外資系の金融機関向けコンサルティング、退職給付関連業務に従事。大の洋画ファン。

目次

第7章 インカムにこだわるイギリス人

ジュピター・アセット・マネジメント■アンソニー・ナット

第8章 旅するバリュー投資家

テンプルトン・エマージング・マーケッツ・グループ■マーク・モビアス

第11章 太陽のように永遠に輝くバリューの心

バリュー・パートナーズ・グループ■ヴィーニー・イェ

第12章 偶然が生んだバリュー投資家

バリュー・パートナーズ・グループ■チア・チェング・フイェ

第13章 バリュー投資家ができるまで

第1章

バリューランドの選択の自由

Walter Schloss
Walter & Edwin Schloss Associates

ウォルター&エドウィン・シュロス・アソシエーツ
ウォルター・シュロス

私を破壊しないものが、私を強くする。

――フリードリヒ・ニーチェ

ウォルター・J・シュロスが資産運用会社ウォルター・J・シュロス・アソシエーツを設立したのは1955年のことだった。バリュー投資の父、ベンジャミン・グレアムの教え子であるシュロスは1930年代からアメリカの割安に評価されている株を探し続けてきた。1946年からグレアム・ニューマン・パートナーシップに証券アナリストとして勤務した後、1955年にグレアムが引退したことを機に、シュロスは自分自身のファンドを設立し、運用を開始した。シュロスの息子であるエドウィンが1960年の暮れに合流し、1973年にはウォルター＆エドウィン・シュロス・アソシエーツと改称した。

ファンドは定額の運用手数料をとらないかわりに利益の25%を成功報酬として得るというルールのもとで、シュロスは10万ドルの資金を集めて運用を開始した。その後、ファンドの運用総額が3億5000万ドルにまで増加した時期もあった。1956年から2002年にかけてファンドは複利年率で16%（成功報酬控除前では年率21%）のリターンを出した。その間のスタンダード＆プアーズ（S&P）500は複利年率10%にとどまっている。

この6%の差はそれほど大きくはみえないかもしれないが、この差に複利というマジックが加わると話は変わる。1万ドルを元手にしてS&P500で運用すると46年間で90万ドルになる一方、シュロスに投資をした場合には1100万ドル近くにまで資産が増えることになるのだ。

1963年以来、公認証券アナリストとして活動してきたシュロスは、民主主義、政治的自由、人権について調査し、それらを擁護することを目的とするワシントンDCの国際的NGOの財務責任者の役割も引き受けていた。

ウォルター・シュロスは2012年2月19日にニューヨークのマンハッタンで95年の生涯を終えた。

ウォルター・J・シュロスは〝グレアム・ドッド村のスーパー投資家〟というニックネームで有名だ。この名を冠したのはだれあろう、賛辞と賞賛を一身に集める投資業界のレジェンド、ウォーレン・バフェットなのだ。そこで、〝オマハの賢人〟ウォーレン・バフェットにシュロスを紹介してもらうこととしよう。

バフェットは二〇〇六年のバークシャー・ハサウェイの株主向けの手紙で、シュロスを賛辞とともに取り上げている。そこには、シュロスは「稀有な成功をおさめている投資のパートナーシップ」において、投資家には多くのリターンを提供しているのだが、自らは「投資家が利益を得ない限り、一銭たりとも要求しない」と記されている。彼はその偉業を、大学にもビジネススクールにも行かず、また、「オフィスに秘書も総務も経理担当者も置かずに」成し遂げている。「彼の唯一の同僚は息子でもあるエドウィン」だが、彼は美術を専攻しており、ビジネスの世界からは最も遠くにいる人物なのだ。

バフェットの手紙は続く。「一九八九年に『アウトスタンディング・インベスター・ダイジェスト』誌が〝あなたがたの投資アプローチの要点は?〟と聞いた際に、エドウィンはただ〝割安に買うことです〟とだけ答えている。これではモダン・ポートフォリオ・セオリーも、テクニカル分析も、マクロ経済の理解も複雑なアルゴリズムもかたなしだ」

バフェットが一九八四年に初めてシュロスの際立つ投資成果について公開の場で言及した時には、ほとんどの有名ビジネススクールの投資の授業は効率的市場仮説(EMT)に支配されていた。バフェットが注記するとおり、EMTによれば、「公開情報を利用する限り、市場平均を上回る投資成果をあげることはできない(もし上回る場合には運がいいだけ)のである。私が二三年前にウォルターと話した時には、彼の投資成果はすでにEMTの教義には都合の悪いものとなっていた」。

ビジネススクールの教授たちは、どう考えても疑いようのないほどに明らかなシュロスの成功の理由について議論することは避け、「ＥＭＴを、あたかも聖典に記された絶対的真実であるかのごとくにうれしそうに語っていた」とバフェットは記している。「こんなことがいえるだろう。ＥＭＴに異を唱えるような神経をもつファイナンスの研究生たちは、ガリレオが法王に推挙されるチャンスと同じ確率でしか教授に推挙されるチャンスをもっていなかった」

「シュロスはその間、市場を上回る投資成果をあげ続けていた。シュロスにとっては若手に間違った知識が与えられることで、仕事がしやすくなっていたのだ。海運業を例にとってこの状況を考えると、シュロスの競争相手の船主はみな、地球は平たいと思っていたようなものだ」

バフェットは言葉を結ぶ。「ウォルターに投資している投資家にとっては、ウォルターが大学に行かなかったことが好都合だったのだ」

大恐慌を生き延びて

ウォルター・シュロスは一九一六年にニューヨークで生まれた。彼の回想によると「私が生まれた頃、世界は戦争の真っただ中だった。加えて、インフルエンザの世界的な大流行も起きていた。母のエヴリンは病院で感染することをおそれて、家で私を出産した」。

それから二年の間に、ヨーロッパで発生したインフルエンザ（スペイン風邪として知られている）は世界に広がり、第一次世界大戦を上回る死者を出した。病気をおそれたシュロス一家は一九一八年にニュージャージーのモンクレアに転居した。「ところが」、とシュロスはいう。「そこはあまりにも辺鄙で不便だったので、しばらくすると、またニューヨークに戻った。そこで私は育ったんだ」

幼い頃からシュロスは路面電車で街を探索することを楽しんだ。シュロスは路面電車の運転手と、運転手に与えられる、どこにでも好きなところに行けるという特権に魅了された。それで、路面電車の運転手になることが幼いシュロスの夢になったのだ。

シュロスはいう。「幸運の神がちょうどいいときに、ちょうどいいところへ連れて行ってくれるものだ！　もし私が少し早く生まれていたら、私は本当に路面電車の運転手になっていたと思うよ。幸運なことに、路面電車はそろそろ必要とされなくなり始めていて、一九三〇年代や一九四〇年代にはバスがその存在感を増してきていた。だから、結局、路面電車の運転手はやめてウォールストリートに来ることになったのだ」

まだ中学生の頃に、シュロスは株式市場の大暴落を目の当たりにし、それがもたらした状況の過酷さに気づいていた。母親は相続した資産のすべてを失い、父親のジェロームは小遣いで買っていたマシソンアルカリ社の株式を失ってしまった。

「両親は正直者だったが、金銭的なセンスはなかったようだ。なぜって、金銭的に余裕のない投資家だったからだよ」とシュロスはいう。「大恐慌の間に父は教訓を得て、それを教えてくれた。〝自分の身にひどい災いが降りかからなかったら、それだけで儲けたようなものだ〟。私はそれを心に刻み込んだ。だから、私がウォールストリートで働き始めた時の目標はカネを失わないことだったんだ」

一九三四年に一八歳になったシュロスは高校を終えると就職先を探し始めた。母親の助けもあり、カール・

M・ローブという証券会社で週給一五ドルの新入りとして働き始めた。カール・M・ローブ社は後に社名をローブ・ローズ社に変更することとなる。

「父親は大恐慌で仕事を失ってしまったので、私は家族を支えるために大学へ行けなかった」とシュロスはいう。「経済は冷酷なものだ。当時、立派な紳士が街角で一個五セントのリンゴを売っていた姿をいまでも思い出す。親しい友人たちは、私が証券会社で働くことを許す母親にあきれていた。なぜなら、当時、一九四〇年までにはウォールストリートはなくなると思われていたからだ。当時の人たちがどれほど経済に悲観的だったかがわかるだろう」

新入りのシュロスの仕事は、書類を届けたり、日々売買される株券を決済のためにいろいろな証券会社に届けて回ったりすることだった。間もなくシュロスは昇進して「鳥かご」と呼ばれていた現金出納の部署に配属され、証券会社間での株券の受渡しを監視、記録することとなった。

シュロスは回想する。「一年ほど働いたとき、パートナーの一人で統計部門担当のアーマンド・アーフから証券アナリストになってみないかと声をかけられた。統計部門というのは、いまでいえば調査部のようなものだ。アーフによれば、証券アナリストの仕事は売買手数料に結びつくわけではないということだったので、私の答えはもちろんノーだった」

「当時、あるいはいまでもそうだと思うが、カネになるかどうかが最優先なので、ビジネス上のコネクションは投資に関する知識よりも重要だった。だれを知っているかが、何を知っているかよりも重要なわけで、だから調査担当のアナリストといえども社内で決して厚遇されていたわけではなかったのだ」

アーフは若いシュロスに、とても価値のあるアドバイスを与えてくれた。ベンジャミン・グレアムとデビッド・ドッドが著した『証券分析』と呼ばれる本の存在を教えてくれたのだ。アーフはシュロスにこういった。「あの本を読んでみなさい。あの本のすべてを理解しておけば、ほかの本を読む必要はないよ」

『証券分析』を読んだことによって、シュロスの心にはニューヨーク証券取引所が併設する機関でファイナンスと会計を学びたいという気持ちが芽生えた。このコースを修了すれば証券分析のコースに進級でき、その先生はだれあろう、ベンジャミン・グレアムなのだ。シュロスは各学期に一五ドルの授業料を払いつつ、一九三八年から一九四〇年にかけてグレアムのクラスで学ぶ機会を得た。

バリュー投資の父から直接学んだ経験は、シュロスの生き方を変えたといっていい。「ベン（ベンジャミン）は単刀直入で明晰だった。多難な大恐慌を切り抜けた経験から、彼の中心的な投資戦略は、株価が下落してもなんらかの保護策（プロテクション）があるような銘柄を探すというものだった。たとえば、企業の運転資本よりも低い価格で取引されている銘柄がそれに当たる。この考え方はすごく心に響いた。彼の投資哲学に心酔したよ」

シュロスは、どの株が割安でどの株が割高なのかを示す際に、グレアムが実例を用いることに感銘を受けていた。「グレアムはアルファベット順が近い銘柄を比較することもしていた。たとえば、コカ・コーラ（Coca-Cola）とコルゲート・パーモリーブ（Colgate-Palmolive）を比較して、統計的にコルゲートのほうが割安であることを示すのだ」

「プロの投資家も投資のヒントを得ようとしてグレアムの授業に参加していた。彼らは実際にそれで儲けていたけれど、グレアムは気にしていなかったよ。グレアムにとって、授業はアカデミックな検証の場であってカネ儲けの場ではなかったから。残念だけど、当時は投資に回す資金がなかったからグレアムのアイデアで儲けることはできなかったけれど、かわりにとても多くのことを学ぶことができた」

生き残ることの意味

一九三九年に勃発した第二次世界大戦にアメリカが参戦したのは、日本が真珠湾へ奇襲攻撃をかけた一九四一年の終わりだった。愛国心に燃える二三歳のシュロスは、国を守るために身をささげる決意を固めた。「アメリカが攻撃されたのは一二月の最初の日曜日だったと記憶している。翌日、職場に出ると上司に、いますぐ従軍したとしても年末のボーナスが支給されるかどうかを確認した。答えはイエス。だから、その足でマンハッタンのダウンタウンに登録しに行ったのだ。その週の金曜日には従軍の宣誓を終えて、訓練の場に送られた」

「ニューヨークで巨大な船に乗り、潜水艦に沈められないようにジグザグに航路をとって海を渡った。リオ・デ・ジャネイロを通り過ぎ、喜望峰を目指して大西洋を横断し、ボンベイへ向けてインド洋を航海したのだ。その後、ペルシャ湾に入ったけれど、水深が十分ではなかったので、イギリスのローナという名前の軍隊輸送船に乗り換えてイランに到着した。私は運がよかった。もしその輸送船に数カ月後に乗っていたら、攻撃を受けて船ごと海に沈んでしまっていただろう」

一九四三年一一月のドイツ空軍による攻撃はローナを含む輸送船を沈没させた。これはアメリカ軍にとって、海での一度の攻撃で被った最大の被害となった。

シュロスは一九四五年まで陸軍に従軍した。イランに駐屯し、暗号解読の訓練を受けた後、ワシントンのペンタゴンにある信号部隊に行くように命じられた。

長い人生において一八回ほどの不況を経験するうちに、シュロスは人生のはかなさを感じ取っていた。そして、生き残るためにカネは決していちばんに重要なものではないと考え始めた。「人生には落し穴があるものだ。生き残るためには運を味方につける必要がある。軍に入隊した時、もはや家に帰ることはないだろうと本気で考えた。母親は私が従軍リストに名を連ねたことに怒っていたけれど、国に仕えることは自分自身の義務だと思っていた。この国は私に自由と機会を与えてくれるのだから当然だよ」

シュロスは、どうやって大恐慌を生き延びたのか、また、どういう考え方で投資をしているのかを質問されることが頻繁にあるという。「ベンジャミン・グレアムという先生から習った部分が大きいのは当然だが、いまの自分を四年間の従軍経験がかたちづくっているという思いもある。マーケットで生き残ることは、戦場で生き残ることと本質的に同じことだ。できるだけ損失を出さないようにして生き残ることさえできれば、結果的にいくらかの財産ができているものさ」

「もう一つ学んだことがある。人生は短いものだから、自分に自信をもって、嫌いなことに時間を使うのではなく、好きなことに粘り強く取り組めばいい。それが財産を生んでくれるのさ」

シュロスは陸軍にいた時に、ベンジャミン・グレアムに手紙を送っている。ある時、グレアムがシュロスに手紙を送り、グレアムの会社の証券アナリストがやめようとしているのだが、そのかわりとしてシュロスに会社に来る気はないかと尋ねた。断るにはあまりに惜しい話なので、終戦後すぐにシュロスはグレアムを訪ねた。シュロスは一九四六年一月二日から週給五〇ドルでグレアムのもとで働き始めた。

ネット-ネット

シュロスとグレアムの投資についての考え方は非常に似通っている。シュロスは資産を失わず、マーケットで生き延びることに重点を置き、グレアムは値下りリスクを回避することを重視し、ポートフォリオの組入銘柄の分散化を図った。

グレアムの会社で働いた一九四六年から一九五五年にかけてのシュロスの役割は、〝ネット-ネット株〟と呼ばれる、運転資本の価値よりも安くなっている株を探し出すことだった。ネット-ネットの考え方は、ネットの流動資産の価値に基づいて企業の価値を評価するものだ。まず、企業にある現金と、現金と同等の流動性をもつ資産を額面で評価する。次に売掛金と在庫の割引現在価値を求める。その合計から負債を差し引く。こうして算出された数値を発行済株式総数で割ると一株当りのネット-ネット価値がはじき出されるというわけだ。

いまと違って当時は財務情報を得ることが容易ではなく、また、大恐慌後ということもあって投資家の購買意欲も低かった。それゆえに、ネット-ネット価値を下回る株も多かったのだ。こういった株を買うことは、あたかも一ドルを五〇セントで買うようなものだ。

シュロスの説明を聞こう。「一九三〇年代や一九四〇年代にはネット-ネット株がたくさんあった。私たちは、運転資本の三分の二の価格の株を探していた。こういった株の価格が運転資本と同額になるまで値上りすると、投資家にとっては五〇%の投資成果になるからだ。一九五〇年代になるとこういう株を見つけることがむずかしくなったので、ますます必死で探したよ」

シュロスが重ねていうには、ネット‐ネット戦略の問題点は、企業が独占的に保有する権利の価値や、経営陣の質のよさから生まれる価値を評価していないことにある。「ネット‐ネットだけで銘柄を選択すると、それほど目立たない二番手企業を選んでしまうことが頻繁にあった。そういう企業は、バランスシートは大きいが、収益力が必ずしも高いわけではないので、苦境に陥ることもあったのだ。この手のリスクを抑制するために、ベン（グレアム）は銘柄分散については徹底していた。でも、よい点もある。二番手銘柄は十分に割安だから、株価さえ適正な水準に戻れば、投資成果の点では申し分がなかったのだ。というわけで、私たちの逆張り戦略は機能していたよ」

ネット‐ネット銘柄を探し出している時、シュロスは卸売業のマーシャル・ウェルズ社の年次総会で、まだ二〇代前半の、後に〝オマハの賢人〟と呼ばれる人物に遭遇した。

「ウォーレンもあの企業に投資機会を感じて総会に来ていたんだ。彼はその後、一九五四年にベン（グレアム）のもとで働くようになった。私たちは同じ部屋で働いて、一緒に企業の清算価値を調べていたよ。ウォーレンはユーモアのセンスをもった紳士的な男だったよ」とシュロスは回想する。

バフェットにとってシュロスは〝ウォルター兄貴〟であり、まさに兄弟のような存在で、自分の考えを聞いてもらうことを楽しんでいた。

いまではバフェットの投資会社であるバークシャー・ハサウェイが自動車保険のＧＥＩＣＯ（Government Employees Insurance Company）の所有者だが、かつてはＧＥＩＣＯの株式の五〇％はグレアム・ニューマン社が保有していた。シュロスによれば、ＧＥＩＣＯは一九四八年にグレアムの最初の買入れ申出を拒絶したが、その後、七五万ドルの買入れ申出を受け入れた。そして、グレアムは五〇％の株主になった。

シュロスはこう説明する。「弁護士がこの案件の確認をしている時に、私はベンの隣に座っていた。この金額はグレアム・ニューマン社の手持ち資金のほぼ四分の一に達していたのだ。ベンは、この購入がいかに割安だったかについてはしっかりと理解していたけれど、その企業の成長性については何も考えていなかったよ。彼は私に向かって〝ウォルター、この取引がうまくいかなかったら、いつでも企業を清算して投資した資金を回収すればいいよ！〟というのだ。これが、ベンが追求した値下りリスクの回避策なのだよ」

この取引が成立してからわかったのだが、投資会社が保険会社について大きな割合の持分を保有することは当局の認可なしには許されていなかった。この問題を解決するために、グレアムはＧＥＩＣＯを再び公開企業とし、その持株を購入価格でグレアム・ニューマン社の投資家に分配したのだ。

シュロスもいくらかＧＥＩＣＯ株の分配を受けたのだが、息子のエドウィンと娘のステファニーの出産費用を捻出するために売ってしまった。「ＧＥＩＣＯ株で儲けることはできなかったけど、息子と娘を得ることができたのだから悪い取引じゃなかったよ」

一九五五年にグレアムは引退を決意してカリフォルニアに移り住んだ。それまでの九年と半年にわたりグレアムという指導者のもとについたおかげで、シュロスは投資家としての自信をつけていた。すぐにでもシュロス自身のファンドを立ち上げようかとも思ったのだが、グレアムへの尊敬の念から、すぐに言い出せないでいた。だが、投資家や、友人（そのなかにはバフェットも含まれる）の勧めもあって、シュロスはようやく自分のファンドを立ち上げることにしたのだ。一九人の投資家の資金により、一九五五年にウォルター・Ｊ・シュロス・アソシエーツがスタートした。

一九七六年にこの世を去ったグレアムは、シュロスにとって指導者とか仲間という言葉では表現しきれない存在だった。グレアムは、若いシュロスに経済的に自立するための方法や、安全で確実な資産形成のお手本をみせたのだ。もしもシュロスがグレアムの『証券分析』を手にとっていなかったら、シュロスは幼い頃からの夢だった路面電車の運転手の道に進んでいたのではないだろうかとも考えてしまう。

「ベンジャミン・グレアムと証券分析」という名の短い回顧録で、シュロスは次のように回想している。

ベン・グレアムは独創的で、明晰な思想家だった。高い倫理観をもつと同時に、謙虚で控えめだった。彼に比肩する者はいない……。ともかく物事をシンプルにとらえようとしていた。アナリストが投資判断の際に、むずかしい数学を用いることには反対していて、算数レベルのものと多少の代数で十分だと考えていた。

『証券分析』の第一版の前書きをあらためて読んで、ベンの考え方にあらためて感銘を受けている。「(私たちは) まず、概念、方法、基準、原則、そして、何よりも論理的な思考に関心を寄せている。私たちはセオリーを重要視するが、それはその完成度という点だけではなく、実務に生かせるかという点を含めてのことだ。従うのがむずかしい基準や、使うのが大変すぎて効用と見合わない技術的な方法は採用しない」

ベンは大恐慌で痛い目にあったこともあり、値下りリスクから身を守ることができる投資を心がけていた。値下りリスクを避けるための最善の方法は、そうすれば損を回避できるであろうと思われるルールをいくつか整備しておくことだ。投資の世界において、感情に影響されずに、常に明晰な頭脳を働かせることは至難の業だ。おそれや欲望は往々にして私たちの判断をゆがめる。ベンはそれほどカネに執着しなかったので、他の投資家に比べれば感情に左右されることは少なかった。

ベンが彼の人生で成し遂げた成果のなかでも、『証券分析』は最高のものだ。彼と知己を得たことを誇り

に思う［注1］。

［注］

1　この記述は、シュロスの一九七六年の個人的な書き物のなかに現れる。

心地よいペース

シュロスにとっての独り立ちとは、本当に一人ということだ。秘書も調査のアシスタントもいないし、机を一つとキャビネットだけで仕事をしていた。グレアム・ニューマン社の時から取引のあった証券会社のトゥイーディー、ブラウン社から押入れほどの小さなスペースをまた貸ししてもらっていた。

生来の倹約家のシュロスにとって、節約はむずかしいことではなく、いつも安い買い物を心がけていた。一方、現代のプロ投資家のように猛烈に働くようなことは避けていた。朝は九時から午後四時三〇分まで勤務するのだが、ティッカーテープに打ち出される株価を刻一刻と追うようなことはしなかった。シュロスはそのかわりに毎日、新聞を読んでいたのだ。

投資情報を収集するためにさまざまな方法を用いるのではなく、ただ最安値を更新した銘柄を探していた。そういう銘柄を見つけると、その財務情報や業績を独立系情報ベンダーのバリューライン社でチェックしていた。その企業がお好みとなれば、さらに詳細に確認するために、企業から財務報告書と株主総会の招集通知を取り寄せた。

「私はグレアム・ニューマンにいた時と同じ投資手法を用いていた。すなわち、ネット－ネット株を探していたのだ。これは投資家の資金を守るためであり、投資家の利益を最大限に図ることが私の使命だ。投資家といってもその多くは裕福ではなく、彼らは日々の生活資金の一部とするために、私がリターンを出すことを期待しているのだ」

「私はストレスを好まず、それを遠ざけた。だから、マーケットのニュースや経済データに過度に注目することはしなかった。こういうニュースやデータはいつも投資家を惑わすものさ！　私はマーケットでのタイミングのとり方も上手ではなかった。マーケットの次の動きをどのように予想するかをよく質問されたけど、彼らの予想と私の予想は同じ程度の的中率だったと思うよ」。こんな感じなのだが、シュロスは株価とその価値については絶対的な自信をもって臨んでいたと語っている。

シュロスは自身のファンドを開始するにあたって、ファンドの保有銘柄を開示しないというルールをつくった。「それにはいくつかの理由がある。一つ目の理由は、投資家は値下りすると騒ぎ始めるものだし、もし投資家が駆け込んできて涙を流したり抗議したりすると、私には許容できないストレスになってしまうからだ。また、私が保有銘柄を開示したら、競合相手もそれを知ってしまい、競争が激しくなってしまう。これが二つ目の理由だ」

シュロスはグレアム・ニューマン社に勤務していた頃の事例を持ち出して説明する。シュロスが、ルーケンス・スティールという割安な銘柄を見つけた時のことだ。グレアム・ニューマンは手始めにいくらかの株を買い、その後も買い増すだろうと思われていた。「ある日、ベン・グレアムが投資家とランチをともにした時、どの株を好んでいるのかを聞き続けられた。ベンにしてみれば、相手に失礼にならないようにルーケンス・スティールが気に入っていると伝えたんだよ。直後にルーケンス・スティールの株価は上昇し、われわれが買える水準ではなくなってしまった。それを聞いた投資家が大量に買いを入れたのかどうかはわからないけれどね」

シュロスが保有銘柄を開示しないことには別の利点もあった。シュロスも認めているのだが、彼はいつも買いに入るタイミングが早すぎる。しかし、そもそも保有銘柄を開示していないから、だれかに知られて妙に騒がれることもなかったのだ。「株価が割安なら、その場で買い始める。私は一定の損が出た段階で保有銘柄を売ったりしない。気に入った銘柄であれば、保有した後で株価が下がっても、もっと買い足す。それより、株価が上がり始めた銘柄を買うことに抵抗を覚えてしまうな」

シュロスの戦略は、株の本来の価値と、現在の株価の差がもたらす安全域（マージン・オブ・セーフティ）にある。この安全域が大きいほど、シュロスはハッピーというわけだ。とはいえ、割安になった株価が本来の価値を反映する株価に戻るには時間がかかるため、忍耐も必要になってくる。

「私の平均的な株の保有期間は四年から五年だ」とシュロスはいう。「それだけの時間があれば、安値になっていた株価も本来の価値を反映する。加えて、こういう場合には税金面でも有利な長期保有のキャピタルゲインとみなされるだろうしね」。シュロスはおかしみをもってベン・グレアムの言葉を思い出す。「株を買うときには、まるで日用雑貨を買うような感じであるべきだ。高級な香水を買うような姿勢ではいけない」。続けて、「私は株という商品を在庫にもっている日用雑貨屋のオーナーだ。在庫の株は配当を払ってくれることがあるから、売れるまで少々時間がかかっても平気だ。待っていれば、そのうちにだれかがよい価格で在庫を買おうといってくれる。私はそのときに株を売ればいいだけだ」。

企業の経営陣と話すことや、企業のビジネスを理解することを志向する多くのファンドマネジャーとは異なり、シュロスは株の数量的な側面に注意を払っていた。彼の説明によれば、それは「株の値下りリスクに焦点をあわせ、損失を避ける」ということを意味していた。「株価が運転資本を下回る金額であれば、その差は投資家にとっては一種の保険だと考えてもいい」

シュロスの言葉だ。「私は負債をもたないか、もっていても少ない企業を選ぶようにしている。負債は判断をむずかしくするものなんだ。また、経営陣が多くの自社株を保有し、彼らが会社の利益のために最大限の努力をするようになっているかを確認する。でも、多くの場合、経営陣の行動を把握し、財務諸表の注記までしっかりと読み込んで、彼らが誠実かどうかを見極めることが必要になる」

「私は企業の財務状況がすべてを説明していると考えているので、株を買う際に、特に経営陣と話したいとは思わない。経営陣は多くの場合、企業のよいところをことさらに強調するし、それが投資判断に影響しても困るからだ。もちろん企業訪問をして経営陣と話すことを好む多くの優れた投資家がいることはわかっているけれど、私はそうではないというだけのことだ。そういうストレスのかかることは避けたいし、もしも私がこんなに多くの企業を訪問しなければいけなかったとしたら、投資を始めてから数年後にはあの世に行っていただろうね」

他人の資金を運用することは、とても責任が重いことだとシュロスはいう。だから、自分にとって心地よい状況にして、夜もしっかりと眠れるようにしておくことがきわめて重要なのだ。

シュロスにとって最もむずかしくて、チャレンジングなことは株を売ることだ。「私のやり方は値下りリスクに注目するものであり、企業の成長とそれに伴う利益の伸びについては重視しないという問題がある。株価が一定のレベルになると、きっぱりと売ることにしている」

　この方法のマイナス面について説明するために、シュロスはサウス・ダウン社の事例をあげる。「だいたい一二ドルで大量の株を取得した。二年から三年後だったろうか、株価が二八ドルになった時に売ってしまった。その株価は私の計算した価値に達していたし、企業の成長については重要視していなかった。でも、それほど経たないうちに株価は七〇ドルになったのだ。私は高望みすることなく、次の割安銘柄を探しに行くしかなかったよ」

「うまくいかなかったとか、もっとうまくいったのにとかいって悔やんでも仕方がない。人生において大事なのは、次のことにとりかかることだ。私の父は〝ひどいことが起きないだけで儲けものだ！〟と教えてくれたよ。私の目標は損を抑えることなのだ。すると、いくつかの銘柄の株価が上昇してくれれば、複利効果でリターンは上昇するものだ」

　エドウィン・シュロスは一九六〇年代の後半に、父親のビジネスに合流することを決めた。それ以降、父親と息子でチームを組んで割安銘柄の発掘に努めることになった。一九七三年には二人がパートナーであることを反映して、社名をウォルター&エドウィン・シュロス・アソシエーツに変更した。コスト削減については相変わらずで、ほかのだれも追加で採用することはなかった。

　長年にわたってシュロス家の二人はネット-ネット株を探すことに力を注いできたが、世界の変化につれて、それはほぼ不可能になっていた。戦略変更は時代の要請ともいえるものだった。

「私たちは少し戦略を修正したのだが、値下りリスクに配慮するというグレアムの考え方は踏襲していた。私たちは資産価値よりも低い株価で売られている銘柄を探すことにしたのだ。つまり、企業の収益を割安で買うのではなく、企業の資産を割安で買う戦略ということだ。収益は変化が激しいけれど、資産価値の変化は少ない。だから、この戦略はしばらく有効だったよ」

しかし、この簿価戦略やグレアムの投資の考え方が新しい時代にそぐわないものになるまでに、それほどの時間はかからなかった。世界が賢くなってしまったのか、あるいはもっとリスクをとるようになってしまったのか、シュロスには判断がつかなかった。どちらであっても撤退の時期は近づいていたのだ。四五年の資産運用の旅を終えたシュロスは二〇〇一年にビジネスを閉じた。

「八五歳を過ぎていた。ある日、息子がいうんだ。〝もう割安の株は見つけられないよ！〟。だから、いったんだよ。〝もうビジネスはやめよう！〟というわけでパートナーシップを解散して、資金は投資家に返上したんだ」。シュロスが長い人生で学んだことは、ストレスを回避することの重要性だ。「割安株を探すこと自体がかなりのストレスになっていた。だから、探すのをやめる時期だったのだよ」

汝自身を知れ

「投資家になりたいのであれば、自分自身の長所と短所を知っておくべきだ。次に自分自身の投資戦略を工夫する。この投資戦略は複雑なものではだめだ。複雑だと、ゆっくり眠れなくなる！　株は企業のビジネスと同じだということを覚えておこう。投資判断の前には企業の財務状況を理解しておく必要がある。しっかりと意思を固めた後は、自分の考えが実現するまで待ち続ける勇気をもつことだ。マーケットの動きに自分の感情が影響されないようにしなければならない。投資は楽しく、挑みがいのあるもので、ストレスと不安を感じるようなものであってはならない」

バリュー投資のマネジャーはみな同じではない。ほとんどのバリュー投資家はベンジャミン・グレアムが『証券分析』や『賢明なる投資家』に記したことに賛同しているのだろうが、自分自身を知るということはとても重要だとシュロスは強調する。

たとえば、ウォーレン・バフェットが集中投資を信奉しているのに対して、シュロスは分散投資を志向している。「いつも五〇から一〇〇銘柄に分散投資をしていた。そうすると、そのなかの一銘柄が私に反抗したとしても成功をおさめることができるからね。心のもちようはウォーレンと私とでは異なっている。多くの投資家はウォーレンのようになりたいと思っているようだが、彼はアナリストとして優れているだけではないということを認識すべきだと思う。彼は、人に対してもビジネスに対しても優れた判断を下すことができるのだ。私は自分の能力の限界をわきまえている。だから、自分に心地よい方法で投資するのだ」

ベンジャミン・グレアムの啓発は、一群の非常に成功した〝スーパー投資家〟を生み出した。バフェットがいうように、彼らは単に幸運だったわけではない。マーケットを毎年打ち負かす技術と心の強さをみな同様に持ち合わせているのだ。

シュロスはこれらのスーパー投資家の特徴をどのように説明するのか。「投資というのはアートであり、論理的で感情に左右されないものであるべきだ。私たちは一般的に投資家がマーケットの状況に影響されてしまうことを知っているから、できるだけ合理的に振る舞うことで優位に立とうとする。グレアムもいっているよ。〝マーケットはあなたに奉仕するためにある。あなたを導くものであってはならない！〟」

グレアムに啓発されたスーパー投資家は総じて、「まずもって、みな正直だと思う。資金を出してくれる客である投資家にはできるだけ損をさせないようにするし、彼らを犠牲にして儲けようとは思わない。ほかの人のことはわからないけれど、私ももう九五歳だから、何を覚えているべきかということすら忘れているのだよ。でも、アメリカが投資の機会と私が楽しめることを自由に行う機会を与えてくれたことだけは絶対に忘れない。この機会に感謝する気持ちをもって、私は客である投資家に単にリターンを提供するだけではなく、信頼してくれる彼らにとって正しいことをやろうとしてきたのだ！」

ウォルター・J・シュロスのことを語ることができるのは、ウォーレン・バフェット以外にはいない。この第1章を始めるにあたってバフェットの言葉を使ったように、最後もバフェットに締めてもらおう。一九八四年にコロンビア・ビジネススクールの雑誌『ヘルムズ』（一九八四年秋号）に掲載された有名な記事「グレアム・ドッド村のスーパースター」からの引用だ。

彼（ウォルター）は、彼が扱っている資金は客からのものであることを決して忘れることなく、損失を出さないように細心の注意を払っていた。彼は首尾一貫していたし、自分のことを理解していた。預かる資産を減らしてはいけないし、投資対象としての株で損を出すわけにもいかない。この考え方から〝安全域（マージン・オブ・セーフティ）〟という考え方が生まれたのだ。

ウォルターは最大限に分散していた……彼は、その企業のオーナーであれば期待するであろう株価よりもずっと安い価格で売られている銘柄を見つけ出す方法を知っていた。これが、実は彼のやり方のすべてなのだ。一月であるとか、月曜であるとか、大統領選挙の年であるとかはどうでもよかったのだ。もしそのビジ

ネスに一ドルの価値があるなら、四〇セントで買えば、その後にいいことが起こると彼はいう。そして、彼はそれを何度も何度も繰り返したのだ。彼は私よりもはるかに多くの株をもっているが、個別の株の背景にあるビジネスにはほとんど興味をもっていなかった。つまり、私がウォルターに与えたものは多くはないということだろう。だれも彼に影響を与えることができないということも、彼の強さの一つなのだろう。

第2章

むかしむかし ウォールストリートでのお話です

Irving Kahn
Kahn Brothers Group
カーン・ブラザーズ・グループ
アービング・カーン

この世界は、感じる者にとっては悲劇だが、考える者にとっては喜劇である。

――ホラス・ウォルポール

アービング・カーンは、カーン・ブラザーズ・グループの会長だ。彼は1978年に二人の息子であるアランとトーマスとともに、この投資運用と投資顧問の会社を設立した。

1920年代後半におけるベンジャミン・グレアムの証券分析の授業の初期の受講者であったカーンは、1931年にはグレアムの補助教員になった。それ以降、この偉大な教師であるグレアムが1956年に引退するまでの25年間をともにした。

カーンは1937年にニューヨーク証券アナリスト協会（NYSSA）の設立者の一人となり、1945年には『ファイナンシャル・アナリスト・ジャーナル』誌の発行者ともなった。1963年には、いまのCFA協会の前組織である公認証券アナリスト協会が実施する公認証券アナリスト試験の第一陣の受験生として、公認証券アナリスト（CFA）になった。彼はグランド・ユニオン・ストアーズ社、キングス・カントリー・ライティング社、ウェスト・ケミカル社、ウィルコックス＆ギブス社の取締役も務めた。

この文章を書いている2011年時点で、カーンは106歳だった。ウォールストリートの現役最高齢のマネーマネジャーであり、20世紀における最初のバリュー投資家の一人ではないにしても、疑いなく最初の証券分析の実践者であった。残念なことに、カーンは2015年２月24日にこの世での役割を終えて旅立った。109歳だった。

「一九二九年から一九三三年にかけて、三五〇ドルだったダウ・ジョーンズ工業平均株価が八五％下がって五〇ドルになった時に大恐慌が現実のものとして感じられた」とアービング・カーンは回想する。「上司が私の給料を一〇〇ドルから六〇ドルに下げた時に、どうして私が笑っているのかって彼が聞くんだよ。〝いや、私はクビになると思ってましたので！〟って答えたよ」

古くからこんなふうにいわれている。「隣人が仕事を失うのは不況、自分も仕事を失うのが恐慌」。一九三〇年代が大変な時代であったことは間違いない。しかし、カーンは前向きに振る舞い、いつも忙しくがんばっていた。彼の考え方はこうだ。「どんなときでも何かやることはあるものさ。ちょっとだけしっかりと物事を観察し、クリエイティブになって、柔軟に考えればいいだけのことだよ」

ロシアとポーランドの移民である両親のもとに一九〇五年に生まれたカーンは、ニューヨークの労働者階級の家庭で育った。「母のエスザーと父のソールは、言葉も宗教も祖国の友達も捨てて、新しい人生のためにニューヨークに来たんだ。そんな両親の勇気と決断への尊敬の気持ちがあったから、私は両親の助けになろうとして、よい給料の仕事につくために幼い頃から一生懸命に勉強したよ」

デウィット・クリントン・ハイスクールを卒業すると、カーンはニューヨーク市立大学の教養課程に進学した。しかし、二年後には退学してしまい、一九二八年にウォールストリートに向かった。「ほかの若者と同じようによい給料の仕事がほしかったんだけれど、どこに行けばそれが見つかるのかがわからなかったんだ。当時、証券市場は盛り上がっていたし、新聞はウォールストリートの広告でいっぱいだった。ウォールストリートをぶらついている時、ハマーシュラグ・ボーグという会社があった。ふらっと入って行って、働き手を必要としていないかと聞いたんだ。そうしたら、その場で採用になったよ」

一九二〇年代のアメリカの経済的な繁栄の原動力は、西ヨーロッパあるいは東ヨーロッパからアメリカへの移民だったとカーンは指摘する。労働組合や排他的な貿易政策といった経済を脅かす要因がなく、仕事がふんだんにあるアメリカはアメリカンドリームの可能性にあふれていた。実際、一九二九年の失業率は五%以下だった。ところが、その年の一〇月に起きた株の暴落でアメリカンドリームが遠のき始めた。そして、一九三三年には失業率が二五%に届くレベルにまで上昇したのだ。

「最初の職場の住所はウォールストリートの一一番地だった。そこはニューヨーク証券取引所のビルがある場所なんだ。でも、周囲の人があまりにもクレイジーなので、働き始めて一週間で仕事をやめようと決心した。取引が行われている時間帯、彼らは走り回ったり、お互いに大声で怒鳴り合ったりしているんだ。まったくまともじゃないんだよ！　何も学ぶことがなかったので、上司に話しに行ったんだ。そうしたら、彼はやめないようにとりなしてくれて本部の証券ブローカーのアシスタントにしてくれた。アシスタントの仕事は証券分析だったんだ」とカーンは説明する。

カーンは最初、証券分析という仕事に必要なことを何も知らなかったと認めている。アナリストと名乗るために必要なことを身につけるために、毎日、公共の図書館に通って市場の仕組みと歴史の本を読んだ。アメリカ経済のサイクルについて独学で学ぶうちに、カーンはウォールストリートにはびこる株式相場のユーフォリア（多幸感）に疑問を持ち始めた。

カーンの弱気の見方は、一九二〇年代初めのフロリダの不動産ブームの顛末を知ってから、より確固たるものとなった。フロリダではわずか数週間で不動産価格が二倍にまで急騰し、投機家がレバレッジを引き上げて、価格のわずか一〇%の頭金で不動産を取得している状況だった。一九二五年になると、もはやカモを見つけることもむずかしくなり、急上昇していた不動産価格に陰りが見え始めた。一九二六年に母なる自然は二つのハリケーンを解き放ち、不動産市場は破壊され、フロリダ州も文字どおりに破壊されてしまった。数多くの不動産開発業者や投機家も破産の憂き目をみた。

フロリダの崩壊は、アメリカ人が初めて味わった大恐慌の苦しみだったのだが、うまい儲け話を探す動きが止まることはなかった。一九二七年には儲けを求める資金が株式市場に流れ込んできて、ウォールストリートをカジノにしてしまった。フロリダの不動産ブームと同様に、過剰なレバレッジが常態化し、一〇％の証拠金で株取引ができるようになっていた。カーンは、暴落を時間の問題だと考えていた。

「フロリダの不動産市場の崩壊は、どのマーケットでも熱狂的な投資家が現れ、厳しい現実に打ちのめされることを示している。株価は一九二九年にはありえないレベルにまで上昇していたから、投資の価値があるまともな銘柄を探すことはできなかった。そこで、いっそ売り相場を張ることを思いついたんだ」

「マーケットの循環を論じたファイナンス史の本によると、ある業種の株は特にボラティリティーが高く、銅はそういう業種の一つということだった。私は株価指数を構成する銘柄の一覧をみて、マグマ・コッパー社という銅をビジネスにしている企業を見つけ、その株を空売りすることにした。当時は貯金なんてなかったし、資産ももっていなかったので、弁護士をしている義理の弟に頼んで証券口座を開設してもらっての取引だった」

「夏頃だったと思うが、五〇ドルの元手で売りポジションを張ったのだ。義理の弟は、株価は上昇しているからすぐに元手のすべてを失うというのだが、私はこれから株価は下がると思っていた。一九二九年一〇月の大暴落が起きて、私の五〇ドルは一〇〇ドル近くにまで価値を上げた。これが私の最初の株式取引だよ」

好スタートは切ったのだが、カーンは大恐慌を生き延びることはむずかしいと感じていた。カーンにとって、そして、その時の多くのアメリカ人にとっての最も不安な瞬間は、フランクリン・D・ルーズベルト大統領が一九三三年の三月五日から一二日までを銀行休業日とし、八日間にわたって国中の銀行を閉鎖することを決めた瞬間だった。

カーンはいう。「非常にショックを受けた瞬間だった。八日経った時に、多くの銀行はつぶれてしまっていて、再び営業することはできないのではないかと思った。このトラブルは実は一カ月ほど前から始まっていた。みなが預金を下ろすために銀行に駆け込んでいたんだ。ルーズベルト大統領が就任し、国中の銀行の休業日を国民に通知して、銀行システムを閉鎖した。ルーズベルトはこの八日の間に、預金の一〇〇％を保証し、金融機関への信頼を再び高めるために非常事態銀行法（Emergency Banking Act）を成立させた。それが功を奏し、三月一五日に株式市場が再開された時には相場は一五％も上昇したんだ。この不安な八日間は私の人生で最も暗い日々だったよ」

冗談めかしてカーンは振り返る。「大恐慌は、質素の意味と、カネを失わないことの重要性を教えてくれた。私は本当にカネがなかったので、少しでも倹約するために、昼食はいちいち家に帰って食べるようにしていた。子どもたちは、父親が毎日のようにランチのために家に戻ってくるので、よほど裕福な父親をもったと思っていたんじゃないかな。もちろん私は裕福とはほど遠かったけれどね」

謙遜はさておき、大恐慌の間、実はカーンは非常にうまくやっていた。一九三九年までには郊外に一戸建ての家を建てるだけの資産をつくっており、公営アパートからクイーンズ地区のベル・ハーバーに引っ越したのだ。彼の成功の要因は、その時代の最も賢明といわれる投資家の一人から学び、ともに働く機会を得たことだろう。その投資家の名はベンジャミン・グレアムという。

グレアムの弟子になる

一九二八年のことだった。カーンは勤務先のハマーシュラグ・ボーグ社で、市場の問題点について同僚と話し合っていた。それをみた経理部門のヘッドが、ビーバーストリートにあるコットン取引所に行って、ベンジャミン・グレアムを訪ねれば、より深い見識が得られるのではないかと勧めた。その人を訪ね、彼がコロンビア大学で証券分析について近々教えるということを知ったカーンは、躊躇なくコロンビア大学に入学することにした。

「週に一回、二時間の夜間コースだった。ベンは有名な株やあまり知られていない株を実例として使って、証券分析をどのように利用するかについて説明していた。多くの生徒が毎年続けて受講していたんだ。彼は授業で投資アイデアをいっぱい教えてくれるから、それで利益を得ることができたしね。ベンは金銭的な報酬を得ることよりも分析や知的修練に興味をもっていたから、生徒が彼の投資アイデアをもとに儲けようがどうしようが関心をもっていなかった」

「一九二九年の大暴落の前に、ある生徒が電力会社の一つ、アメリカン＆フォーリン電力のワラント（新株予約権）を買うべきかどうかを質問したんだ。いまでいえばインターネット株みたいなものかな。ベンはその生徒に、市場に出回っているその企業のワラントの総価値を計算するように指示した。それは当時の優良企業のペンシルベニア鉄道の時価総額を上回っていたんだ。この結果から、クラスの生徒はみな市場がどれほどゆがめられているかを理解することができた。もちろんベンは正しくて、アメリカン＆フォーリン電力はマーケットの暴落の後で経営に行き詰まることになった」

グレアムはすべての生徒に対し、投資に関する議論に参加するように促していたと、カーンは当時を振り返る。グレアムは最新の事例を使って証券分析のメリットを説いていた。

「ベンはソクラテス的なアプローチを好んでいた。彼が生徒に対して、あらかじめ答えを用意することは決してなかった。しっかりとした答えは、徹底的なディスカッションと合理的な推論から導かれるものだと信じていたんだ。ある時、私は当時ファイナンスで使われていた〝トランシュ〟という言葉について質問した。すると、すぐにその意味を説明するのではなく、ベンは私にまず辞書を引くようにといった。私はおかげで、その言葉がフランス語で〝スライス〟の意味だと知ったんだ。ベンは、もしも最初に答えを与えてしまえば私は忘れてしまうだろうが、私が自分で調べれば忘れることはないと考えていたんだ」

グレアムの授業での話にはオマケがある。カーンは後に妻となるルースとクラスメイトだったのだ。一九三一年に結婚し、一九六六年にルースが亡くなるまで二人は連れ添った。三人の男の子をもうけ、三男は偉大な教師にちなんでトーマス・グレアム・カーンと命名された。

一九三一年という年に、カーンは結婚だけではなく、教師という副業も手に入れた。グレアムのアシスタントのレオ・スターンがやめることになり、カーンはすぐにその後任に応募した。「私は光栄にも、ベンが引退する一九五六年までその職務を果たすことができた。彼のアシスタントになれたおかげで証券分析の真髄を知ることができただけではなく、副業からの収入も得ることができたんだ。私の役割は授業でのディスカッション用の統計分析を準備することと、ケーススタディーや試験の採点をすることだった」

カーンは二五年以上にわたって、グレアムだけではなく、後に投資のレジェンドと呼ばれるようになる多くの投資家と知見を交換する栄誉を得た。このような投資家のなかにはウィリアム・ルアン、ウォルター・シュロス、チャールズ・ブランズ、そしてウォーレン・バフェットがいた。

「クラスは午後四時、つまり当時の株式市場が閉じてから一時間後に始まるんだ。ベンと一緒にウォールストリートからコロンビア大学まで地下鉄に乗っていくのだけれど、車中ではいろいろなことを話したよ。ベンとはすぐに単なる相談相手というだけではなく、親友にもなった。スキー旅行に一緒に行ったこともある。まだリフトがなかった時代だったんだ。ベンはスキーの裏にヘビの皮を貼り付けると、雪の上をのぼりやすくなるといってくれた。よい思い出だよ」。カーンはなつかしそうに話してくれた。

カーンはグレアムの右腕となり、一九三四年にグレアムとデビッド・ドッドが著した名著『証券分析』で利用されている統計分析や比較分析の事例を作成していた。この影響力のある著作は、ファンダメンタル分析という手法を導入することでファイナンスの世界に変革をもたらした。また、この著作ゆえにグレアムには〝バリュー投資の父〟とか、〝証券分析の父〟といった多くの愛称が与えられることになった。

グレアムの視点をもって物事をみることは、カーンがグレアムの一九三七年の著作『備蓄と安定性』において統計関連の資料を編集する際に役に立った。大恐慌の間のデフレは、農家や労働者の生活の荒廃をもたらした。そこで、グレアムは重要な原材料や製品については需要と供給をコントロールするべきだと考えた。そうすることで製品等を備蓄することが可能となり、価格安定性と経済成長が望めるというわけだ。この著作は一般受けしなかったが、政治家や経済学者には歓迎され、熱心な読者にはあのジョン・メイナード・ケインズもいた。

ベンジャミン・グレアムは一九五六年の引退から一九七六年九月二一日に八二歳でこの世を去るまで、カリフォルニアとフランスで過ごした。カーンは後にロバート・ミルンとともに『ファイナンシャル・アナリスト・リサーチ・ファウンデーション』誌に、この偉大な男についての研究論文を寄稿した。「ベンジャミン・グレアム：財務分析の父」と題されたこの論文には、いくつかの逸話が紹介されている。

彼は常人にはない特徴をいくつかもっていた。思考のスピードがおそろしいほどに速く、複雑な問題の答えをどのようにして瞬間的に出せるのか、人は不思議に思ったものだ。彼の頑健な判断力はしっかりと数学を学んだがゆえのものだと考えられる。特に仮説や結論を受け入れるか、拒否するかを判断する際に、緻密さと正確さが要求される幾何学に傾注していた。

もう一つの特徴は広く正確な記憶力だ。ギリシャ語、ラテン語、スペイン語、ドイツ語といった多くの言語が読めるのは、この記憶力のおかげだ。驚くべきことにスペイン語を正式に勉強したことがないにもかかわらず、スペイン語の小説を格調の高い英語に翻訳し、そのプロ並みの出来栄えゆえにアメリカの出版社から翻訳本が出たほどだ。

ベンは、若い頃はスキーやテニスを楽しんでいた。しかし、彼の本当の楽しみは、専門であるファイナンスの分野にとどまらず、広範な物事について思索をめぐらすことだった。音楽、特にオペラに夢中になり、その英知あふれる歌詞やメロディーを楽しんだ。ひそかに、しかし、真剣に取り組んだ趣味には平面幾何学がある。実際、いくつかの簡素化した分度器や円形計算尺をつくって特許をとっている。

ベン・グレアムはこのように、長年にわたって付き合った者のみがその全体像を記すことができる、才能あふれる希代の人間なのだ。ファイナンスの世界におけるベンの墓碑銘は、セント・ポール大聖堂にあるクリストファー・レンの墓碑銘と同じようなものだろう。「彼の業績を探しているのか？　それはあなたの周囲に満ちあふれている」

バリューの伝道師

ベンジャミン・グレアムとともに成し遂げたこともさることながら、カーンは独力でも投資の世界で成功をおさめてきた。彼はハマーシュラグ・ボーグ社で数年勤めた後にローブ・ローズ社に証券アナリストとして勤務し、一九四〇年頃にワーザイム社に移った。

「大恐慌はすべての船を沈める大嵐のようなものだ。正しい接し方と、何に注意を払えばいいのかを知っていれば、そんななかでも儲けを出すことはできる。恐慌時にも財務状況がよく、現金しかもたない企業があったのだ。たとえば、輸出を中心とする商社のなかには大恐慌にそれほど影響されていないものもあった。それにもかかわらず、株価は下がっていた。一株当りのネット現金保有高が、株価をおおいに上回っていたんだよ。この株に価値があることくらい、さほど賢くなくてもわかるはずだ。つまり、環境に適した投資モデルがあれば大丈夫だったということさ」

ワーザイム社でカーンは鉱業株に専念していた。グレアムの弟子であり、ファンダメンタル分析の強力な提唱者であるという評判により、多くのビジネスマンや資金力のある投資家がカーンのもとに集まっていた。こういった投資家に割安株を推奨することで、カーン自身にも相応の報酬が入るようになっていた。カーンの資産も次第に大きくなり、自分自身の資産の運用をしたり、ベンジャミン・グレアムの投資会社であるグレアム・ニューマン社に投資をしたりしていた。

一九五〇年代には、カーンはJ・R・ウィリストン社のパートナーになった。社での在籍年数はわずか数年だったが、カーンは彼のアシスタントのウィリアム・〝ビル〟・デルーカをビジネス上のよき相棒にし、その関係はビルが八〇代になったいまでも続いている。

一九六〇年代には、カーンはアブラハム&カンパニー社にパートナーとして合流した。同社にはカーンとその二人の息子たちが一九七八年にカーン・ブラザーズを設立するまで勤務した。「一九七五年にリーマン・ブラザーズがアブラハム&カンパニーを買収したんだ。会社の規模が大きくなり、どうも性にあわなくなってきた。二人の息子のアランとトーマス、同僚のビルも同じ会社に勤めていて、同じように感じていたため、彼らと相談して会社設立を決めたんだ」

カーン・ブラザーズはビジネスをスタートしてすぐに、株式取引の便宜のためにニューヨーク証券取引所の会員権を買い取った。一九七八年に約一〇万ドルで買い取った会員権だが、二〇〇五年にはその価値はなんと約三〇〇万ドルになった。証券取引所が自らの株式を公開した際、カーンは五〇万ドルの現金と新規上場株七万七〇〇〇株を受け取った。

カーンに生涯一貫している投資戦略は何かと聞いたところ、彼はこう答えた。「昔はネットーネット株が簡単に見つかった。企業のアニュアルレポートとバランスシートだけをみていればよかったんだ。信頼できる資産、たとえば、現金、土地、建物をもっている企業を探していた。そういう企業のなかでも、負債が多すぎず、まっとうな成長性を示す企業を選んでいった。株価がネットの運転資本よりも低ければ、購入を検討したんだ」

「ネットーネット株を見つけることは、もはやむずかしい。でも、それで文句をいっても仕方がない。当時はいまと違って、株式市場の業種分類も両手で数えるほどしかなかった。いまやさまざまな国にたくさんの種類のビジネスがあるから、投資家はこれはと思う銘柄を簡単に見つけ出すことができるようになっている。また、インターネットがより多くの情報を得ることを可能にしている。もし投資機会がないと不満に思っているのなら、それはまだ真剣さが足りないか、まだ狭い範囲でしか読んでいないということに等しいよ！」

カーンは貪欲な読書家であり、投資アイデアに資することのないフィクションを除いて、あらゆるものを読む。複数の新聞を毎日読むだけではなく、科学誌、テクノロジー誌にも定期的に目を通していた。最新ニュースやトレンドを追い、何千冊ものノンフィクションの本を読んだ。読んだ後、その本にはメモがぎっしりと書き込まれていた。

どうして長年にわたって投資アイデアを出し続けることができるのかと聞くと、カーンはこういった。どれだけ多くのタイプの情報を吸収するかが重要で、そのために経済から科学までのニュース、心理学からアニュアルレポートにまで、ファイナンス誌から歴史書にまで目を通す。そして、その情報を融合すると広い視野を得ることができるのだという。

「科学の記事を読むと、心が既成概念から解き放たれるんだ！　ヨーロッパの科学者がウラニウムを発見し、その物質がエネルギーを生むことを発見した時、当時の人々は酒を飲みすぎて変な夢でもみているのではないかといった反応だった。でも、こういった私が若い時にはありえないと思われていたことが、いまでは実用化されている。だから、科学誌を読むことは未来の予想につながる重要なことなんだ」

不況のときや、マーケットで株価の修正が起きているときに、バリューという観点からホットな投資アイデアが生まれると、カーンは必ず株を買った。「本当の投資家は弱気になったりしないものなんだよ。だって、マーケットが下げているときにこそ、バリューのある株が買えるのだからね！」

最近の一五年間でカーンの心をとらえたハイテクのビジネスは、機械メーカーのオズモニクス社の水浄化処理だ。世界の人口が増加するにつれて水の需要は高まる。カーンは、テクノロジーバブルがはじけて、この企業の株価が大幅に安くなった時に、何の躊躇もなく買い注文を出した。GE社が二〇〇三年にオズモニクス社を買収し、カーンはその投資から大きな利益を得ることができた。

オズモニクス社に興味をひかれていたのと同じ頃、カーンは世界の人口増加という現象から食料増産の必要性に気づき、遺伝子組換技術で種子を製造しているモンサント社が食料の増産に寄与できると踏んだ。しかし、環境保護論者たちは同社について懐疑的であり、彼らの批判もあって株価は二〇ドル程度にまで下がっていた。カーンは自らの調査からその価格は割安だと考えて株の購入に動き、その後、数年間でモンサント社の株は六〇ドル程度で取引されるようになっている。

カーンは、投資の成功には広範なテーマでの読書に加え、忍耐、規律、そして懐疑心が必要だと考えている。割安さに重きを置くバリュー投資というやり方は、当初はマーケットの多くに理解されない。時間が経つにつれてマーケットが展開していくことを待つ忍耐が必要とされる。

自ら考えるという規律はきわめて重要だ。他人からどの株を買うのがいいかアドバイスされてばかりいると、怠け者になってしまう。賢明な投資家は必要なときには猛勉強するし、投資判断をする際にはしっかりと財務数値を読み込むといった努力を怠らない。規律こそ、投資家独自の優れたアイデアのもとなのだ。

最後に、株が割安かどうかは財務数値をもとに判断されるが、その数値を作成しているのは企業の経営者だということを考えれば、少々の懐疑心も役に立つ。投資家たるもの財務数値だけではなく、その数値の実現に向けて働く企業の経営者たちの資質についても目配りしておくことが必要なのだ。

「昔の財務情報の開示基準は多くの企業で不透明だったよ。だから、行間を読むために時間をかけ、財務諸表の注記をしっかりと読み込んで経営者の資質を評価していたんだ。情報が不足していたこともあったし、企業の経営者が株主をオーナーとして扱ってくれなかったこともあったよ」

企業の経営者と連携して証券分析を高度化するために、カーンはベンジャミン・グレアムや一八人の他の証券アナリストとともに一九三七年にニューヨーク証券アナリスト協会（ＮＹＳＳＡ）を設立した。最初は証券アナリストがランチタイムに集まって、株や投資全般について話し合う程度のものだった。それが定期的になったのがＮＹＳＳＡだ。

ＮＹＳＳＡのミッション・ステートメントには、組織の目的として、「証券アナリスト業界に職業人としての高い倫理基準を設定することと、財務・証券分析と証券市場の役割についての正しい理解を促進すること」と記されている。当初は二〇人そこそこで始まったのだが、今日では一万人以上の会員数となり、ＮＹＳＳＡはＣＦＡ協会のなかでも最大規模の団体となっている。

「企業の経営者とのミーティングを企画し、経営者たちには彼らがこれまで行ったこともないようなニューヨークの安っぽいレストランに来るようにお願いした。そこで、証券アナリストがもっと企業のビジネスを知ることができれば、アナリストは企業の情報を発信することができると、われわれと対話するメリットを伝えるように努力したんだ。最初はうまくいったよ。でも、何年も経つうちにこのミーティングは〝アナリストとの電話会議〟に姿を変え、そこで経営者がやることはアナリストの将来予想をうまくコントロールすることだけになってしまった」

カーンは証券分析の伝道にいそしむ一方、一九四五年に『ファイナンシャル・アナリスト・ジャーナル』誌の創設メンバーに名を連ねた。二〇〇五年には創立六〇周年を記念して「ファイナンシャル・アナリスト・ジャーナル創設期の頃」という記事を寄稿し、同誌出版の精神に言及した。「私たちがジャーナルで追求したのは、企業、産業、マクロレベルの統計の分析といった毎日の実際的な業務に関する有益なアドバイスの提供である。一方、アカデミックなバックグラウンドをもつ著者は理論的な面を追求していた。当時も、そしていまでも、現場と理論のギャップを埋めることが課題となっている」

一九七七年にまでさかのぼるが、カーンは「レミングはいつも損をする」という記事を寄稿し、賢明な投資のためのシンプルなルールを列挙している。

①将来の価格の予想は、最近の、あるいは直近の株価を使って行ってはならない。あなたがそれを使って予想する前に、ほかの投資家がすでにそうしているということを忘れてはならない。

②株価は不安、希望、信用できない予測で形成されている。平均的な価格よりもよい価格で買わないことには、投下資金は常にリスクにさらされると考えよう。

③会計基準の選定、経営陣の人間関係、経営陣と大株主との関係といった複雑な事象が、財務諸表に示された収益の背後に潜んでいることを忘れてはならない。

④投資している企業の競合他社のことを考えないのは危険だ。競合他社は常にあなたが投資している企業のマーケットシェアや収益を奪おうと虎視眈々であることを忘れてはならない。

⑤四半期の収益報告を信用してはならない。資金運用表で確認する手間を惜しんではならない。数字はうそをつくし、うそつきは数字をつくりだすものだ。

証券アナリストは忍耐を自ら励行するとともに、顧客にも伝道しなければならない。この常に変わりゆく世界で、私たちアナリストにとって幸運なことに、個別株の調査と客観的な分析にとってかわる公式など存在しないのだ。

一〇〇年生きた長寿の食事

カーンは、ウォールストリートはバリューの判断が苦手だと思っている。まず、過去から学ばず、同じ失敗を何度も繰り返している。一九二九年の大恐慌、一九七〇年代前半のニフティ・フィフティ相場、一九八七年一〇月のブラックマンデー、ロング・ターム・キャピタル・マネジメントの凋落、ドットコム・バブル、そしてリーマンショックと、時々の登場人物と金融商品は異なっているが、筋書きはどれも同じだ。よく言い習わされているように「歴史は繰り返さないが、韻を踏む」。カーンは付け加えて、「もしバリュー投資家がもっと多ければ、こんなにひどい状態に陥ることはなかった！」

次に、ウォールストリートの人たちは金儲けに夢中になるあまり、ストレスに満ちて不健康な生活を送っている。カーンは、資産はあるが健康ではない人生に疑問を投げかける。

これまでの八〇年以上を投資ビジネスの世界で過ごし、一世紀以上を生きてきたカーンは、一〇〇歳を超える身として資産と健康について一家言もっている。「酒とたばこはいけない。栄養のあるものを食べなさい。活動的でいなさい。世界中の人に会って刺激を受けなさい。たくさんの書物を読みなさい。特にいまは実現していなくても、将来、可能となる物事について書かれているものを読みなさい。心をシャープにして、行動的にしておけば、必ずいいことがあるものだよ」

ニューヨークにあるイェシバ・ユニバーシティ、アルバート・アインシュタイン医科大学の長寿遺伝子プロジェクトの参加者であるカーンとその兄弟は、長寿が遺伝することを示す生き証人だ。カーンの姉のヘレンは二〇一一年に一一〇歳で、姉のリーは二〇〇五年に一〇二歳でこの世を去った。〝赤ちゃんのような弟〟のピーターはいま一〇一歳だ。

大学の研究者の仮説では、カーンの身体は良質の高密度なリポタンパク質をつくりだしており、これが高齢者に特有の虚弱化を抑えているのではないかということだ。カーンはこの仮説が証明されることを待ち望んでいる。

遺伝子はさておき、研究者は一〇〇歳を迎えることができる長寿の人たちは共通して外交的で、フレンドリーで、しっかりしたネットワークをもっているという点に注目している。長寿の人たちはいつも開放的で、人生の明るい面をみているのだ。大恐慌や第二次世界大戦のなか、困窮し、不安な日々を生き延びた彼らだが、めったなことでは悲しみにとらわれてしまうことはない。彼らはストレスをかわすことと、物事に執着しないことに長けている。

「人はいつも経済や世界情勢を憂慮している。二〇〇八年の金融危機と、二〇一一年のヨーロッパのソブリン危機以降は特にそういう傾向が強い。人生は常に前に進んでいるのだから、人はもっと前向きになることを学んだほうがいいと思う。新たな政策や、科学的な新発見がすばらしいサプライズをもたらすことだってあるのだからね」

「世界は複雑きわまりなく、メディアは宣伝であふれている。必要でもないのに買うのはそろそろやめにしよう。本質に着目しよう。そうすると長く幸せに生きられるよ。人生の目標は幸せになることなんだ。だから、そのために意味のあることだけをしようじゃないか！」

投資の世界における自らの名声を評してカーンが一言。「十分に長く生きていれば、そりゃ、そのうちに有名になるよ」

第3章

逆張り投資家登場

Thomas Kahn
Kahn Brothers Group

カーン・ブラザーズ・グループ
トーマス・カーン

名声を保ちたいなら、決められたやり方で失敗するほうが、斬新なやり方で成功するよりもよいというのが世渡りの知恵である。

――ジョン・メイナード・ケインズ

トーマス・グレアム・カーンは、カーン・ブラザーズ・グループの社長だ。カーン・ブラザーズ・アドバイザーズLLCとカーン・ブラザーズLLCという二つの子会社を通じて、資産運用、投資助言、証券業のサービスを提供している。

アービング・カーンとその息子のアランとトーマスは、ベンジャミン・グレアムの教えを投資哲学に掲げ、1978年にカーン・ブラザーズを設立した。2015年末時点で６億5000万ドルの運用資産をもち、顧客は機関投資家や個人富裕層まで多岐にわたる。カーン・ブラザーズのミッションは「顧客をリスクにさらすことや、その投資元本が永久に失われるおそれを最小限に抑えつつ、優れたリターンを提供する」ことである。

カーン・ブラザーズは株式を公開しないと決めており、長期投資の考え方に賛同する顧客を対象として、その預り資産残高と顧客基盤を計画的に制御しつつ増やしている。それゆえ、カーン・ブラザーズの顧客は、資産運用を任せている会社が成長目的で過剰に預り資産を積み上げたり、売上目標にゲタをはかせたりする心配とは無縁である。

トーマス・カーンはカーン・ブラザーズの経営に携わりつつ、二つのプライベートファンドを運用し、プロビデント・ニューヨーク・バンコープ、JBIインターナショナル（the Jewish Braille Institute：ユダヤ人点字協会）、アッカーマン・ファミリー・インスティチュート、ユダヤ人盲人協会の役員を務めている。

一九四二年にトーマス・グレアム・カーンが誕生した時、命名にあたって父親のアービングは、尊敬する〝バリュー投資の父〟であるベンジャミン・グレアムにちなんだミドルネームを与えた。そんなわけで、若い時からトーマスがバリュー投資家としての考えを身につけても何の不思議もなかったのだ。

クイーンズ地区のベル・ハーバーという中産階級が住む地域で育ったのだが、トーマスには父親の経済力が簡単に手に入れられたものでないことがよくわかっていた。「アービングはゼロからスタートしたけれど、ベン（グレアム）から学んだファンダメンタル分析のおかげで、株式市場で賢く、合理的に投資することにより、自分のカネを働かせることができた」。若いトーマスは早くから、「カネを働かせることが重要で、カネのために自分が働いてはだめだ」ということを学んでいた。

「父にとって投資は仕事でもあり、趣味でもあったと思う。アニュアルレポートがいっぱい入ったカバンを持ち帰って、夕食を食べながら私と兄弟のドナルドとアランにそれを読んで聞かせた。小説は読まないから、休暇のときにはビジネスや科学関連の読み物を十分に準備していた。父は、もし自分の運命をコントロールしたいなら、目先の楽しみのために無駄づかいするのは後回しにして、カネを貯めて賢く投資をしなさい、と教えてくれたよ」

金融のイロハは父親から学んだものの、カーンの投資に対する姿勢は、コロンビア大学で心理学の博士号を得た母親のルースから受け継いだものだ。株式市場は人間の心理の影響を受けているのだから、賢明な投資をしようとすれば金融知識だけではなく、心のもちようがきわめて重要になる。マーケットが熱狂や過度な悲観論に包まれているときには特にそうだ。

「感情に左右されることは悪いことではないのだけれど、投資の世界では自分自身のブレない基準をもたなければならない。常に自分の心の動きに気をつけていれば、市場に影響されることはない。時には何もしないことが最良の対応になることもある。でも、市況がよくて、みなが〝買いだ〟といっているときに、それに流されないようにするのは、言うは易し、行うは難しだよ。同じように、マーケットが危機に瀕していて、みなが〝マーケットは死んだ〟といっているときは、逆に買う勇気をもたないといけない。逆張り投資家であるコントラリアンになるためには、いろいろな場面での修練が必要なのだ！」

「みなとは反対の投資をしているうちに、投資とは科学ではなくアートだと考えるようになった。もし投資が数字や計算だけでできるものなら、理屈のうえでは最近のコンピュータ・プログラミング技術を用いれば、正しい評価方法を入力することで常に成功することができるだろう。でも、そうじゃないよね。だから、投資はよりアートに近いのだ。適切に心を保ち、企業を理解するというアートなのだ」

カーンはいずれ父親がいる投資の世界に足を踏み入れるだろうと思っていたが、そうする前に知見を広げようと考えて、歴史を学ぶために一九六〇年にコーネル大学に入学した。政治や金融のトピックを学ぶことは、過去についての理解を深めることにつながり、それは将来を見通すことにつながると考えたのだ。歴史とは、考えてみれば、人間の意思決定とその結果の集積であり、歴史を学べば人間心理への洞察を得られる。マーク・トウェインがいうように「歴史は繰り返さないが、韻を踏む」のだ。

一九六四年に大学を卒業する時に、カーンには二つの道があった。従軍し、ベトナムで戦うか、従軍ではなく、政府の事業で子どもたちの教師になるかという選択だ。そして、後者を選び、ブロンクスの公立小学校で数年間、教師として働いた。同じ時期にＭＢＡを取得するためにニューヨーク大学のビジネススクール（一九八八年にスターン・ビジネススクールに改称）で学び、一九六七年に卒業している。

翌年、カーンは正式に投資の世界に足を踏み入れ、父親のアービングと兄のアランとともに働き始めた。「彼らと最初はJ・R・ウィリストン&ビーンで、次にアブラハム&カンパニーで働いた。オフィスではいちばんの下っ端だったから、証券取引の決済の記録係をしていたよ。まだオフィスや家庭にコンピュータがない時代で、二つ綴りの記録カードを利用していた。一つの綴りには顧客の情報が書かれており、もう一つの綴りには株式の銘柄が書かれている。私の役目は、顧客の売買記録をそのカードに書き込んでいくことだった。マーケットが閉じると、取引の再確認のために二つのカードの情報が合致するかを確かめていたよ」

「売買情報を記録することで、私が勤務する証券会社がフォローしている銘柄がわかるし、顧客の投資性向や注目銘柄を知ることができた。もう少し投資についての知識を身につけた後で、父のために証券分析を始めたのだ」

アブラハム&カンパニーは一九七五年にリーマン・ブラザーズに買収された。三年後、カーンは自分たちの投資会社を設立する時だと判断した。

カーンはこう説明する。「アブラハム&カンパニーは資本が潤沢で、事業が好調で、非常に評価の高い企業だった。合併前には社内にいくつかの運用チームがあり、それらが顧客の資産運用にあたっていた。でも、リーマンはそれらのチームをまとめて一つにしてしまったのだ。あまりに会社が大きくなりすぎたので、われわれはこういうやり方に我慢できなかった。さらに重要なのは、顧客がこのやり方を好んでいなかったのだ。顧客は、リーマンに任せたくはない、カーンに任せたいといってくれたのだ」

修正版グレアム・アプローチ

カーン・ブラザーズの投資哲学は、かのベンジャミン・グレアムが提唱したものと限りなく近い。それは煎じ詰めると三つの単語、〝マージン・オブ・セーフティ（安全を確保できる領域）〟になる。グレアムは著作『賢明なる投資家』において、次のように記している。「本当の投資を行うためには、本当の安全域がなければならない。本当の安全域は数字で表すことができ、説得力のある理由を提示でき、実際の経験に裏打ちされたものである」

カーンたちは投資の価値評価モデルを長い時間かけてつくりあげてきたが、「その間、安全域の重要性を忘れたことはない」という。カーン・ブラザーズの創業期には、ネット運転資本（いわゆるネット‐ネット）を下回る株価で取引される銘柄を探し出すことができた。しかし、一九八〇年代に入ると、そういった銘柄がなくなり、ビジネスの本質的な価値（プライベート・マーケット・バリュー）ないし継続事業価値（ゴーイング・コンサーン・バリュー）を下回る銘柄を探す戦略に転換した。

「いま、私たちの投資戦略は何かと問われれば、〝修正版〟のグレアム投資だって答えるよ」とカーンはいう。「ベンは主にバランスシートを分析し、ネット運転資本を下回る株価の銘柄を買っていた。その企業がどんなビジネスをやっているのかにはあまり興味をもっていなかった。数量分析の面では、私たちはベンのやり方と同じだが、それに加えて対象企業のビジネスの内容や資産状況も考慮して投資をしている。ビジネスの立直しに取り組んでいる企業に着目して、その企業が保有する不動産、知的財産、ブランドといった簿価が低くなっている資産の価値を評価することもある」

「ベンと同じく、私たちも価格と価値の差をねらいにいく。でも、価値の定義や、眠っていた価値を顕現させる触媒が何かについての考えが、ベンの思いと一致しているとは限らない」

カーン・ブラザーズは、一般的な投資家があまり注目しない（したがって、割安になりがちな）中小型株もカバーする全方位型のマネジャーである。「ある銘柄が私たちの評価を下回る株価で取引されていて、十分な安全域を確保できるようなら、その銘柄をより深く分析する。その銘柄が、コンサルタントの分類する大型なのか、小型なのか、エマージングなのかはどうでもいい。私たちはどんなカテゴリーであっても、強くて、値下りリスクを抑えることができる銘柄に興味があるんだ」

「これはぜひいっておきたいのだが、私たちは〝絶対収益〟を追求するマネジャーだ。相対的な比較で満足するわけではない。利益の二〇倍の株価がついている株は、利益の三〇倍まで買われている同業の株よりも割安という判断は絶対にしない。ビジネスの質を評価するために企業同士を比較することはあるが、あくまでも企業そのもののバランスシート、利益、キャッシュフロー、ビジネスを分析するのが私たちのやり方だ。本来の価値よりも低く評価されていると結論づけるのは、私たちのやり方で修正した純資産価額よりも低い株価で売られているか、標準化した利益に私たちが保守的に見積もった倍数を掛けて算出した株価よりも低い価格で取引されている場合だけだ。私たちは単純な簿価純資産価額や、単純な株価収益率（P／E）をみているわけではないことを強調したい。常に必要に応じて修正を加え、再計算された数値をもって経営陣との対話に臨むのだ」

一般的な投資家は直近の損益計算書に記載される利益をみるのだが、カーンはバランスシートをより重視する。たしかに、利益項目には企業の将来に関する情報がより多く含まれているかもしれないが、企業の健康状態についての情報が含まれていない可能性がある。したがって、カーンが企業の利益をみる際には、直近の利益は重視せず、将来バランスシートが健康的になったときにどのような利益が出るかを予想しようとする。

「直近の高利益よりも、企業が健康であることのほうが優れた安全域をもたらすのだ！　しっかりしたバランスシート、強固な運転資本、低い財務レバレッジをもつ企業のほうが、借入れを多くすることで目先の利益を増やす企業よりも好ましい。事実、近い将来の予想利益が低くとも、場合によってはゼロであっても、バランスシートが健康な企業に投資することがある。こういう企業は結果的にはバリューが高くなるのだ」

「私たちはこういう企業を〝地上に落ちた天使〟って呼んでいるよ。こういう天使たちはよい顧客と財務内容をもっているのだが、短期的になんらかの課題を抱えている。調査の結果、そういう課題を克服し、収益を増やせる可能性があるのなら、株価はいずれ回復する。もし課題解決が困難で収益が上昇しないということであれば、バランスシートをより深く調べ、価値のある資産を保有していないか確認する。よい資産をもっていれば、絶好の買収ターゲットになるからね」

地上に落ちた天使を探す過程で、カーンは数多くの隠された宝石を見つけた。たとえば、数年前にはカリフォルニアのスーパーマーケットチェーンのスリフティマートがロサンゼルスの資産価値のある土地の一画で羽を休めているところを見つけた。報告書に載っているこのスーパーマーケットの敷地の価格は一九三〇年時点のものであるにもかかわらず、投資家たちはそれを見過ごし、企業価値を実際よりも低めに見積もっていたのだ。ビジネスの内容はともかく、この企業への投資は不動産への投資という側面をもつ。

カーンは、スリフティマートの株を一〇年以上にわたって持ち続ける間、それが割安になれば買い増してきた。カーンは、この株の値下りリスクは小さいと考えていた。企業が保有する不動産等の固定資産の価値は、株価が織り込んでいるよりもずっと高かったからだ。最終的にスリフティマートが買収されたとき、その年率の投資利回りはダウやS&P500の利回りよりもずっと高かった。

この案件や同様の投資案件の教訓から、カーンは忍耐と規律が成功のカギだと考えるようになった。投資家はバリューのある株を保有する際には、短期的な時間軸で物事を判断してはいけない。数カ月間あるいは数年間で株価が上昇しないからといって、その銘柄がよいパフォーマンスを生まない株だとは言い切れない。バリュー株はその保有期間の大部分においてマーケット全体に対して後れをとることが多い。しかし、最終的にその本当の価値が株価に反映されたとき、マーケット全体に比べて魅力的な年次のリターンに投資家が驚くこともよくあることだ。

カーンは最近の例としてシムズ・コープをあげる。二〇一一年後半に破産法の適用を申請したこの企業は、服飾のディスカウントストアだった。小売り部門は赤字だったが、シムズはアメリカの東部に一億五〇〇〇万ドルを超える価値の不動産を保有していた。株の時価総額はその半分程度だったため、カーンはこれを投資機会だと考えた。今後、企業の清算がどのように進むのかはわからないが、カーンにとってはこの価値ある不動産ゆえに価格低下リスクは限定されていたのだ。

「割安株は何も起きなかったら、割安な株のままだ」とカーンはいう。「私たちは常に、この価格が低下した株を上昇に転じさせる触媒は何なのかを考えているのだ。その答えは、私たちの経験、知識、洞察力といった質的なものから生まれてくる。この質問の答えに正しいとか間違いとかいうことはないが、それを考えることは、われわれのリサーチのプロセスの重要な一部分となっている」

企業が回復への道を歩み始めるきっかけとなる触媒を特定するために、企業の経営陣と直接対話することは効果的だ。「経営陣と直接話をして、彼らの実力や性格を評価し、考え方を学ぶのは楽しい作業でもあり、そうすることで私たちは同じ船に乗っているような気分になれる。私はいつもフレンドリーに接するよ。彼らの目をしっかりとみて、彼らの特徴を理解することに努める。古典的な方法だといわれそうだが、効果的な方法だよ」

小規模企業や中堅企業の経営陣とは直接話をするが、大企業については電話会議ですませるか、アナリスト・ミーティングに参加するかで十分だとカーンはいう。「ありがたいことに、これだけ長くこの業界にいるから、経営陣と話したいときにはいつでもそうすることができる。父は、アナリスト・ミーティングを通じて多くの企業の情報公開を推し進めてきたので、知り合いも多いのだ」

経営者たちとフレンドリーに接するということは、カーンに関していえば、強みであっても弱みになることはない。もし経営陣が株主の利益を犠牲にして自分たちの利益を優先するそぶりをみせるようなことがあれば、フレンドリーさは消え去り、カーンたちがそれを許すことは決してない。「私たちも過去には株主訴訟に参加したことがある。いまはもう引退した兄のアランは非常に活動的に訴訟にかかわった。私は兄ほど好戦的ではないけれど、もしも経営陣が株主の利益を損ねようとするのなら立ち上がる覚悟はある！」

このようなさえないビジネスにかかわりあいをもたないために、カーンは経営陣の利益と株主の利益の方向性が一致していることを強く確信できる場合に投資を実施するようにしている。経営者の報酬が業界平均と比べて違和感がないか、経営のトップ層が相応の資産を、ストック・オプションやワラントではなく自社株で直接保有しているかを必ず確認するようにしている。

成果に応じて株式を付与する成功報酬がいまのビジネス界ではやりであることや、そういった報酬の支払い方がやりようによっては効果的であることは認めつつも、カーンはやはり苦労して稼いだ自らのカネで自社株を買う経営陣のほうが好ましいと感じている。自分が稼いだキャッシュを使って自社株を買うことは、経営陣が企業の将来を明るいと信じ、株主と長期的な利害をともにしていることを何よりも明白に表明するメッセージとなるのだ。

はっきりしない株のケース

企業が今後の方針を明確に定め、良好な財務状況と将来の見通しを保持していれば、まず株価が割安になることはないとカーンは固く信じている。したがって、バリュー投資家は、カーンの見方では、マーケットでは目立たずに陰に隠れているような、はっきりしない株を扱う逆張り投資家（コントラリアン）である。

「バリュー投資は本質的に逆張り投資だ。いまは人気が落ちている株を買い、人気が上がるのを待つ。ミニスカートがはやっているときに、古着屋でロングスカートを買うようなものかな。あるいは夏にヒーターを買うとか、冬にエアコンを買うようなものだね」

ビジネススクールで教えられている、今後の見通しが良好な銘柄に投資をすればいいという単純な図式をカーンは問題視している。すでに人気がある銘柄で、その企業の財務予想もすばらしければ、投資家はバカではないので、そんな株はもはやプレミアムがついて割高になっているはずだ。「企業の将来に期待して株を買うことは気が進まない。値下りリスクを見積もることができないからだ。それより、みながだめだと思う企業を探してきて、長期投資家の目線で弱気な状況が正しいかどうかを分析するほうがいい。そうすることで、売り浴びせられた銘柄の今後の値下りリスクが、本当のところどれくらいあるのかを評価することができる」

「投資とは資産を増やす機会を探すことであって、伸びていく企業を探すことではない。投資先の企業が伸びなくても、投下資本が増加することはある。コントラリアンは投資妙味を、それがよりありそうにないところに求める。何が正しいのかとは聞かずに、何が間違っているのかと聞くのだ。状況が壊滅的ではなく、株価はかなり売り込まれているということは、値下りリスクは限られていて、値上り期待がかなりあるということを意味する。ウォーレン・バフェットがいうように、〝よい値で売ろうとしないこと。安く買っておけば、それほど売値がよくなくてもよい結果がついてくる〟というわけだ」

カーンは、このはっきりみえてこない投資機会を昔ながらの方法で探し出している。彼は日々の値下りと、五二週間の最安値をコンピュータでチェックしている。「安値更新や高値更新はマーケットの心理状態を表している。いまのハイテク技術を駆使するやり方ではないけれど、マーケットの状態を知るために、一〇年来続けている効果的な方法だよ」

「〝値下り株リスト〟をみると、株価下落はその銘柄が属している業種に固有のリスクのせいであることがわかるときがある。こういう場合、私たちはすぐにその業種に潜む問題は何なのか、その企業自体に問題はあるのかを問い、よい材料と悪い材料を洗い出すのだ。手元にキャッシュを保有しておくことに問題がなく、当該企業にいまひとつ確信がもてない場合には投資を実行しない。いってみれば、私たちはマーケットで問題になっている企業にばかり目を向けているようなものだ。だって、そういう問題銘柄の資産は安すぎる評価がされていることが多いからね」

投資アイデアを得るために、カーンは〝友好的なライバル〟である仲間のバリュー投資家の保有銘柄をチェックすることがある。カーンは、テレビの解説者や投資アドバイス・タレントたちのいうことには一顧だにしない。「彼らは流行のおしゃれな株に興味があるけれど、私たちは流行遅れの株に興味があるからさ!」

最近のアマチュア投資家の問題は、彼らが〝専門家〟になっていることだとカーンは嘆く。「患者と医者の関係を想像してみてほしい。医療のアマチュアである患者が、医者にかかる前にインターネットでいろいろと病状を調べて、いざ医者にかかったら、どの薬が自分にあっているのかを医者にアドバイスするようになっている。投資はそういうものではない。通常のデータの背後にあるものをみて、だれも気づかないことを明らかにする専門性と経験が投資には必要なのだ」

カーンは、以前はオーディオボックス社と呼ばれ、いまはボックス・インターナショナルに改称した企業を例に出した。この企業はベスト・バイやウォルマートといったアメリカの有名な小売店で取り扱われる電気製品を供給している。二〇〇五年に、期限までに監査済みの財務諸表を提出できなかったという理由で、NASDAQから上場廃止の告知がなされた。多くの投資家は告知を受けて、同社がどうなってしまうのかと懐疑的になったが、カーンはこのはっきりとしない状況を喜んでいた。

すぐに財務状況を詳細に分析し、経営陣と話し、ボックス・インターナショナルは、この企業をよく知る前の監査法人による調査が終了するまでは過去の監査済み財務数値の利用ができないということや、だから上場廃止の告知がなされたということがわかった。したがって、上場廃止の告知は確実に予想されたものであり、問題が解決された後に同社はすぐに上場株に復帰したのだ。

「新聞の見出しはひどかったね。だけど、利益を初めとする財務内容をみれば、上場廃止になったところで、特に影響を受けるとは考えられなかったよ。上場廃止の告知を受けた理由がわかれば、何も心配する必要がないこともわかる。すべて公開情報で、これだけのことがわかるのだ。私たちはたしかに同社の経営陣と話したけれども、それが決め手になったわけではないのだよ」

カーン・ブラザーズはボックス・インターナショナルの株を買い、長期にわたって保有し続けると決めていたので、二〇〇八年の金融危機の際に株価が下落した時には、当然のごとく買い増した。二〇一一年にはボックス・インターナショナルの発行済株式の一一％を保有し、最大株主となった。

「一株当りの純資産は一二ドルで、七五セントの利益を出し、二ドルのキャッシュフローを生み出しているのに、株価は六ドルまで売られていた。これは割安だ！　私たちは投資家に対して、一般的な保有期間を三年から五年と説明しているが、こんなにもバリューがある株の場合は話が違う。企業は正しく経営され、本質的価値はどんどん増加し、経営陣は無用にリスクをとらずに経験値も豊富だ。こういう場合には保有期間はもっと長くなるものだ。株価は結局のところビジネスの状況を反映するものであり、その意味で私たちは株を通じてビジネスに投資しているのだ！」

市場の勢い（モメンタム）に注目するのではなく、バリューに注目することで、買い急ぎすぎることがあるとカーンはいう。「コントラリアンは、売買のタイミングをうまくとらえることが苦手だ。銘柄にとってよくないニュースは、マーケットに少し遅れて発表されるものなのだ。一度にすべてを行うのではなく、最初に少しだけ株を買い、銘柄のことを時間をかけて理解し、徐々に買い増すのが私たちのやり方だ。ボックス・インターナショナルのケースでは、二年から三年かけてポジションを構築した」

この購入戦略では、後になって買い入れた株ほど、売ったときには多くのキャピタルゲインをもたらすと考えられる。カーンが指摘するポイントはこうだ。「状況の把握に問題がないのなら、安くなったら買うという行為を繰り返して平均購入単価をどんどん下げればいい。ベン（グレアム）がいっていたように、〝人々があなたに賛同しないことは、あなたが正しいか、間違っているかを判定する根拠にはならない。あなたのデータと推論が正しいなら、あなたは正しい〟のだ」

マーケットについての考察

投資家として成功するためには、感情面で賢くならねばならないとカーンは考える。そのためには経験が助けになるが、マーケットのよいときや苦しいときを生き抜いた先人の経験に学ぶことも欠かすことができない。カーンにとって、父親のアービングほどよい先達はいなかった。

「投資家を職業とすることのよいことの一つは、引退の年齢が定められていないことだ。年齢を重ねれば、それだけ賢明になれる。父はマーケットの最良の時期と、最悪の時期の両方を経験した。父は私に暴落のときも高騰のときも冷静でいることを教えてくれたよ。マーケットの先行きが不透明なときなんかは、父の経験だけではなく、存在そのものが顧客に安心感を与えていた」

父親からの教訓のなかでカーンが最も大切にしていることの一つは、投資には一貫性が必要だということだ。数年間にわたって優れたリターンを出すファンドマネジャーは珍しくない。しかし、そこで彼らの投資戦略は時代遅れになってしまう。「本当の投資家はいくつかの景気循環を経た後に、複利年率のリターンが長い期間にわたって一貫しているかどうかを試される。だから、投資哲学と投資戦略の一貫性が大事なのだ。もちろん、長い間、戦いの場に立ち続けるための健康な身体も必要だ」

ここでも父親のアービング・カーンは重要な先例である。「父はいま一〇六歳だけど、衰えをみせずに働いているよ」と若いカーンはいう。「オフィスには、リサーチや同僚とのディスカッションのために来るのだけれど、いまでも週五日、毎日四時間は働いている。あの年を考えると、たいしたものだ！　私は時々企業に電話して経営陣と話すのだが、彼らからお父さんはもっと頻繁に電話してくるよといわれる。私はいまだに父の後を追っているね。もちろん私も父と同様に引退するつもりはないよ」

父と息子のもう一つの共通点は、猛烈な読書量だ。「読書をしないで投資アイデアを考え出す投資家はみたことがない。父は何千冊もの本を読んでいたけれど、なかでも科学の本はお気に入りだった。科学について広範な知識をもっていたおかげで、過去にとらわれることはなく、今後の進展に注目していた。いつも未来の技術革新と、それが人類の将来にもたらすよいことについて考えていた」

二〇〇八年の金融危機も、一九九〇年代後半のドットコム・バブルも、カーンにとって注意をひくものではなかったが、二〇一〇年五月のフラッシュ・クラッシュにおいて、わずか数分でダウ平均が一〇〇〇ポイントあまり急落した時には悩まされた。ＳＥＣ（証券取引委員会）の徹底的な調査によって明らかになったこのマーケット崩壊の原因は、数学的アルゴリズムに基づいた高速取引による異常に大量の売り注文だったのだ。

カーンはこう考えている。「株式市場は信頼によって成り立っている。利益を出すために、数学的なコンピュータ・プログラムとハイテク・ツールを利用して、徒党を組んでマーケットへの参入・退出を繰り返す異常なスピードのアルゴリズム取引は、ボラティリティーを極大化するだけではなく、人々のマーケットへの信頼を傷つけるものだ。彼らは株式市場をカジノに変えてしまった」

カーンは、ＥＴＦ（上場投資信託）の導入についてもこころよく感じていない。「導入当初、問題はなかった。しかし、時間が経つとウォールストリートの証券トレーダーたちは儲けるためにレバレッジＥＴＦを開発したのだ。これが投機につながった。こういったＥＴＦは常にポジションのリバランスが必要になるため、個別株は必要以上の値動きをする羽目に陥る。株価が誤った理由で上昇したり下落したりしているのだ。もはやマーケットで起きていることをだれもわかっていない。こういう状況は、よい企業に長期にわたって投資をしようとする投資家にとっては迷惑千万だ」

カーンは、証券会社がニューヨーク証券取引所が決めた固定の売買手数料を投資家から得ていた時代を、愛情を込めて振り返る。「もちろん、このやり方にも問題がないわけではないが、少なくとも投資家は過度な取引による手数料の増額を回避しようとしていた。この手数料の取決めが一九七五年に廃止されてから、手数料をディスカウントする証券会社や、電子ブローカーが現れた。すると投資家の売買頻度が高まり、いまの投機的マーケットへ変貌する間接的な原因になったのだ」

「もはや高頻度トレーディングは流行になっているよ。まじめな長期投資家はお呼びじゃなくなっている。私はまたもやみなとは反対のことをやっているのだ」。そして、カーンは言葉を結ぶ。「過剰なボラティリティーは、短期的には私たちのポートフォリオに悪影響を及ぼす。しかし、私たちが十分に規律を保って忍耐強ければ、それはこれまでよりも割安に株を手に入れる機会になる。安全域に配慮すること、人気はないけれど潜在的に価値のある株を長期にわたって保有し続けることを常に心に留めていれば、私たちの保有株は最終的にはまた人気が出るだろう」

第4章

巨人の肩の上に乗って

William Browne
Tweedy, Browne Company

トゥイーディー、ブラウン・カンパニー
ウィリアム・ブラウン

自分の評判をよくするには、優れた人と一緒にいることが近道だ。もしそういう人がいないなら、いっそ一人でいるほうがましだ。

――ジョージ・ワシントン

ウィリアム・ヘザリントン・ブラウンはトゥイーディー、ブラウン・カンパニー・LLCのマネージング・ディレクター兼ポートフォリオマネジャーだ。同社は1920年に創業し、当初は証券会社としてブローカー業務を行っていたが、1959年にビジネスモデルを変更して資産運用ビジネスを開始した。その運用哲学はベンジャミン・グレアムのバリュー投資を基礎としている。その後、同社の複数のパートナーに相続準備の必要が生じたことから、1997年に同業のアフィリエイティッド・マネジャーズ・グループに70%の持分を売却している。

ブラウンは1978年にトゥイーディー、ブラウン・カンパニーに入社し、投資の世界に身を置いた。その後、40年以上の時が過ぎた。ブラウンをはじめとして、マネージング・ディレクターのジョン・D・スピアーズ、トーマス・H・シュレイガー、ロバート・Q・ワイコフ・ジュニアが資産を運用してきた。2016年3月末時点でブラウンが担当している資産額は177億ドルに達する。

運用資産177億ドルのうち、61億ドルは個人、パートナーシップ、機関投資家のポートフォリオで運用され、残りの116億ドルはオフショア・ファンドやミューチュアル・ファンドの資金である。トゥイーディー、ブラウン・カンパニーの従業員とディレクターたちも「自分でつくって自分で食べる」の精神で、自らの会社に10億ドルの運用を委託し、その成果を得ている。

1993年にはミューチュアル・ファンドの運用も開始し、現在、同社が運用しているファンドにはバリュー・グローバル・ファンド、バリュー・グローバル・ファンドⅡ（ヘッジなし）、バリュー・ファンド、世界・高配当・バリュー・ファンドがある。

旗艦のバリュー・グローバル・ファンドは1993年の運用開始以来、2016年3月末時点で87億ドルの純資産残高をもち、開始以来、年率9.18%の利回りを記録している。ベンチマークであるモルガン・スタンレー・キャピタル・インターナショナル・ヨーロッパ・オーストラリア・ファーイースト（MSCI EAFE）の平均リターンは年率4.81%にすぎない。

「株とは何だろう」とウィリアム・ブラウンは問いかける。「この質問をだれかにしてごらんよ。人によって答えが異なるよ。私にとって株とは、企業のビジネスが生み出す利益のことだ。このとても単純な答えの意味を理解しているならば、投資にあたっては企業のビジネスが成功するかどうかを徹底的に調べ上げざるをえないことになる」

ブラウンは、ハワードとキャサリンの間の四人の男の子の一人として一九四四年に生まれた。若い頃から株についての知識はあったが、その意味と価値を理解するには長い旅を経なければならなかった。

「父は証券会社のブローカーだった。一九二〇年にフォレスト・バーウインド・〝ビル〟・トゥイーディーによって設立された証券会社にいたんだよ。一九四五年に父とジョセフ・ライリーがパートナーに就任した時に、会社の名前はトゥイーディー&カンパニーからトゥイーディー、ブラウン・アンド・ライリーに変わったんだ」

ブラウンはニューヨークの郊外で育った。父親は証券会社を所有するパートナーではあったが、その規模は小さく、収入は多くはなかった。小遣い稼ぎに、ブラウン少年は近所を回って古新聞をかき集め、それをリサイクル業者に売っていた。新聞紙を一ポンド（〇・五キロ）ほど集めてやっと一ペニーという稼ぎだった。「よい思い出ばかりだよ。ぶっそうな事件が多いいまとは違って、これといったニュースもない時代で、話題となったのは町内から朝鮮戦争に従軍した若者が殉職したことくらいだった」

ブラウンは若い時から、ウォールストリートの話を聞くために父親のオフィスに出入りしていた。少し年齢が上がると、父親の会社の〝ランナー〟として株券を他の証券会社に届けるアルバイトをやった。こうしてオフィスに出入りしていると、興味深い人物に会うことも多かった。そのなかには、後に世界一の資産家となるウォーレン・バフェットもいたのだ。

一九四〇年代や一九五〇年代、アメリカの投資コミュニティはそれほど大きなものではなく、似たような投資の考え方をもった個人が集まり、強いつながりをもっていた。そのなかには、あの〝ウォールストリートの学校長〟といわれるベンジャミン・グレアムもいて、みなで親交を深めていた。このような状況だったから、ウォールストリートの初期のバリュー投資家グループをひきつけるビジネスモデルをもっていたトゥイーディー、ブラウン・アンド・ライリーにとっては参入の機が熟していたのだ。

「一九二〇年代、トゥイーディーはニッチなマーケットを専門とする証券会社で、非公開株や取引量の少ない低取引株を中心にビジネスをしていた。ニッチなマーケットは競争が激しくないというのがトゥイーディーの考えだったんだ。彼はこつこつとビジネス関係を構築していった。投資対象企業の年次株主総会に出席しては、出席者の名前と住所を一人ずつ丁寧にメモし、その後、その住所に会社案内を送付するという地道なやり方だ」

「証券業界では次第に、低取引株についてはトゥイーディーに頼めという評判ができあがっていった。低取引株には特徴がある。それは、運転資本であろうが、資産の簿価（P／B）であろうが、利益（P／E）であろうが、どんな尺度においても非常に割安であるということだ。したがって、割安株投資を投資哲学とするベンジャミン・グレアムが、割安株に強い、この証券会社の最大の顧客になるのは自然なことだった」

グレアムとの関係が強化されたことを受けて、トゥイーディーはウォールストリートにあるグレアムのオフィスのすぐそばに引っ越すことにした。そのため、若いランナーであるブラウンにとっては、最大の顧客との証券取引の決済のために走り回らなければならない距離がずいぶんと短くなってしまった。

「一九五五年にグレアムは引退を決め、それまでグレアムのリサーチアナリストだったウォルター・シュロスが自分自身のファンドを立ち上げた。シュロスはコストを抑えるために、トゥイーディーの事務所内に机を一つ借りて仕事を始めたんだ。たしか、玄関とその横の給水器の間にある不便な場所に机を置いていたよ。だれかが水を飲もうとするたびにウォルターは立ち上がって、場所を空けていたんだ」

「ウォーレン・バフェットもグレアムのもとで仕事をしていた関係で、しょっちゅう父の会社に顔を出して投資の話をしていた。一九六〇年代にウォーレンがバークシャー・ハサウェイを買収した時の証券のディールは父がやったんだ」

投資の世界のスターたちに関するブラウンの話はまだまだ終わらない。グレアムの別の生徒にトーマス・ナップがいる。彼はトゥイーディーのビジネスモデルを変えるようなアイデアをもっていた。「トーマスは父やライリーに、トゥイーディーという証券会社はすばらしい資産をもっているし、割安な株を探し出すためのネットワークももっている、だから、ブローキングだけではなく、資金を募って資産運用を始めたらどうかと提案したんだよ。当時は運用の知識も組織もなかったので、トーマスが必要な知識を提供してくれたんだ。この話が持ち上がった一九五九年はまさに会社にとっての分岐点だった」

一九六八年のライリーの引退時に、会社の名前はトゥイーディー、ブラウン・アンド・ナップになった。一九七〇年には投資助言業の登録を行い、個人や機関投資家に対して資産運用サービスを開始した。会社の名前はシンプルにトゥイーディー、ブラウンに変更された。

ブラウンが若い時から付合いのあった、投資の世界の天才たちの言葉はブラウンの血となり肉となった。まさに彼の父親のモットーである「しゃべっているだけでは何も学べない」を実践し、これら天才たちの言葉をしっかりと聞き、彼らが投資をどのように考えているかを学んだのだ。

いまでこそブラウンのバリュー投資の知見には目を見張るものがあるが、最初は関心をもっていなかったようだ。「二〇代前半の頃だったと思う。会社には大きなラウンドテーブルがあって、ウォーレン・バフェット、チャーリー・マンガー、トーマス・ナップ、ウォルター・シュロス、私の父ともう一人のパートナーのエド・アンダーソンがそのテーブルを囲んでいつも話をしていたんだ。話の内容といえば一日中バリューの話ばかりで本当につまらなかったよ」

ブラウンはその後、投資の世界での経験を深めて、考えを変えることになる。

価値ある遠回り

一一歳で投資の仕事を開始したウォーレン・バフェットと違い、若い頃のブラウンは投資への興味をもっていなかった。投資よりも、ただ町をぶらぶら歩いたり、野球をしたりするほうが楽しかったのだ。

コルゲート大学で政治学を専攻し、一九六七年に卒業すると、ブラウンは貧困層への支援をするピース・コープに入り、エクアドルで二年半を過ごした。「卒業時に私の将来は決まっていたんだ。軍隊に入ってベトナムに行くか、ピース・コープのような政府が行っているボランティアをするかのどちらかしかなかった」

アメリカに帰国後、ブラウンはもう一度学業に復帰することにした。両親からの学費の支援は期待できず、一九七〇年には結婚もしていたので、学校に入るためにはなんらかの策が必要だった。そんな時、幸運にもアイルランドにある機会があることを耳にしたのだ。「エクアドルで聞いた話なんだけど、なんでもアイルランドのダブリンにあるトリニティー・カレッジが新しいＭＢＡコースを始めるらしく、学費がわずかに二〇〇ポンドだっていうんだ。こんないい話はないから、すぐに飛びついたよ」

こうしてダブリンでＭＢＡを無事に取得した一九七〇年、ブラウンは、今度は正式に仕事を探すためにニューヨークに戻ってきた。父親と同じ道を歩むつもりはなかったのだが、見つけた仕事はバンク・オブ・ニューヨークのアナリストだった。「質の高いことを学ぶことができた。ファンダメンタル分析について深く理解する機会を得たし、企業評価の方法も教わった。でも、まだ若くて、我慢ができなかったんだな。何かもっとおもしろいことがやりたくなって、やめちゃったんだよ。そして、ジェリー・ツァイという男のもとで働き始めた」

ジェリー・ツァイはフィデリティー・インベストメンツのファンドマネジャーだ。ツァイは〝イケイケの時代（ゴー・ゴー・イヤーズ）〟と呼ばれた一九六〇年代の相場が活況だった時に、有望成長株を意味するグラマー・ストックへの投資で一世を風靡した。一九六五年になると、マンハッタン・ファンドという成長株のファンドを立ち上げ、彼の人気も手伝ってあっという間に数百万ドルの投資資金が集まった。

「彼の後をついて回ったんだけど、彼がどうやってこれはと思う株を探し出すのかさっぱりわからなかったよ。彼のやり方は、私には意味がないように思えてきたんだ。その仕事に自分はあっていなかったんだろうね。いま、私がやっていることとは正反対のことを当時のツァイはやっていたのだと思うよ。そんな感じだったから、ランチタイムにはトゥイーディー、ブラウンに顔を出すようになったんだ。そこでは、みなが投資アイデアについて議論していた。それを聞いているうちに、バリュー投資の考え方のほうが納得できるように思えてきた」

ツァイのもとを離れたブラウンは、投資銀行のドレクセル・バーナムでアナリストとして働き始めた。今度は、創業間もない企業や財務的な困難に陥った企業が分析対象だ。ドレクセル・バーナムは、その後、ジャンク・ボンド市場で悪名をとどろかせることになる。そこでの分析手法はツァイのもとでみたものとは異なっていたが、ブラウンはドレクセル・バーナムの企業価値評価方法にも意味を見出すことができなかった。

一九七八年に三四歳になると、ブラウンは投資の世界の別の領域を探検するのはやめにして、トゥイーディー、ブラウンでおとなしく仕事につくことにし、バリューの陣営に戻ってきた。最初の頃はトレーディングやブローキングの仕事が中心だったが、父親のハワードの引退に伴い、徐々にポートフォリオ運用に関する分析的な仕事にシフトした。そして、一九八三年にはパートナーに就任した。

数量分析を超えて

トゥイーディー、ブラウンでベンジャミン・グレアムの手法に基づいて投資を実践していた一九七〇年代、投資チームは運転資本よりも割安な〝ネット－ネット株〟を探し出すことに取り組んでいた。

「グレアムのやり方は数量的なんだ。彼はもともと統計家とも呼ばれていたんだけれど、いまの言葉でいえばクレジット・アナリストに当たると思う。彼のいうバリューとは、彼の数量的基準に合致する株のことなんだ。たとえば、運転資本や清算価値の三分の二の株価ならバリューなんだよ」

この戦略で名をはせたのが、すでに登場したあのウォルター・シュロスだ。「ウォルターとは一生涯の付合いになる。彼は株のリサーチにはバリューライン社しか使わない、型破りな投資家だよ。信じられないことに、彼は半世紀近くも同じ運用スタイルを続けて、それにもかかわらず、マーケットに勝ち続けているんだ」

ブラウンはネット-ネット株を探し出すことのむずかしさを経験していた。「一九六八年に私たちの会社に入社したパートナーのエドワード・アンダーソンも、ウォルターと同じ投資手法だった。株のイエロー・ページみたいなものなのだけれど、『ナショナル・ストック・サマリー』とか『ポークス・バンク・ディレクトリー』などの情報誌を使って、十分な安全域をもっている割安株を探し出していたよ。でも、コンピュータが導入されてからは環境が変化した。投資業界の競争が激しくなり、ネット-ネット株をみながコンピュータで探し出すようになったから、安全域が十分ではなくなったんだ」

一九八〇年代に入ると、株の評価モデルが変化した。レバレッジド・バイアウト（LBO）という投資手法が現れた。企業を買収するために途方もない借入れをするこの手法は、企業評価の方法を従来とは異なるものにしたのだ。

「LBO投資家は、いまのプライベート・エクイティ投資家と基本的には同じだ。持続的な収益を生み、無借金で、適切な株価収益率（P／E）の企業を探す。こういう企業を買収するために投資家がすごい金額の借入れをしても、買収した企業がその良好なキャッシュフローでいずれ借入れを返済して、なおかつ良好なリターンが得られるという考え方だよ」

トゥイーディーは割安とみなされる企業のリストをもっていたので、当時、多くのLBO投資家がお買い得な企業を求めてトゥイーディーを訪れていた。「私たちのチームはそんな彼らの話を聞いて、彼ら流の企業の価値評価モデルを学んだんだ。彼らは間接的にではあるが、株というものに対する新しい考え方を教えてくれた。もちろん、私たちは借入れを起こして株を買うなんて手法は採用しないが、企業のビジネスの内容や、その持続可能性に納得すれば、かなりの大金を積む投資家がいるということは驚きだった」

ＬＢＯ投資家の企業評価モデルを会得した後、ブラウンのチームは企業の組織構成やビジネスの特性にも目を配るようになった。ブラウンは徐々に、良質なビジネスを行っている企業は数量分析で〝安い〟企業より長期的によいリターンを出すと考え始めた。

簡単にいうと、数量分析は企業が保有する資産を含めて過去と現在の企業のパフォーマンスを分析して企業価値を導こうとする。これに対して、ビジネスの質を評価するアプローチは企業の将来の収益も加えて価値評価を実施するのだ。

グレアムの厳格なバリュー評価とは異なり、新しい企業価値評価では医薬特許、ブランド、価格決定力といった無形資産も評価対象に含まれる。

ブラウンの説明を聞こう。「数量分析では割安企業の発掘において、その企業の価値を本業のビジネスの内容とは切り離して評価する。どれくらいキャッシュをもっているかとか、価値ある資産をもっているかで評価は変わる。昔はこういった企業の株はすごく割り引かれて安い株価をつけていたからよかったが、いまではマーケットによほどのことがない限り数量的に割安な株は手に入らない。もし数量的に割安な株があったとしても、株価が十分に低くなっていなかったらリターンはそれほど望めない。それにもかかわらず、われわれのすぐ横にいる友達が、その友達は税務署っていうのだが、キャピタルゲインの一部を横取りするんだよ」

「ビジネスの質がよく、持続可能性が高いと考えられる企業であれば、その株がもたらす長期的なリターンはどんどん累積し、最終的に非常に大きなものになる。一度こういう株に投資すれば、頻繁に売買する必要はないし、日々の株価の変動に悩まされることもなくなる。そうなるためには、まずは株が企業の所有権だということを理解する必要がある」

「よいビジネスをしている企業を探し出すことで、その企業から長く恩恵を受けられる。よいビジネスは自ら成長し、環境に適応し、利益を再投資してますます大きな利益を生む。優れた人材と資本をもち、競争力を保っている限り、投資家に常に利益をもたらしてくれる」

ブラウンのいうよいビジネスと、それほどよくないビジネスの違いは次の例でわかる。「コピー用紙を一ポンド一ドルで売るビジネスを想定しよう。競争相手は一ドルよりも少しだけ安い値段で同量のコピー用紙を売っている。その場合、私は競争相手と一緒にビジネスをするだろう。売るものがウイスキーだったらどうだろう。あなたは高級なジョニー・ウォーカーを一杯一ドルで売っていて、あなたの競争相手は、そこそこの品質のアンクル・ジョーを一ドルより少しだけ安く売っている。この場合、私はジョニー・ウォーカーを選ぶね」

「数量的に考えて、コピー用紙を生産している企業の株価が一株当りの運転資本より低ければ、昔ならすぐに投資を実行しただろう。しかし、現在では、割安と考えられるコピー用紙の製造企業ではなく、株価が割安でなくともジョニー・ウォーカーのような競争力のある商品をもっている企業に投資する。長期投資に耐えうるからだ」

ウォーレン・バフェットもいっている。「よいビジネスを普通の価格で買うほうが、普通のビジネスを安く買うより、よほどいい」

グローバル・スタンダードをつくる

トゥイーディー、ブラウンの価値評価はベンジャミン・グレアムが活躍した時代のものとは異なるようにみえる。しかし、ブラウンは、グレアムの投資哲学は連綿と受け継がれており、いっさいの変化はないと言い切る。株の価値には二種類ある。一つは現在の株価だ。そして、もう一つは株の発行企業のビジネスがもつ価値だ。その価値は資産をもとに算出したものであろうと、ビジネスのファンダメンタルズから算出したものであろうと、価値であることに変わりはない。

ブラウンと彼のチームは、投資銘柄のリサーチの際にはいまでも数量アプローチを用いているとブラウンはいう。どのような株であっても、ブラウンが定めたバリューについての厳格な基準を満たさない限り、それ以上のリサーチ段階には進めない。基準には低・株価収益率（P／E）、適正な配当利回り、低・株価売上高率、低・株価キャッシュフロー比率などがある。これらの基準にある〝低〟は確定したものではなく、状況によって変化するものだが、過去の平均値に比べて低いか、企業や企業が属する産業の将来の伸びに対して低いかのどちらかの意味での〝低〟なのだ。

数量分析の次にブラウンが実施するのは、興味のある企業のストラクチャーの分析だ。これには資本と負債の比率の分析が含まれる。そして、最後の分析として、ブラウンはビジネスの内容と経営陣の強さに目を向ける。この評価プロセスは、ブラウンたちによって長く利用され、いつの間にかＰＵＣＣＩと呼ばれるようになった。ＰＵＣＣＩとは評価すべき項目、Pricing（価格戦略）、Units（生産量）、Costs（コスト）、Competition（競合）、

Insider Ownership（内部関係者の株式保有比率）の頭文字である。

『インデックスに打ち勝つ10の方法』と題されたトゥイーディー、ブラウンの調査論文には、投資家が考慮すべき一七の標準的な収益予想と企業価値の決定要因が列挙されている。それには、価格と生産数量、売上総利益／売上高、一般管理費用、売上高の変動に対する営業利益の変動の比率（オペレーティング・レバレッジ）、税引益の利益／売上高、一時的な費用または利益、のれん、市場でコンセンサスとなっている収益予想、売上高の成長率、キャッシュマネジメント、投資活動、競争環境、M＆Aの可能性、投資の評価方法、内部関係者の自社株保有状況と活動状況などがある。

「一般的に〝バリューがある〟という言い方は、あたかもゴミ箱をのぞいてみたらゴミじゃない価値あるものがあったというような場面を想像させる。それを売っていくらかのカネが手に入ったら〝バリューのある取引だった！〟と思うだろう。こういう考え方はバリューの意味のとらえ方として間違いとはいえないが、十分ではない。株式投資における本当のバリューは、長期にわたって投資家に利益をもたらす、優れたビジネスを買うことを意味するのだ」

「私たちがやっていることの本質は、安定的なビジネスを探し出し、それを手にするための価格が、そのビジネスの本来の価値よりも低いことを確認することなんだ。そういう銘柄を探すために、数量分析に代表されるシステマティックな方法を用いているが、それに引き続いて質に踏み込む分析を実施している」

ブラウンと彼のチームは、経営陣との対話に臨むことがある。対話により経営陣のこれまでの業績を確認し、今後、どのような手腕を振るうのかについてのヒントを得るのだ。ただし、この対話は必ずしも投資の際に必要とされるステップではない。ブラウンはいう。「経営陣に会うことも大事だが、私たちは投資先のビジネスの性質を重要視している。この点については、バフェットが同趣旨のことを興味深い言い方で表現している。〝経営能力がすばらしいと評判の高い経営陣が、ファンダメンタルズがお粗末なビジネスに取り組み始めたらどうだろう。経営陣に対する評価は変わるかもしれないが、ビジネスに対する評価が変わることはないだろう〟と」

当初、トゥイーディー、ブラウンはアメリカの企業にのみ投資をしていたのだが、一九八〇年代半ばになると、グローバル投資について考え始めた。

「主にイギリスではあるが、ヨーロッパの顧客が増えるにつれて、彼らとバリュー投資について話をするようになった。すると彼らは、彼らの国の株への投資を勧めてくれるようになり、私たちも外国株の動きを追い始めた。コンピュータを使い始めるようになると、外国株の情報取得も楽になり、それほど苦労せず、ごく自然にリサーチの対象に加えていったよ。結局、バリュー投資というアプローチは国境を越えて普遍的なものであり、アメリカ株にこだわる理由はないんだよ」

トゥイーディー、ブラウンの数量分析と、ビジネスの評価と、グローバル投資のすべてが合体した好例が、ラテンアメリカの飲料業者パナムコ社の株の購入だ。分析において、まずパナムコ社は数量的な基準をクリアした。パナムコ社はラテンアメリカでユニークな地位を占めており、競争力の維持とビジネスの成長が期待できた。次いでパナムコ社のビジネスの価値評価を実施し、現在の指標の一〇倍近い水準で買収されても不思議ではないことがわかったのだ。

最初にパナムコ株を購入した時の株価は一五ドルだった。ところが、すぐに株価が下がり始めた。その時、ブラウンは機会を逃すまいと、さらに株を買い増した。二〇〇三年にはコカ・コーラＦＥＭＳＡが、ブラウンが予想した一〇倍程度に近いレベルである一株二二ドルでパナムコを買収し、この取引は大成功に終わった。

トゥイーディー、ブラウンの投資戦略について、ブラウンはこう話す。「一つ目は株価が下がっても心配しないどころか、よいビジネスをしているのならかえって買い増すという戦略だ。長期的に保有することを決めているからできることとさ」

「二つ目はグローバル戦略だ。海外への進出は一九九〇年代初めにおけるビジネスの拡大策として賢明なものだったと思う。いまは〝グローバリゼーション〟ってだれもがいうけれど、実はこの言葉がはやるずっと前からビジネスはダイナミックなもので、企業は利益を最大化するために世界各地のビジネス機会を機敏に探し求めていたんだ。ＩＢＭやコカ・コーラをみればそれがわかる。彼らは世界各地に行き、現地の文化を理解し、成長が望める場所に適正に資本を投下してきた。ほかにもあるよ。ネスレやディマジオは、ずいぶん前に、ビジネスのためにヨーロッパからアメリカに進出している」

「最後に重要なのは、数字だけに目を奪われないことだ。例をあげよう。二〇一一年のヨーロッパの銀行の株価純資産比率（Ｐ／Ｂ）や株価収益率（Ｐ／Ｅ）は、おそらく私たちの数量基準をクリアしていたと思う。問題は、銀行の資産が本当はどうなっているのかがよくわからなかったし、今後どのような事象が銀行ビジネスに影響を与えるのかが不透明だったことだ」

この点を説明するために、ブラウンはバークシャー・ハサウェイでウォーレン・バフェットとともに運用に携わるチャーリー・マンガーの二冊のファイルの話を持ち出す。「投資対象の銘柄を〝これは無理〟というファイルと、〝後でもう一回みてみよう〟というファイルに分けるというものだ。投資家自身の強みと得意分野にフォーカスすることは、企業分析においても重要だと思う」

ブラウンはたまにアナリストのレポートに違和感を覚えることがある。アナリストが分析対象企業の今後六カ月間の動きについて好ましく思っておらず、短期的に好感できる要素がないと考えている一方で、長期的には投資妙味があるというレポートを出すことがある。これは結局、売買のタイミングを計っているにすぎない。マーケットを出し抜いたり、好機をとらえようとしたりするのではなく、客観的でしっかりした理由に基づいて投資することに集中すべきではないかというのだ。

トゥイーディー、ブラウンは『インデックスに打ち勝つ10の方法』のなかで、「保有株から得られるリターンの八〇%から九〇%は、その株を保有している全期間のうちの二%から七%という短い間に稼ぎ出されている。そのほかの期間において、株はほんの少しのリターンしか生み出さない」という経験から得られた事実を示している。

投資の社会科学

ブラウンは、投資は自然科学ではなく社会科学だと考えている。「投資は人々の行動によって変化する。そして、人々はほとんどの場合、合理的とはいえない！　投資においてやるべきことは、生き残る確率が高い企業を見つけ出すことだ。見つけ出したら、一定のルールで株価が買うに値するかどうかを評価する。そうすれば、正しい結論に行きつく可能性が高くなるよ」

「多くの人は直感で投資する。ちょうど買い時だとか、必ず株価が上がるとか思って買うのだけれど、その思いに合理的な根拠はない。トゥイーディー、ブラウンでは、不合理な行動にならないように投資のプロセスを構築している。私たちの投資プロセスは、何も最初から適用しなければならないものではない。どんなときでも、どんな場所でも使える。ロジックは時間に制約されないし、普遍的なものだからだ」

「ビジネスのファンダメンタルズも、経営陣も、政府の規制も気まぐれにころころ変わるから、株価が変動し、その変動が投資家の気分に影響を与える。自然科学にみられるような普遍的な法則は投資の世界には存在しない。そうであるなら、投資家が許容できて、自分の行動に取り込むことができる、しっかりした論理と投資の考え方を確立するための基礎となるようなプロセスをつくろうっていう話だよ」

多くの投資家はホットなトレンドやマーケットのワクワク感を楽しんでいるが、バリュー投資家はアタラキシアというきわめてまれな心理的な病気に侵されている可能性があるとブラウンはいう。アタラキシアとは、不安や気がかりをもたず、周囲の状況には目もくれずに、ひたすら泰然自若としているという症状である。

「バリュー投資家は、みなアタラキシアを患っているよ。その症状に特有の冷静さをもち、他者に追随しない。私たちはみな、新聞に毎日目を通すだろう。すると、どうしてもそこに書いてある他者の意見や見方に影響されてしまう。これが普通の投資家の姿だけれど、バリュー投資家は冷静さを貫くのさ。そういう姿勢を維持するためには、感情をコントロールし、知的フレームワークをもつことが必要で、そうすることで常に客観性をもって自分の性にあった投資判断が可能になるんだ」

「みなが同じように考えているときは、みなが間違えている可能性が高い」と昔からいわれている。他者と似たような思考をしたり、群れを追ったりしないために、ブラウンと彼のチームはチームワークとメンバーの多様性を重んじている。

多様性のなかでも、特にグローバルな多様性をチームにもたせることは、特定の国やビジネスに固有のリスクの削減につながる最も優れた方法だとブラウンは考えている。分散しない集中型のポートフォリオを好む投資家もいるが、ブラウンは将来に確かなものなど何もないというメッセージを投資家に出しつつ分散投資を徹底している。想定とは異なる動きに対する防御策として、分散が必要なのだ。

「どうして一二五番目の銘柄にまで分散投資する必要があるのか。ベスト10の銘柄に投資することで十分じゃないかと投資家から聞かれることもある。でも、私たちは正直なところ、どれが本当のベスト10かを確実にいえるわけではない。やはり、分散しておいたほうがいいんだよ」

「分散投資をしておくことによって、保有銘柄に過度に固執しなくなるという副次効果もある。長期的にすばらしいと思われる企業を見出したとしても、いつも株価がすぐに上昇し始めるとは限らない。ポートフォリオの構成銘柄を少なくしすぎると、特定の銘柄の動きが四六時中気になって、その企業のビジネスの内容ではなく株価をみて、ばかげた売り買いを繰り返してしまう。適度に分散をしておくと、そういった不安を減らすことができる」

バリュー投資の世界には、〝バリュー・トラップ〟という危険な銘柄があることが知られている。バリュー・トラップとは、売りたたかれた銘柄を間違って割安だと判断してしまうことをいう。数量的に割安な銘柄を探索すると、こういう売りたたかれた銘柄がレーダー上に現れる。その際、一人で判断するのではなく、チームで率直にディスカッションをすれば、罠にかからずにすむことが多い。

「私たちは投資アイデアを探すために、常に一三人から一四人のアナリストを配置している。彼らのバックグラウンドは多様なので、いろいろな国のいろいろな株を分析することができる。私たちの投資哲学は共通だけれど、だからといって思考方法を各人で共通のものにしようとは思わない。投資アイデアが出てきたら、みなでそれについてオープン、かつ、時には批判も含めて率直に議論するよ」

みなでブレイン・ストーミングをするときには、あえて反論して意見を引き出す、嫌われ者が必要だ。そういう役割を担う者がいると、バリュー・トラップから逃れられるし、集団思考に陥ることも避けられる。「私たちのチームは客観性を維持するように心がけている。何か思うところがあれば、包み隠さずに話し合うようにしているよ。そうすることで学びや改善が得られるんだ。また、全員に対して平等に接することも忘れない。あるアナリストが六つの投資アイデアをもっていて、別のアナリストは二つの投資アイデアをもっているとしよう。この場合、投資アイデアの数だけでアナリストのチームへの貢献を評価することはしない。産業ごとにサイクルがあるものだ。大事なことは、常に自分が担当している産業セクターに転がってきたバリューを見逃さないように準備しておくことだ」

よい投資アイデアが出てきたとき、その銘柄を購入するかどうかは、ブラウンを含めた四人のマネージング・ディレクターの投票で決まる。「四人の投票だから、引き分けのこともある。そんなときには、なんでここまでやっているんだろうって思うこともあるよ」

「この投票はイエス・ノーを決めるものではない。意見が割れるということは、だれかがその銘柄をもっと安く買いたいとか、ほかにもよい銘柄があると思っていることを意味する。こうした取組みによってオープンな対話を行いやすくなり、個人の勘ではなく、正しいプロセスで意思決定ができるようになる」

マーケットより一歩先を進む

バリュー投資家ブラウンの一日のスケジュールは厳格だ。朝は五時三〇分に起床し、ブルームバーグで最新のニュースをチェックし、午前七時一五分にオフィスに向かう。午後四時にマーケットが閉じた後、オフィスを出て、ジムに向かい、そこで一時間半ほど汗を流して家に帰る。時にはアジアのマーケットが始まる午後八時頃に現地の仲間と電話会議で投資アイデアを練ることもある。

ブラウンにとって、投資への情熱を保つことは、ビジネスの分析を通じて世界について学び続けるアクティブな気持ちを持ち続けることと同義だ。テクノロジーの名のもとにこれまでのマーケットの常識が通らなくなることを、ブラウンはこころよく思っていない。

「これまでで最も理解できなかったのはインターネット・バブルだ。実体がなく、上っ面の販売促進みたいにみえた。私たちが目をつけたよいビジネスが見向きもされず、インターネットに関連するというだけの銘柄が連日、値を上げていた。ある投資家がいっていたよ。〝エルビス・プレスリーはもういないんだ。目を覚まそう。現実を直視しよう〟。最終的にインターネット・バブルははじけて、私たちの考え方が正しかったことがわかった」

インターネット・ブームとは異なるかたちでのテクノロジーの進展もブラウンを悩ませている。「マーケットにおける高頻度取引とＥＴＦ（上場投資信託）の正当化論は言い訳にすぎない。これらがマーケットに流動性を与えて、売り買いのスプレッドに好影響を与えたという意見もあるけれど、投資家にとって流動性やスプレッドがどの程度改善したかは客観的に計測できるものではないから、議論が終わることはない」

この手の金融商品の問題は、不必要にマーケットのボラティリティーを増加させることにあるとブラウンは考えている。不必要にボラティリティーが上がると、適切に資本を配分し、投資家に資産を蓄積する場を提供するというマーケットがもつ本来の機能が損なわれることになる。

「人はもともと感情的な動物であり、客観的になりきることはむずかしい。流動性の増加やテクノロジーの進歩という名目のもとでマーケットが変動すると、人はパニックに陥る。金融商品は進歩しているというが、私たちの資産を一瞬にして失わせたり、せっかく手に入れたマイホームの抵当権が実行されたりする事態が起きることを本当に進歩といえるのだろうか」

「いまや証券取引所も株式を公開している。株主の利益を最大化しようとすれば、活発に取引される金融商品を生み出す金融機関と協力することが取引所の目標となる。金融機関が毎日ＥＴＦの構成銘柄の比率を調整するたびに、たしかに取引手数料は入ってくるだろう。でも、それが意味することは、優良な株であろうがなかろうが関係なく取引が行われ、マーケットが投機的になるということだ。これは、金融機関やマーケットが果たすべき本来の役割に根本的に反する事態ではないだろうか」

ウォールストリートがもつべき高潔さと誠実性について語るとすれば、かのウォルター・シュロスという賢人を忘れることはできない。

「ウォルターは私にとっては模範となる人だ。彼は決して汚い取引をしなかった。ファンドを運用する際には、投資家に対する責任をしっかりと認識し、自らの投資戦略を徹底し、投資家に損失を与えることを極力避けた。ウォルターとオフィスをともにした父がこういっていた。〝ウォルターと意見が違うのであれば、違う人のほうが間違っている。彼はまさに高潔のかたまりだから〟。ああいう男はもういなくなってしまったよ」

自分自身の投資人生を巨人の肩の上に乗って、すなわち先人の業績に助けられて過ごしてきたがゆえに、ブラウンはやるべきことと、やってはいけないことをしっかりと認識している。マーケットが今後、どのように変化しようとも、バリューの哲学が投資家としての、そして人としての最後の拠り所なのだ。

ブラウンは父親のモットーも受け継いでいる。「友達も顧客も株式市場でのばかげた失敗は許してくれるだろうが、彼らを欺く行為は絶対に許してくれない」

第5章

バリュー宇宙の中心への旅

Jean-Marie Eveillard
First Eagle Funds

ファースト・イーグル・ファンズ
ジャン・マリー・エベヤール

本物の真理の探求者なら、一生のうち少なくとも一度は、すべてのことをできる限り疑ってみるべきである。

――ルネ・デカルト

ジャン・マリー・エベヤールはフランス生まれのバリュー投資家だ。ファースト・イーグル・ファンド（もともとはソジェン・インターナショナル・ファンド）を1979年から2004年まで運用した。26年以上に及ぶ運用期間の累積リターンは4393.08％、年率15.76％である。同じ期間におけるグローバル・ファンドのベンチマークであるMSCIワールド・インデックスの累積リターンは1514.25％、年率11.29％である。

ファースト・イーグルの旗艦ファンドであるグローバル・ファンドに加えて、エベヤールはオーバーシーズ・ファンドとゴールド・ファンドを1993年から2004年にわたって運用した。アメリカ以外の外国株に投資するオーバーシーズ・ファンドの累積リターンは357.58％、年率14.36％である。グローバル・ファンドのベンチマークであるMSCI EAFEの同じ期間の累積リターンは83.54％、年率5.5％であった。

エベヤールは資産運用業界のプロから非常に尊敬されている人物の一人であり、2001年にモーニング・スターによってインターナショナル・マネジャー・オブ・ザ・イヤーに選ばれた。2003年には同じくモーニング・スターのファンドマネジャー・ライフタイム・アチーブメント・アワードに選出された。モーニング・スターの説明によると、この賞は「資産運用業界におけるキャリアの全期間にわたって長期的に人並み外れたパフォーマンスを達成し、投資家と利害をともにし、大勢に流されない勇気をもち、時代の変化に適応する能力をもつミューチュアル・ファンドのマネジャーに対して贈られる」ものである。2016年５月には、ロンドン・バリュー・インベスター・カンファレンス（LVIC）のファンドマネジャー・ライフタイム・アワードを受賞している。

現在エベヤールはニューヨークに住み、現役を半分退いてはいるが、ファースト・イーグル・ファンズ取締役会のシニア・アドバイザーとファースト・イーグル・インベストメント・マネジメントLLCの上級副社長を務めている。

ジャン・マリー・エベヤールがバリュー投資を実践するまでには一七年に及ぶ足踏みの期間があった。エベヤールはフランス最高峰のビジネス教育機関、エコール・デ・オート・エチュード・コメルシアルを卒業し、一九六二年にソシエテ・ジェネラルにアナリストとして採用された。当初は〝成長株〟の発掘のための分析を指示されたのだが、やっとのことで上司を説得して〝バリュー株〟の分析に転向したのは一九七九年のことだった。

エベヤールは語る。「証券アナリストになった一九六〇年代、アナリストという仕事はフランスでも大陸ヨーロッパでもほとんど知られていない新しいものだった。それ以前に投資の際に重要だったのは、インサイダー情報、社外秘の情報、あるいは業界を跋扈する噂だった。証券分析といっても、ベンジャミン・グレアムの方法論を指しているわけではない。アメリカで流行していた、成長株投資の手法をベースにしたものだった。株の本質的価値を算出するのではなく、世間で話題にのぼっていて勢いのある株を探し出すという考え方だ」

エベヤールの理解では、バリュー株とは本質的価値よりも低い価格で売られている株のことである。そういった株を探すためには、成長性も評価に組み入れなければならないという点に注意が必要だ。投資の世界を〝バリュー（割安）〟と〝グロース（成長）〟にくっきりと分けてしまったがゆえに、証券分析の本質についての理解が混乱している。しかし、エベヤールは話をわかりやすくするために、あえて〝バリュー（割安）〟と〝グロース（成長）〟を異なる二つの概念として取り扱うことにするという。

「ソシエテ・ジェネラルで六年を過ごした後に、ちょっと退屈を持て余してしまった。ほかのことがやりたくなったんだ。成長株投資はそもそも私の考え方にあわなかった。上司に正直に話したら、ニューヨークに行って何かいままでと違うことをやってみるかと提案を受けた。独り身で自由だったから何の問題もなく、一九六八年にアメリカに渡ったんだ。たしかに環境は変化したけれど、アメリカで命じられたのは結局、同じ成長株分析だった」

その後の六年間、ニューヨークとパリを行き来しつつも、エベヤールの主要な業務は成長力をもったアメリカ企業、いわゆるホットでグラマラスな株を見つけ出すことだった。ほかの優れた方法を知っているわけではなかったが、エベヤールは、成長株の分析手法は強引な仮説が多すぎて、一つ間違えれば大きな失敗につながると感じていた。

自分自身が納得できる分析手法を探しているときに、たまたまベンジャミン・グレアムの手法を知ることになった。「ニューヨークに住み始めた頃、コロンビア大学に留学しているフランス人学生と知り合った。セントラル・パークを彼らとサイクリングしている時だったと思うが、成長株投資の考え方に対する自分の疑問を話したんだ。すると、彼らはコロンビア大学教授だったベンジャミン・グレアムの本を読むことを勧めてくれた。すぐに『証券分析』を購入し、読み終えると次に『賢明なる投資家』を読んだ。〝これだ！　この考え方を探し求めていた〟という言葉が思わず出たよ」

さっそくバリュー信奉者になり、『賢明なる投資家』の福音を同僚に説き始めたのだが、だれも聞いてはくれなかった。エベヤールは孤独感にさいなまれ、一九七四年にパリへの帰任を申し出た。当初、ソシエテ・ジェネラルは帰任後、エベヤールに小規模のファンドの運用を任せると申し出たのだが、それは上層部によってあっさりと撤回されてしまった。

パリに帰ってからの四年間は、エベヤールの職業人生のなかで最もつらい時期だった。ソシエテ・ジェネラルでただ一人のバリュー投資の信奉者であり、その信念が揺らぐことはなかったにもかかわらず、会社は成長株の分析手法を使うように命じ続けた。一九七九年に再度ニューヨークへ異動する話が持ち上がり、今度こそ規模は小さいながらも彼自身の手法でグローバル・ファンドの運用ができることになったのだ。

「上司は私が仕事に不満をもっていることを知っており、私が会うたびにしつこくバリュー投資のことばかり話すので、あきあきして二度と聞きたくなかったのだろうね。だから、私はニューヨークに飛ばされたんだ」とエベヤールは冗談めかしていう。「私は一五〇〇万ドル程度のソジェン・グローバル・ファンドの運用を任された。あまりにも小規模だから、パリの本部は気にも留めていなかったんだ。ずっと私一人でファンドの運用を続けていたが、一九八六年になって経営陣がそのパフォーマンスのよさに気づいたようだ。私がファンドから多額の配当を本部に送り続けたものだから、私を認めてくれるようになったのだと思う」

エベヤールは、なぜ自分がバリュー投資を、その考えに出会った瞬間から何の違和感もなく受け入れることができたのかがわからないという。「ウォーレン・バフェットがかつて、バリュー投資の考え方は、すぐに理解できるか、まったく理解できないかのどちらかしかないといっていたと記憶している。人はバリュー投資家かそうでないかのどちらかであって、徐々にバリュー投資家に変わっていくということはありそうにない」。このフランス人自身、なぜ自分がこれほどバリュー投資にのめりこんでいるのかをわかっていないようだ。ヒントは彼の生い立ちにあるかもしれない。

涙の谷

ジャン・マリー・エベヤールは鉄道技術者の息子として、一九四〇年に中央フランス西部のポワティエに生まれた。当時は第二次世界大戦の影響で国土の半分が占領されていた。砲撃から逃れるために、家族はポワティエ南部の小さな村に疎開した。「戦時中は祖父の家で暮らしていたんだ。軍隊が次から次へと通り過ぎていったことを覚えているよ。当時、大叔母の家はドイツ軍の将校の居住用に接収されていた」

「世界は不安定ではあったが、人生は前に進んでいくものだ。戦争中に母は五人の息子のうち四人を産んだ。そのうちの一人が私だ。そんなわけで戦争中とはいえ、家族は家族らしいさまざまな出来事を経験していた。戦争が終わると、父は破壊された鉄道網の復活のために駆り出され、一家はフランスが占領していたドイツの領土に移り住んだんだ」

エベヤールは九歳の時、家族でフランスに戻って、教会のミサで教えてもらったことを思い出す。「神父たちはいつも、われわれは罪深く、地上にいるときには悲しみのなかで暮らすしかない、あわれな民だと説いていた。だから、本当の幸せは天に召された後でないと訪れてこない。いまでも覚えているが、神父たちは、われわれはみな〝涙の谷〟に住んでいるといっていた」

「世界には落胆しかないと教え込まれたため、私は幸せな日なんて来ることはないと考えていた。アメリカに来て戸惑ったのは、多くの人が幸福感を得られないために精神科医のお世話になっていたことだ。人生はそもそも幸福なものではないと考えていれば、幸福感を得るためにだれかの助けを求めることもないはずだ。いろいろと考えていないで、前に進むしかないはずだ」

エベヤールはこの考え方を投資の世界にも持ち込んでいる。「私が成長株投資を楽しめなかった理由の一つは、それが世界には一貫性があり、かつ安定していると仮定していることにある。それは違う！　バリュー投資であれば、将来は不確実であるという事実を認識することが許される。大きなリターンを出すことよりも、損を避けることを第一に考えることが可能なのだ」

「もしバリュー投資がうまくいくのなら、もちろん私はうまくいくと考えているが、なぜバリュー投資家はこんなに少ないのだろう。これには人間の心理がかかわっていると考えている。バリュー投資家であるなら、長期投資家でなければならない。長期投資家であれば、短期的には仲間の投資家やベンチマークよりもパフォーマンスが劣ることを受け入れる必要がある。それは心理的にも金銭的にも苦しみに耐える覚悟をもつということだ。バリュー投資家はマゾヒストだといっているわけではない。しかし、バリュー投資家は、報酬があるとしても、それがすぐに手に入るものではないこと、簡単に祝福されることなどないことを受け入れる必要がある」

多くの点で、幼少期の経験がエベヤールにバリュー投資家の気質を植えつけた。グレアムの『賢明なる投資家』を読んだことは、バリュー投資家になるための確信と自信をエベヤールに与え、謙虚さと注意深さと忍耐強さの重要性を教えた。

「人は完全ではなく、間違うこともあるから、謙虚でいることは大事だ。必要以上に高値で買わないために、投資にあたっては十分な安全域を確保する注意深さも必要になる。グレアムがいうように、〝マーケットは短期的には投票数の集計マシーンだが、長期的には重量の計測マシーン〟だから、投資が実を結ぶまで長期間待つことができる忍耐力をもたなければならない」

非効率的なマーケット

一九七九年にエベヤールが運用を始めた時には、明確な投資フレームワークを提示できるファンドはなかった。当時のファンドの目標はベンチマークである株価指数に勝つことだったが、そのための手法は、相場の状況をみて、株価指数を構成する銘柄を売ったり、買ったりするだけだった。そんな状況下、エベヤールはバリュー投資を明確に掲げ、大勢に反してみなが関心をもたないか、見過ごしている割安な株を探し出しては投資したのだ。

「割安株の発掘は、株券というものはただの紙きれではないという認識をもつところから始まるんだ。すべての株は企業のビジネスを反映しており、すべてのビジネスは本質的な価値をもっている。本質的な価値を評価するためには、十分な情報と知見をもった投資家がそのビジネスにいくら支払うかを推定する必要がある。本質的な価値は一つの数字で示されるのではなく、前提条件に応じていくらからいくらまでという幅をもった価格で示されるものだ。ビジネスやマーケットの状況は刻々と変化するから前提条件も変えなければならず、それに伴って本質的な価値も変化し、上昇と下落を繰り返すことになる」

エベヤールは、自分はすごくよい時期に資産運用の世界に入ったと思っている。彼がソジェン・インターナショナル・ファンドの運用担当者になった時、一九七〇年代の世界的な株安の影響で株価は十分に下落していた。その当時、エベヤールはベンジャミン・グレアムの方法を実践していた。「私の投資対象はアメリカとヨーロッパの株だった。それぞれの経済の先行きを考える投資手法は採用せず、ともかく自分で計算した本質的価値よりも三〇％から四〇％安く売られている株を探すことに集中したんだ。グレアムの投資手法には計算が欠かせなかったので、ほぼ一日中、机に向かって、企業のバランスシートから清算価値やネット運転資本の計算ばかりしていたよ」

「最初のチャンスは、小型株も大型株も大きく下落していたアメリカのマーケットにあったんだ。その後、一九八二年頃からアメリカ株が回復してくると、次のチャンスはヨーロッパのマーケットに現れた」

「グレアムの方法で計算すると、ヨーロッパの小型株はありえないほど売り込まれていたんだ。これは私の推測だが、当時の大陸ヨーロッパの財務情報の開示はアメリカに比べれば遅れており、マーケットが非効率的だったので、あのようなことが起きたのだと思う」

「自分の経験上、市場は効率的だという仮説を信じることはできない。この効率的市場仮説は、株価は常に公正であり、時々刻々と最新の情報を取り込んでいるから、投資家はマーケットにどうがんばっても勝てないというものだ」

ヨーロッパの非効率性についての話に続いて、エベヤールは大学時代の経験を話し始めた。大学時代にエベヤールは、『バロンズ』誌と『ビジネスウィーク』誌の中間辺りに位置づけられる『ラ・ビ・フランセーズ』という経済誌でアルバイトをしていた。そこでは、記者たちが誌面に広告を出してくれる大企業のことは好意的に書くのに、広告を出してくれない規模の小さな企業のことは辛辣に書いていた。こういったことが大企業と小企業の株価の異常な乖離につながったのではないかとエベヤールは考えているのだ。

配当の支払額を先に決め、それにあわせて利益を計上する企業もあった。よけいに利益を出すと労働組合から追及されるだろうから、それを嫌ってのことだろう。このような利益操作が、ヨーロッパの企業の評価をゆがめていたのだ。

なかには投資家に対して敵対的な企業もあった。こういった企業は、投資家がアニュアルレポートやその他の開示情報を簡単に取得できないように小細工を施していた。こんなふうにあれやこれやで公開情報が実は公開されているとはいえないならば、マーケットの効率性にも疑問をもたざるをえない。

「グレアムのモデルを使うときには、不動産のような有形資産に着目するようにしたよ。有形資産の価値に比して株価が十分に安ければ、買いに入るわけだ。財務情報の透明性が増すにつれ、こうした小型株の株価も次第に本質的な価値を反映して上昇していった」

「一九八〇年頃には知り合いのファンドマネジャーたちが、なぜ私が小型株を買うのかと首をかしげていた。彼らの見方では、いくらバリューがあったとしても、彼らが見向きもしなければ、いつまで経ってもだれもその株を買わないから株価は上がらないということだった。彼らが正しいのかもしれない。しかし、私は株価が安いのであれば、投資家はいずれお買い得だと認識すると考えている。三年、五年、いや、もっと長くかかるかもしれないけれど、いずれそうなる。投資には忍耐が必要であり、特によい結果を求めるのなら、途方もない忍耐が必要となるのだ！」

本来の価値よりも安い株価の銘柄を探すというグレアムの方法が利益を生むことは間違いない。しかし、マーケットはますます〝効率的〟になっており、この方法がうまくいかなくなり始めていたのも事実だった。そんななか、幸運にもエベヤールは一九七〇年代の終わり頃にウォーレン・バフェットの活躍を知り、バークシャー・ハサウェイのアニュアルレポートを読む機会を得た。その後、一九八〇年代半ばから後半にかけてバフェットのアプローチを用いるようになった。

「バリュー投資にもさまざまな流派がある。数字でバリューを計るグレアムがいる。一方、バフェットはグレアムの方法を進化させて、数字に加えてビジネスの長期見通しと質について考察する。グレアムのアプローチにはそれほど多くの時間がかからず、自分一人で数字と格闘することができる。しかし、バフェットのアプローチを実施するために、一九八〇年代の終わり頃、私はアナリストの採用を始めた。人手が多くなったことにより時間的な余裕が生まれ、ビジネスの特性や持続的な競争力の源泉、バフェットがいう〝ビジネスの堀（参入障壁）〟の分析を深めることが可能となった」

リサーチ体制は拡張したが、自分は相変わらず本質的な価値を推定するボトムアップ・アプローチを追求していたとエベヤールは強調する。一方でトップダウン・アプローチにも目を向け始め、それが必要な国の株についてはマクロ経済の状況を投資判断に組み込むようになった。「先進国の経済状況については無視してもいいけれど、新興国のマーケットの分析に進むと、その経済全体の状況を押さえておく必要があるんだよ」

「一九八〇年代にいくつかのアジアの株式市場はバリュー投資にとってとても魅力的だったが、それらの国々は政治的にも経済的にも不安定なので、慎重に行動する必要があった。ビジネスの内容を理解するとともに、会計情報が正確かどうかも確認したよ。経験上、もしも経営陣が投資家を誘導しようという意図をもてば、会計数値は信用できなくなってしまうことを知っていたからだ」

エベヤールは会計について残念に思っていることがある。一九九〇年代に先進国の企業会計基準は、発展途上国の企業会計基準よりも信用ならなくなったと感じている。「誠実な会計処理に関する考え方に変化が起きたと思う。経済が発展し、ビジネスがうまくいくようになると、アメリカの大企業の財務担当役員のほとんどは、知性を駆使して正直であることを回避し始めた。みながそうしているのだから、刑務所に行くことにはならないだろうと高をくくり始めたんだ。調子に乗って、彼らは会計数値のコントロールにも手を染めた」

「私はリサーチにあたって、まず企業のアニュアルレポートを読み、次に注記に載っている数字を読み込む。それらの数字に一貫性があり、誠実に作成されているという確証がほしいのだ。もし理解不能な数字が出てきたら、さっさとそのアニュアルレポートをゴミ箱に投げ捨てて、次の銘柄のリサーチを開始する。一九九〇年代のエンロンのアニュアルレポートの注記はまさに支離滅裂で意味不明だった。しっかりと注記まで読み込んでいれば、だれもエンロンには投資しなかったと思うよ」

エベヤールは、アメリカの会計基準はあまりにも詳細すぎるところに問題があると指摘する。腕のいい弁護士や財務担当役員は、この詳細すぎるルールの抜け穴を見つけて数字を操作すれば、捕まえられるようなことにはならない。ヨーロッパの会計基準は原則主義だ。それゆえに、会計基準の精神に背く行為をするだけで、会計基準違反となる厳しさをもっている。

会計基準の違いはともかく、エベヤールは、これから投資をしようとする者にとっての最良の訓練は、アニュアルレポートを読み込んで、どんな数字についても信用しすぎないようにすることだと考えている。投資の成功は、華やかなリターンのみで決まるのではない。損失を出さないことも成功の一つなのだ。もし会計数値に疑義があれば、その銘柄のことは忘れて、すぐに次の銘柄に取り組むことだ。

バリューの本質

企業の財務数値に納得したら、エベヤールはその企業のビジネス自体の価値の推定にとりかかる。「キャッシュフロー・ディスカウント・モデルはそれほど使わないよ。この手のモデルは小数点以下の細かな推定値を提供してくれるけれど、実務ではそこまで細かな推定は不要だ。それよりも、バランスシートから企業価値を導き出すための一定の倍数、企業価値／利息・税金支払前営業利益（ＥＶ／ＥＢＩＴ）を利用する。分析の目的は、ビジネスの価値がだいたいいくらなのか、知識を十分にもった投資家なら買収のためにいくら出すかを合理的な幅をもって推定することにあるんだ」

「企業価値（ＥＶ）を利用することで、企業がもつキャッシュと借入金の双方を計算に含めることができ、単純に株式の時価総額をみるよりも役に立つ。次に利息・税金支払前営業利益（ＥＢＩＴ）で、どの程度の利息を支払っているのかがわかる。基本的に借入金が少ないか、まったくないほうが好ましいと考えているので、支払利息は少ないほうがいい。税金にも注意が必要だ。対象とする企業の税率が同業他社よりも低い場合には、その理由を明らかにする必要があると思う。低税率に合理的な理由がなければ、企業は税務当局をごまかしているか、本当は利益が出ていないのに出ているように見せかけているかのどちらかだ」

ビジネスの価値を推定した後に、質の分析に入る。ビジネスの強みと弱みをみることがこのステップの目的だが、1ないし2四半期後の売上げや収益がどれだけ伸びるかではなく、今後五年ないし一〇年間にわたって競争上の優位性を維持できるかどうかを評価するのだ。

「二〇〇六年に現役を引退して以降、コロンビア大学でバリュー投資について教えているんだよ。一二人の生徒を教えているのだが、なんとそのうちの一一人までが、質的分析を行うためには、たとえば二五ページほどの分厚いレポートをまとめることが必要だと思っていた。私は、分厚いレポートは必要ない、徹底的に考え、ビジネスの強みと弱みをそれぞれせいぜい三つか四つ以内に集約することが必要だと強調している」

「知り合いの何人かのアナリストは、複雑なビジネスの状況を理解し、いかにして企業がそういった状況を克服しうるかを説明することに快感を覚えているように思える。私は彼らを優秀だと思うが、アナリストが自らのストーリーを複雑にすればするほど間違いを起こす確率も増えるんじゃないかと思う。私は彼らに、単純な投資アイデアでカネを儲けることは決して悪いことではないと話しているんだ。それはウォーレン・バフェットが長年やってきたことでもある。バフェットは〝私はわざわざ二メートルのバーを飛び越えようとはしない。それよりも軽くまたげる三〇センチのバーを探すよ！〟といっている」

エベヤールは投資家としてのキャリアを通じて一貫して、〝宿題〟を終えるまでは企業の経営陣と対話することはなかった。経営陣と初めて会った時に、企業のことを何も知らないと思われたら、経営陣は企業に関するよいことばかりを話すようになるからだ。

エベヤールは経営陣との対話の目的を、最新の収益の予想値や、長期的な経営戦略を聞くことではなく、経営陣の人柄を知ることに置いている。「短期的な収益の予想値を聞いたところで意味はない。私は長期にわたって投資をするので、短期の収益が少々変動しようとも、本質的価値の計算には何の影響も出ない。ビジネスの世界は変化の連続なのだから、私にとっては経営陣に長期の経営戦略を聞くことにも意味はない。だれだって未来のことはわからない。アナリストがやらなければならないのは、未来の予測ではなくて、企業に備わっている本質的な強さや弱さを明らかにすることだ」

未来のことはわからないという理由から、エベヤールは銘柄の集中を避けるようにした。「保有銘柄を少なめにする集中投資は上げ相場の発想だと思う。下げ相場において銘柄が少なかったら、何が起きるかわかったものではない。高い評価を得た銘柄だけに投資すればいいのではないかという質問を受けることがあるが、私自身にも何がよいかはよくわからないのが本当のところだから、やはり分散が必要だと思う。それにグローバル・ファンドは異なる国に分散投資をして、国固有のリスクを減らすことができるのがいいところだ。株価指数と同じほどに分散しろとはいわないが、適度な分散は必要だ」

エベヤールの投資期間は短くても五年はあるので、株価が低下し始めると、新たに株を買い入れることも問題なくできた。バリュー投資家がしっかりとバリューを算出していれば、株価が下がっている状況は買増しの絶好のタイミングなのだ。ただし、ビジネスの状況も変化するので、それに伴って本質的価値が変化することには注意しないといけない。

「一定の株価をターゲットにすることはないが、ビジネスは思ったよりもよくなったり悪くなったりするから、本質的価値をしっかりとモニターするようにしている。最新のビジネスの状況を知るために、アナリストのレポートもたくさん読む。ただし、自分自身で本質的価値を計算することは忘れないよ。アナリストのレポートの問題は、私の投資期間が通常五年であるのに対して、アナリストは向こう六カ月から一二カ月の期間を想定して分析していることだ。アナリストのビジネスに関する分析は重宝しているが、彼らが示す目標株価はあてにしていない」

エベヤールは〝バリュー・トラップ〟の存在を信じていない。しかし、サード・アヴェニュー・バリュー・

ファンドのマーチン・ウィットマンがいう、〝一時的な未実現の投下資本の損失〟と、〝恒久的な投下資本の損失〟との差異の存在は信じている。

ある株に七〇ドルの価値があり、それが三五ドルで取引されているのならバリュー株に該当する。もし一年後に株価が二五ドルに下がったらどうだろう。慎重に本質的価値を分析した結果、やはり七〇ドルの価値があるのであれば、それは一時的な未実現の投下資本の損失なのだから、なんら慌てる必要はない。忍耐強く待っていれば、株価はいつか本質的価値を反映するようになる。

これに対し、恒久的な投下資本の損失は言い訳のできない投資判断の間違いだ。ビジネスの強みと弱みの把握を誤り、間違った本質的価値を算出してしまった場合にこうしたことが起こる。この場合の損失は一時的ではなく、恒久的である。バリュー投資家であれば、即座に株を売却して損切りをし、誤りから学んで次の投資に臨むべきだ。

「バリュー・トラップは、投資期間がきわめて短いトレーダーや投機筋が陥りがちなものだと思う。本質的価値が変わらないのに、ただ株価が下がっているのなら、それは相変わらずバリュー株だといえる。株価が本質的価値を反映するまで待てないからといって、単純にバリュー・トラップという概念を持ち出すのはおかしなことだ。正しい分析をし、忍耐強く待っていれば、株価は必ず本質的価値を反映するはずだ！」

ノーという勇気

バリュー株投資が実を結ぶためには忍耐が必要なのだが、時にはノーという勇気も必要だ。特にマーケットが熱狂しているときには、その勇気が必要になる。

「何を買うかではなく、何を買わないかが重要になるときもある。日本の株価が巨大なクレジットブームにわいてものすごい勢いで上昇した一九八〇年代、私は心配になって一九八八年半ばにはすべての日本株を売却した。当時、世界第二位の株式市場から手を引くことを疑問視する向きもあったけれど、狂ったマーケットに参加するより、テーブルからカネを引き上げたほうがいいと答えたよ。たしかに、その後の一八カ月間は三〇％も株価が上昇したので、あまりいい気分ではなかった。しかし、一九九〇年に起きたマーケットの崩壊によって、日本株をまったく保有していない私の考えが合理的だったと証明できたんじゃないかと思う」

一九九〇年代の終わり頃に、似たような現象がアメリカでも起きた。今度はテクノロジー、メディア、通信のバブル相場が始まったのだ。エベヤールは、これらのセクターの投資にはノーといい続け、結局、バブルがはじけるまでの三年間は同業者やインデックスに負け続けることになった。

「一年目に負けても投資家は、まあいいよといってくれる。負けが二年続くと、投資家は心配し始める。三年続くと、投資家は離れてしまう。一九九七年に六〇億ドルあったファンド残高は、二〇〇〇年には二〇億ドルにまで減少した。気分はよくなかったけれど、投資家の長期的な利益を最大限に高めるために、正しいことだけをやろうと自分に言い聞かせていた。バブルがはじけると、投資家は戻ってきて、私の規律ある投資行動を褒めてくれたよ。ファンド（ファースト・イーグル・グローバル・ファンド）の残高は、いまや三〇〇億ドルになっている」

二〇〇〇年代に入ると、エベヤールは金融株から遠ざかるようになった。過度な借入れを許容する環境と低金利が、一九八〇年代の日本の状況に似ていると考えたのだ。一九六〇年代、一九七〇年代の欧米の銀行業界は厳しい規制下にあった。当時、銀行株は資産価値よりも少しだけ低い株価で取引されていて、年率四％から五％程度の利回りしか期待できなかった。電力などの公益企業株と同じような、あまりワクワクしない株だといえた。一九九〇年代に入ると規制が変わり、銀行が投資商品や複雑なデリバティブを売り始めた。こうして銀行が巨額の利益を出し始めたのを機に、エベヤールは銀行業の将来に懸念を抱くようになったのだ。

「金融セクターはうぬぼれていたのだと思う。そこに金融緩和と一九九〇年代の好景気が重なった。二〇〇〇年代に入るとこの傾向に拍車がかかり、マーケットはきわめてリスクが高い状態になったんだ」。エベヤールの説明はこうだ。「私の懸念は、オーストリア学派の経済学によって裏付けられている。オーストリア学派は、金融当局はクレジットブームがあまりにも長期にわたって続かないように、また、強くなりすぎないように気を配るべきだと主張している。昼の次には夜が来るように、ブームの後には必ず崩壊が訪れるからだ」

「問題は、第二次世界大戦後にだれもオーストリア学派に耳を貸さず、ジョン・メイナード・ケインズとミルトン・フリードマンという二人の人物に経済学が支配されてしまったことにある。彼らは政治家との交流があり、経済上の課題の解決策を提示することができたので、みなから受け入れられたのだ」

「対照的にオーストリア学派は、クレジットブームが崩壊してしまったら、後は何もできないという否定的なメッセージしか出せなかった。経済問題を解決するのは時間の経過だけなのだ。別の言い方をすると、短期的に物事を収束させるために何かをやると、中長期的に思いもよらない副作用を及ぼすことになる」

「二〇〇八年以降の世界的な経済の下支えをねらった中央銀行による量的緩和と政府による財政支出の拡大により、低金利が続いている。オーストリア学派が正しければ、短期的にはすべてがうまく進むだろうが、中長期的にはインフレという不測の事態を招きかねない。インフレは資産価格の上昇でも、消費者物価指数や商品価格指数の上昇でもない。それらは兆候にすぎない。インフレという病気の本質は、過大なマネーサプライと信用拡張なんだ！」

二〇〇八年を契機に金融の世界は大きく変化した。エベヤールのアドバイスは、金融業以外に職を求めることと、投資先として金を加えることの二つだ。

エベヤールは高名なオーストリア学派の経済学者、ルートヴィヒ・フォン・ミーゼスの話を持ち出した。ミーゼスは一九二〇年代に銀行で働く機会があったのだが、それを断り、ウィーン大学で教職を続ける道を選んだ。彼のフィアンセが、なぜ給料のよい銀行の仕事を断ったのかと聞くと、いまのクレジットブームは必ず大恐慌をもたらすからといったそうだ。彼にとっては、最も就職してはいけない業界が銀行だったのだ。時は進んで二〇〇〇年代に、エベヤールの娘たちが父親になぜ金融業で働くことを勧めないのかと聞いた時のエベヤールの答えもミーゼスと同じだった。

金に関していえば、エベヤールは、金は好況、不況にかかわらず、投資において重要なアセットクラスだという見方をしている。

防御策を求めて

エベヤールはバリュー投資家であるが、金についてはその本質的価値を求めようとはしていない。ただし、ヨーロッパの歴史上、不換紙幣がうまく機能しなかった事例をたくさん学んだ結果、自然とこの黄色く輝く金属について好意的な見方をするようになった。不確実な時代において、金は非常時における防御策になる。

金の年間供給と需要との差に注目したエベヤールは、一九九三年にファースト・イーグル・ゴールド・ファンドの運用を開始した。

「ゴールド・ファンドのスタートは六年から七年ほど早すぎたのかもしれないと思う。設定当時は需要と供給のバランスが崩れていたので、値下りリスクは少なく、いずれ金価格も上昇するだろうと踏んでいたんだ。想定できなかったのは、金の価格形成に需給は関係なかったということだ。価格形成に重要なのは需要と供給ではなく、投資マネーが金に向かうかどうかということだったんだ。投資需要がなかったので、運用開始時に金価格は上昇しなかった。五〇〇〇万ドルでスタートしたファンドは、一九九〇年代の終わり頃には一五〇〇万ドルまで減ってしまった。二〇一一年には投資需要が盛り上がり、三〇億ドルの資産価値になっているけれどね」

米ドル、ユーロ、日本円といったペーパー・マネーそのものはただの印刷された紙なので本質的価値がないのと同じように、金にも本質的価値はないとエベヤールはいう。「金は通貨の代替物だ。二〇〇八年の金融危機以降、主要通貨の供給量は増えすぎていて、みなが通貨に懐疑的になっている。一方、金の供給量は少ないので、自然と相応の資金が金投資に配分されるのだ。ただし、金価格は少しの投資資金の影響で大きく動くので、防御策として金を考えている場合にも注意を怠ってはならない」

不換紙幣がうまくいかなかった事例として、エベヤールはいくつかの歴史上の出来事に言及する。「一七一六年、ルイ一四世が戦争に明け暮れたせいで、フランスの財政状況はひどいことになった。財務大臣として財政を取り仕切っていたジョン・ローは、国の借金返済のために鋳造硬貨で担保されたペーパー・マネーを発行することとした。彼はひたすら紙幣を刷り続けると同時に、国民が一定以上の金、銀を保有することを違法としたんだ。その結果、紙幣は外貨と比較して安くなり、輸出が回復することとなった。しかし、彼の一連のやり方は最終的には国民の不興を買い、一七二〇年に紙幣システムは崩壊し、一度は人気を博したローは国外に逃亡しなければならなかった」

エベヤールは、フランス革命後の一七九〇年の出来事も引き合いに出す。フランスの国民議会は教会の土地を没収し、それを担保にアッシニアという紙幣を発行した。最初は四億ルーブル相当の発行だったが、一七九五年には四〇〇億ルーブルに急増し、ひどいインフレで国民の怒りを招いてしまった。そこにナポレオンが登場し、金のみを裏付けとするフランを導入した。それ以降、フランスの財政は安定し、ナポレオンの治世も続いた。

第一次世界大戦後のベルサイユ条約による、ドイツ・ワイマール共和国の賠償金の事例もある。戦時債務の支払のために、ワイマール共和国は紙幣を発行するしかなかったのだが、発行すればするほどマルクの貨幣価値の下落が進んでいった。当初、ドイツ国民は価格の上昇を倹約で乗り切ろうとしたのだが、貨幣価値の下落スピードが想像以上に速かったため、われ先に紙幣を使い始めた。それが一九二〇年代のハイパー・インフレーションにつながった。多くの歴史学者は、この出来事がヒトラーの台頭を生み、第二次世界大戦の原因になったのではないかと考えている。

「私のようなヨーロッパ人は、ずっと前から価値の裏付けのないペーパー・マネーが機能しないことを学んでいる。しかし、アメリカでは一九七一年にニクソン大統領が金兌換を停止して以来、ペーパー・マネーのシステムに四〇年くらいの歴史しかない。二〇〇八年の金融危機以来、過剰な流動性が市場に供給され、ペーパー・マネーは不安定さを増している。いま、その大量のカネが希少な資産である金に向かっているんだ」

エベヤールは、バリュー株と金は今後も相性がいいと考え、個人資産をファースト・イーグル・グローバル・ファンドとゴールド・ファンドに分散して投入している。二〇〇四年に六五歳になったエベヤールは、いさぎよく引退を決めた。フランス人がいうように、「何事にもふさわしいタイミングがある」のだ。

引退後、妻のエリザベスとともにアメリカやヨーロッパを旅するうちに、二人は美術品に魅了され、絵画の収集を始めた。二〇〇七年に次はどの絵画に手を出そうかと考えているときに、エベヤールに電話がかかってきた。エベヤールからファースト・イーグル・ファンズの運用を引き継いだ後任者がやめることになったので、エベヤールに新しい後任者への引継ぎを監督してほしいという内容だった。「最初は数カ月ほどで終わると軽く考えていたけれど、後任探しに予想以上に時間がかかり、結局二年もいてしまったよ」

二〇〇九年から対外的には要職から退いているかたちをとっているが、エベヤールはファースト・イーグル・ファンズのシニア・アドバイザーとして依然として手腕を発揮し続けている。旅行や絵画収集が趣味とはいえ、変わらずに金融市場の状況をフォローし、時々グローバル経済の失敗について経済誌やテレビでコメントしている。

将来についてエベヤールは次のようにいう。「いま、問うべきは、われわれはいまだに第二次世界大戦後の経済・金融システムに組み込まれているのか、あるいは二〇〇八年以降に環境は変わったのかということだ。私は答えを知っているかのように振る舞うつもりはない。しかし、将来は不確実なものだから、安全域の重要性を忘れてはならないというのが私のアドバイスだ。バリュー投資家ならボトムアップの分析は自ら進んで行うだろう。でも、国の政策が世界の金融市場の健全性にこれだけ影響を与えているのだから、トップダウンの分析にも気を配ることを忘れてはならない」

第6章

独学のスペイン人バリュー投資家

Francisco García Paramés
Bestinver Asset Management

ベスティンバー・アセット・マネジメント
フランチェスコ・ガルシア・パラメス

不可能と思えることは消去してしまおう。残っていることが、どれほどありえそうになくとも、それが真実に違いない。

――サー・アーサー・コナン・ドイル

フランチェスコ・ガルシア・パラメスは、スペインのコングロマリットであるアクシオーナ社の子会社、ベスティンバー・アセット・マネジメントの最高投資責任者だった。

1987年に設立された当初、ベスティンバーはアントレカナレス家の資産を運用する小さな資産運用会社だった。パラメスは1989年にベスティンバーに入ると、会社にとって初めての株式ファンドであるベスティン・ファンドを1992年に立ち上げ、ベスティンバーを一段上のステージに引き上げた。その後、1997年にはベスティンバー・インターナショナルというグローバル株式ファンドを立ち上げた。

パラメスは2003年まで一人でこれらのファンドを運用し、スペインだけではなくヨーロッパ全体でも傑出したパフォーマンスを残した。1993年１月13日に運用が開始されたベスティン・ファンドの2014年までのリターンは累積2384%であり、年率換算すると毎年15.74%となる。同じ時期のマドリッド証券取引所総合指数のリターンは累積582.3%、年率9.13%であった。

ベスティンバーのもう一つの旗艦ファンドで、1997年12月31日に立ち上がったベスティンバー・インターナショナルの運用成績は2014年までで累積427.7%、年率10.27%である。同ファンドのベンチマークであるMSCIワールド・インデックスは同じ時期、累積68.1%、年率3.1%の伸び率だった。

2014年９月末時点で約75億ユーロ（96億ドル）の運用資産を、パラメス、アルバロ・グズマン・デ・ラゾロ・マテオス、フェルナンド・バーナッド・マレイズの三人のファンドマネジャーで運用していたが、2014年９月にパラメスは一身上の都合を理由に職を辞した。

投資は常識的なものだと、バークシャー・ハサウェイ副社長のチャーリー・マンガーはいう。「私が知りたいのは、どこに行くとすべてが終わってしまうかということだ。それを知ってしまえば、後はただそこに行かないようにするだけでいい」

同じ考え方は資産運用にも当てはめることができる。スペインの投資家であるフランチェスコ・ガルシア・パラメスはこう考えている。「何がうまくいかない方法なのかを見つけるために、自分自身の資産を実験台にして運用する必要はない。必要なのは他人の失敗から学び、同じ失敗を繰り返さないことだ！」

独学でバリュー投資の道を切り拓いたパラメスが、資産運用の世界に入り込んだのはまさに偶然の賜物だった。

パラメスは一九六三年にスペイン北部、ラ・コルナのガリシアンシティに生まれた。五人兄弟の下から二番目で、唯一の男の子だった。幼い頃は、将来、何をやりたいと思うこともなかったようだ。もし一〇代のうちに仕事を決めろといわれたなら、バスケットボール選手を選んでいただろう。彼のバスケットボール好きはその後も続き、いまでもアメリカのプロバスケットボール（ＮＢＡ）の大ファンだ。

将来の職業の方向性が定まらないなかで、パラメスはマドリッドのコンプルテンス大学に入学し、経済学を専攻した。パラメスが経済学を選んだ理由は、会計学や法学と比べて幅広い分野のことを学べると考えたからだ。

「私は大学三年生になって、英語の勉強も兼ねて『ビジネスウィーク』誌を読み始めるまで、ビジネスのことは何も知らなかった。ビジネスについて少し学んだ後、大学四年生の時にスペインのエル・コルテ・イングレスというデパートの購買部でアルバイトをしたんだ。商品の輸入や輸出に関する事務仕事が中心だったよ」

「一九八七年に大学を卒業することになったけれど、何をやりたいのかはまったく決まっていなかった。だから、もう少し学生を続けることにして、バルセロナのＩＥＳＥビジネススクールでＭＢＡをとることにした。一九八九年にＭＢＡがとれるメドがたった頃に、学内で就職説明会があった。そこにベスティンバーが来ていて、その場で資産運用のアナリストとしての採用が決まったんだ」

ベスティンバーにアナリストとして入ったのはいいが、アナリストが何をやる仕事なのかをほとんど知らなかったとパラメスはいう。自分自身の強みや弱みを分析し、何をやるべきかはまだわからないにしろ、何をやってはいけないかについての感覚を養ううちに、アナリストという仕事はセールスやマーケティングとは異なり、分析的な役割が大きいことに気づいた。そしてパラメスは、分析的な業務が自分にあっていると思い始めた。自称〝寡黙〟なパラメスにとって、この業務は性格にあっていたのだ。

一九八九年当時、ベスティンバーは、アントレカナレスというコングロマリットではまだ小さな組織だった。

「組織といっても、ボスと私しかいなかった。スペイン国内のＭ＆Ａの機会を探し、その分析をすることが主な業務だったけれど、私が会社に入ってからはその業務も少なくなってしまった。ほかにやることもなかったから、スペインの株の分析を始めたよ。ボスはバリュー投資の考え方を原則としていて、彼のファンダメンタル分析から学ぶことが大変多かった。合理的な投資を心がけるようにと教わったよ」

投資について学び始めてすぐに、パラメスは、投資とは、まずバリューがあるか、すなわち割安かどうかを考えることだと気づいた。金融機関は〝バリュー（割安）〟と〝グロース（成長）〟という分け方をしているが、それはあくまでもマーケティングのためのものだということも学んだ。

王侯貴族たちの栄枯盛衰の物語を見聞きしてきたヨーロッパ人であるパラメスは、度重なる危機を乗り越えていくためには、長期間にわたって持続的な成長と価値をもたらす投資が必要だと気づいていた。もし投機的で近視眼的だったなら、帝国に何百年も続く栄華がもたらされるはずがないからだ。

パラメスのファンダメンタルズの考え方は、ウォーレン・バフェットの言葉によって表現することができる。バフェットの投資家向けの年次レターには次のように書かれている。「私たちの考えでは、バリューとグロースは最後には結びつく。成長性（グロース）は、バリュー（価値）を形成する要素の一つであり、その要素が重要な場合もあれば、無視できる場合もある。マイナスに影響する場合もあれば、プラスに影響する場合もある。また、〝バリュー投資〟という言葉は同じ意味を繰り返しているから冗長だ。そもそも投資はバリューを得る行為、少なくとも投資した金額に見合うバリューを求める行為といえるからだ」

一九九一年にボスが退職し、パラメスはリサーチ部門のトップになった。「ボスからバリューについて学んだことは確かだ。でも、私の投資の考え方はピーター・リンチの著書『ワンアップ・オン・ウォールストリート』から学んだものだ。その本は一九八九年に出版され、『ビジネスウィーク』誌の書評で紹介されていた。即座に書店に走ったよ。そして、私の人生は変わったんだ」

『ワンアップ・オン・ウォールストリート』にはパラメスの心に響くフレーズが多く書かれていた。たとえば、「株価は時にファンダメンタルズが示す方向とは逆の方向に動く。しかし、長期的にみれば、ファンダメンタルズが示す方向と、利益の方向と継続性は一致するものだ。あなたは心を動かされたとしても、ほかの投資家が見向きもしない株を保有し続けるには並外れた忍耐力が要求される。時間が経つにつれ、やはりみなが正しくて、自分は間違いだったと不安に思い始めることになる。しかし、ファンダメンタルズがよい方向を示してくれているのなら、忍耐は必ず報われる。良い時も悪い時も乗り越え、迷わずに投資戦略を実行し続けて、初めて長期的なリターンを最大化することができるのだ」

パラメスは加えていう。「もともとバリュー投資の遺伝子をもっていたんだと思う。リンチの本でその資質が強化され、投資の論理にまで発展した。リンチの本に続けて、あらゆるバリュー投資の本を手当たり次第に読んだ。ウォーレン・バフェット、ベンジャミン・グレアム、ジョン・ネフ、サー・ジョン・テンプルトン、ウォルター・シュロス、フィリップ・フィッシャーは私が読んだ著者のほんの一部だ。親会社のアントレカナレスは社会人になって二年目の私を自由にさせてくれたので、自分のペースで学ぶことができたんだ」

たった一人のバリュー探索

ボスはやめたが、パラレスはたとえ一人になってもベスティンバーでの資産運用を続けていきたいとアントレカナレス家に申し出た。うれしいことにアントレカナレス家はその申出をこころよく受け入れた。「アナリストとして働いた最初の二年間で、思慮深い（プルーデントな）運用をしていれば、必ずやリターンの向上を通じてポートフォリオに価値を提供できるという確信を得たんだ。私は自己主張するタイプではないけれど、自分が資産運用でやってきたことには自信をもっていた。だから、アントレカナレス家にやらせてほしいって頼むことができたんだよ。私にベスティンバーの運用を任せてくれたアントレカナレス家には本当に感謝しているんだ」

「ベスティンバーはスタート時点で一〇〇〇万ユーロの出資を得ていた。その額は私には巨額だが、アントレカナレス家にとってはたいした金額ではなかったと思う。アントレカナレス家は私に対してプレッシャーをかけることはなく、私はバリューを追求し、長期投資を徹底し、自分自身の投資の原則を投資の現場に適用することができた。よいトラックレコードを出せば、もっと大きなチャンスをもらえるだろうということもわかっていたんだ」

若い時にやりがいのある仕事を任された経験をもつがゆえに、パラメスは若者に対して、できるだけ早い時期から投資を始めたほうがよいとアドバイスする。そして、投資に対する正しい心構えをもつことと、投資金額の大小はともかく、運用パフォーマンスのトラックレコードをもつことの二つが非常に重要だと強調する。「投資の考え方が合理的で、運用パフォーマンスが良好であれば、いずれ認められるものだよ」

パラメスは初めて株をリサーチした時のことをいまでも鮮明に覚えている。リサーチ対象はスペインの製鉄会社、アセリノクスグループだった。リサーチを進めるうちに、ビジネスには一定のサイクルがあり、景気の山や谷をいかに乗り切っているのかがみえてきた。思慮深い投資家であるためには、忍耐と規律が必要だ。相場の上昇期には調子に乗り、相場の下落時には意気消沈するのが普通だからだ。

パラメスはサー・ジョン・テンプルトンの言葉を大事にしている。「投資をするにあたって最も危険な言葉は、〝今回は前とは違う〟である」

パラメスは最初の投資についてこう語る。「二七歳くらいの時に、スペインの銀行バンコ・サンタンデールに投資したんだ。一九九〇年のペルシャ湾岸戦争が始まる前のことだった。その後、株価は大きく落ち込んだ。二年間で三〇%も下落したんだ。けれど、私は買い増したよ。そして、六年後には無事に売却して、良好なリターンを獲得することができた。借入れを起こして投資をしたのはこの時だけだ。父や友人から二万ユーロほど借りたのを覚えているよ」

パラメスは、バンコ・サンタンデールへの投資は、彼の個人資産を投資したきわめて少ない経験の一つだったと付け加える。一九九三年にベスティンバーが初めて公式にファンドを立ち上げてからは、パラメスは個人資産のすべてをベスティンバーに投資しているからだ。そうすることで、ファンド出資者の利益とファンド運用をしている彼の利益が一致することになる。

バンコ・サンタンデールへの投資は成功したが、パラメスは二つの反省点を見出していた。一つは、銀行株は非常にむずかしい投資対象でみくびってはいけないということだ。一九九〇年代初めのスペインの銀行の預貸率[注2]は、五〇%から七〇%という保守的で健全な水準だった。しかし、一九九〇年代半ばから二〇〇〇年代にかけて、その水準が一気に一五〇%近くに上昇したのだ。

金融システム全体のレバレッジが高いうえに、銀行の資産の評価がむずかしいことから、パラメスはこの状況に変化がない限り、銀行セクターには近づかないことにした。その後も銀行はレバレッジを高め、パラメスが銀行株に投資することはなかった。そして、二〇〇八年の金融危機が訪れる。金融セクターへの投資を行っていた大方のファンドとは異なり、ベスティンバーのファンドはそれほどの悪影響を受けなかった。

「反省点の二つ目は、何が起きるかわかったものではないから、レバレッジは利用しないほうがいいというものだ。二五歳とか三〇歳の若いときには、ともかく急いでカネ持ちになりたがる。しかし、一定の年齢になれば、損失を避けることよりも、損失を埋め合わせることのほうがむずかしいとわかる。結局、投資というゲームでは、良質で持続的なものかどうかが決め手になるんだ」

「投資のプロセスでモノをいうのは」と、パラメスは続ける。「マーケットでよい位置につけているバリュー株を見つけることにつきる。こういう株は長持ちする。ピーター・リンチのモットーを引用しよう。〝普通の人でも経営できるビジネスに注目するのがお勧めだ。いまは違うかもしれないが、いずれはその会社の経営陣も普通の人になってしまうだろうから〟」

「割安な株を探すのではない。よいビジネスを探すことが重要だ。売りたたかれているビジネスへの投資は破滅につながることがあるが、よいビジネスへの投資にその心配はない。ある繊維会社の株がネット保有現金の価値よりも安くなっていたことがある。株はたしかに割安だけれど、ビジネスは混乱のきわみで、経営陣は業務をうまく回せなかっただけではなく、いつしか現金も資産も失ってしまった。持続性と質がモノをいうんだ！」

［注］

2　預貸率は銀行の総貸出金を総預金で除した数値で、銀行の流動性を評価する際に利用される。この比率が高いということは銀行のレバレッジが高く、資金繰りがひっ迫していることを示す。この比率が低いということは、銀行が収益獲得のために十分に資産を利用していない可能性を示す。

投資をシンプルにする

それからさらに二年ほど投資の修業を重ね、一九九三年にパラメスはベスティンバーが最初に立ち上げたファンドであるベスティン・ファンドの運用を開始した。ベスティン・ファンドはスペインの国内株で運用するファンドであったが、二〇〇五年には投資対象を外国株式に拡大した。当時、スペインの国内株ではバリュー投資がむずかしくなっており、それならほかのマーケットでバリューを追求しようという戦略だったのだ。

パラメスの投資プロセスは次のとおりである。「ともかくたくさんの文字情報を読むことを第一にしている。投資アイデアを生み出すために、なんらかの基準で投資銘柄をスクリーニングすることはない。新聞、本、雑誌、専門誌、アナリスト・レポートから、競合他社の保有銘柄リストまで読みまくって投資アイデアをつくりあげるんだ。加えて、異なる業種の人たちと話をすることも欠かさない」

「投資アイデアを生み出すにあたっては、世界の状況をきちんと理解して、その理解と自分自身が集めた情報を照らし合わせることが重要だ。これは規律を必要とするプロセスなのだが、こうした努力を始めるのが早ければ早いほど、なんらかの投資機会が出てきたときに、慌てることなく分析することができる。投資アイデアは、ある日、目覚めて「さあ、探すぞ！」といって探し出せるようなものではない。投資アイデアを得るためには、投資に関する経験と、常に変わらぬ学びの姿勢が必要だ」

投資に関する情報収集と分析に没頭しているから、パラメスが日々のマーケットの細かな動きが生み出すノイズを気にするようなことはない。実際、場が開いているときにリアルタイムで株価をチェックすることはなく、場が終了した午後六時頃になって初めて株価に目を向ける。彼はベンジャミン・グレアムの考え方である、株式市場は投資家のために用意された単なる仕組みであって、投資家の感情に影響を及ぼそうとするものではないということをよく理解している。

投資分析の際に、複雑な金融モデルを利用する必要はないとパラメスは強調する。「私が使うのは、加減乗除の計算ができる簡単な計算機だけだ。たとえば、キャッシュフロー割引モデル［注3］（ＤＣＦ）は、よほど収入が安定している有料道路会社とか電力供給会社の評価以外には利用しないよ」

「重要なのは、評価モデルの精緻さではなくて、どれだけ投資対象企業のビジネスを理解し、その競争力を正確に評価できるかなのだ。それには数学的なモデルではなく、経験が必要になってくる」

今後一〇年間ビジネスを継続できるか、ビジネスモデルの柔軟な変更が可能かという二つの基準で、パラメスは企業の競争力を判断している。この二つの基準に適合する企業が現れた場合、次の評価基準は、そのビジネスを特別に優れたものにしているのは何かである。この何かとは、たとえば、価格競争力に優れているとか、事業への参入障壁が高いといったことだ。これらのリサーチのために経営陣と対話することが理想的だが、競合他社、顧客、以前に勤務していた従業員、仕入先と話すことも同じくらいに重要だ。

「ウォーレン・バフェットは〝リスクは自分が何をしているかがわかっていないときに発生する〟といっている。投資モデルの前提条件を増やして、複雑にすることがリスクを減らすことではない。自分が最も熟知しているものに投資するという単純化がリスクを減らすのだ。対象となる企業の持続可能性が十分だと判断したのなら、次にやるべきことは、まさに企業家のマインドで、ビジネスの価値はいくらなのか、買収するとすればいくら払うかを見積もることだ。その見積額より低い価格で売られていたとしたら、あなたはバリュー株を見つけたことになる」

投資の基本は、単純でわかりやすいアイデアを探し出すことだと信じているパラメスは、バフェットの次の言葉を好む。「私は二メートルのバーを飛び越えようとは思わない。それよりも、軽くまたげる三〇センチのバーを探している」

パラメスは投資の評価のために、単純な変数を用いることにしている。頻繁に用いるのは株価フリー・キャッシュフロー比率。株式の時価総額をフリー・キャッシュフロー（ＦＣＦ）で除したものだ。フリー・キャッシュフローとは企業のステーク・ホルダーに分配可能なキャッシュフローであり、キャッシュフロー計算書上の営業キャッシュフローから資本支出を差し引くことによって求めることができる。

「良質なビジネスを展開していて、株価フリー・キャッシュフロー比率が一一倍あるいは一二倍以下の銘柄を探しているんだ。売却のターゲットは一五倍程度となる。一五倍というレベル感は、過去の株式市場での平均的な売買実績から導いた。これは株価に対するフリー・キャッシュフローの利回りが六・六％程度であることを示している。悪くない水準だよ」

「もちろん、適当な倍数は前提条件の変化に応じて変わってくる。ビジネスがよければ、一七倍をねらってもいい。景気による変動性が高いビジネスなら、一三倍くらいにまで低下する」

単純すぎる分析にも思えるが、適当な倍数を適用する以前に長期のフリー・キャッシュフローを推定する作業にはかなりの技術と判断力が要求される。思慮深い投資家でなければできない作業だ。

フリー・キャッシュフローを用いた手法は、ビジネスの価値に焦点を当てている。一方、パラメスはビジネスの質を評価するために使用資本利益率［注4］（ＲｏＣＥ）を利用する。ＲｏＣＥは投資の効率性と収益性を示すものといっていい。言い換えれば、企業が資本をどれだけ効率的に利用しているかをみるものだ。

パラメスにとって、ＲｏＣＥはビジネスの質を客観的に評価するためのツールである。ＲｏＣＥはビジネスのこれまでの趨勢を示すと同時に、資本が生むリターンの水準を同業他社と比較することも可能にする。

「ＲｏＣＥを使うことで、その業種でどのような競争が起きているのかがわかる。すると、企業にどのような競争力が備わっているかがわかるのだ。ＲｏＣＥは常に動いていて、この水準ならよいというものではない。四半期ごと、年ごとに数値は変わる。とはいえ、これまでの経験から、おおまかにＲｏＣＥが二〇％程度であればいいと考えている」

「ビジネスの将来を予見することが最も大事なことだ。過去と比較した、あるいは同業他社と比較したＲｏＣＥの数値がよかったとしても、将来にわたって価格決定力がなければ罠にはまる。競争力の低下やインフレで利益率が低下してしまうことはよくあるからね」

［注］

3 キャッシュフロー割引モデル（ＤＣＦ）は、ビジネスが生み出す将来のキャッシュフローを現在の価値に割り引き、その合計値をビジネスのもつ価値だとするモデルである。

4 使用資本利益率（ＲｏＣＥ：Return on Capital Employed）は税金支払後の営業利益（Net operating Profit After Tax）を使用資本（Capital Employed）で除したもの。使用資本は総資産から流動負債を引いたもの。

オーストリア学派とマーケット

伝説の投資家であるフィリップ・フィッシャーは『普通株と普通でない利益』に次のように書いている。「金融業界はこれまで、不規則で不確実なデータを用いて経済予測を行うことに心血を注いできたが、もっと役に立つことにその努力の一部でも振り向けていれば、と残念に思うのは私だけだろうか」

バフェットはフィッシャーと同じように、「将来を予想する記事を読めば、その予想をした者のことについては詳細にわかるのだが、肝心の将来のことについてはさっぱりわからない」とコメントしている。

フィッシャーやバフェットと考えを同じくするパラメスは、マーケットのコンセンサスにはそれほど注意を払わないが、だからといってマクロ経済指標に配慮しないということではない。事実、ＧＤＰ成長率、失業率、インフレ率といったマクロ経済指標を用いて、各国のマーケットの成長性や安定性を分析している。ビジネスの成長は、その企業が属している国全体の経済成長の影響を受けるとパラメスは考えているからだ。

「企業や景気の予想についてのマーケット・コンセンサスにはそれほど注目しないよ。予想している人たちはみな、それぞれ異なる現状認識をもっているからね。私にとって大事なのは、プロとしても、あるいは個人としても、私なりに納得できる真実と現実を探し当てることなんだ。予想家はごまんといるけれど、予想は間違って当たることもあれば、正しく考えて間違うこともあるからね。ことの本質を見誤らないために、私は自分の投資にオーストリア学派の経済学の考え方を適用している」

パラメスは一九九七年にルートヴィヒ・フォン・ミーゼスとフリードリヒ・ハイエクの哲学を学び、オーストリア学派の経済学の存在を知った。数学を用いて経済分析を実施するケインズモデルやシカゴ学派といった主流の経済モデルとは異なり、オーストリア学派は人の行動の観察に重きを置く。これは人間行動学（プラクシオロジー）と呼ばれるもので、さまざまな個人の行動が経済全体にどのような影響を与えるのかを解明しようとする。

「主流派経済学はデータを重視する。データを分析し、予想値を出す。このやり方はなんとなく科学っぽくて見栄えがいいから、政治家たちが経済問題の解決策を提示するときに使われるんだ」

「オーストリア学派は、人間行動は予測できない、そして、個人は置かれている状況も違うし、行動原理も違うから、現実の経済に関連する課題を解決する方策はないと考える。しかし、人間は本来、自分の望みを達成するために努力したり、工夫を凝らしたりする、いわゆる企業家精神にあふれているから、長期的には課題解決に向けて個々の調整がなされ、経済は定常状態に戻るという」

「主流派の経済学者はマーケットの均衡と完全競争を疑う必要がない。なぜなら、個人は均質で、同一の目標に向けて行動することを前提としているからだ。一方、オーストリア学派の経済学者は、マーケットには各人各様の意思決定をする生身の人間が存在し、彼らは勝手気ままに試行錯誤しながら競争を繰り返していると考えている。つまり、個人は異なる意図をもち、常に行動を変化させているから、マーケットはいつも不均衡な状態にある。勘違い、新しい情報の発見、戦略の変更、個人的な制約条件といったことから、行動は変わってしまうのだ」

簡単なたとえ話をすると、主流派の経済学者は、マーケットは完全なので、道端で一ドル札を拾うなんてうまい話はあるわけがないと考えているのだ。百歩譲って、仮に一ドルが落ちているとしても、それはわれわれが気づく前にだれかに拾われてしまっているはずだと考える。オーストリア学派は、マーケットは完全ではないかもしれないので、道端に一ドル札が落ちている可能性を排除しないし、だれもそれに気づかずに自分が拾える可能性も排除しない。そういう機会はたしかに現れているのだから。

パラメスは、オーストリア学派の学問的フレームワークは、投資に当てはめることができると考えている。

「オーストリア学派のフレームワークは、ビジネスがどのように生まれ、競争していくのかを頭に描き、好況、不況の波のなかで価格と本質的価値を見分けるために使えるんだ」

「人の行動は常に変化するものだ。買われすぎて高値をつけているよいビジネスの株も、売られすぎて安値になっている悪いビジネスの株もずっとそのままではなく、いずれ高値・安値は修正され、本来の平均的な水準である均衡値に落ち着くんだ。だって、ビジネスに携わる個々の人々は、それぞれ企業家精神のもとで価値を創造したり、壊したりしているからね。均衡に達するのは容易なことではないから、買われすぎや売られすぎが起きても不思議ではない。このように考えると、バリュー投資は理にかなっていることがわかる。きちんと分析をして、本来の価値よりも低い価格で売られている株を見つけ出すことができれば、後は忍耐あるのみだ。いずれ価格は本来の価値を反映して上昇することになるのだ」

このような議論は、オーストリア学派の経済学の表面を少しひっかいただけにすぎないとパラメスはいう。オーストリア学派の思想への理解を深めたければ、スペインの経済学者であるヘスース・ウエルタ・デ・ソトが著した『オーストリア学派：市場の秩序と企業家の創造性』を読むといいと彼は勧めている。

これまでの経験から、オーストリア学派の経済学は特にマーケットが過熱しているときに、パラメスに安心感を与えたようだ。「一九九八年は株価がかなり高くなっていたので、不安を感じていた。スペインの株式市場は一九九六年に三九％、一九九七年に四二％、一九九八年にも三九％という上昇を記録した。一九九五年から一九九八年の間に金利が一〇％超のレベルから四％まで低下していたので、株に資金が向かうことはわかるのだが、株価はある時点でどう考えても高すぎる水準になっていたんだ」

パラメスは一九九八年の夏になると、手元の株を現金あるいは電力株のような公益事業株にかえてポジションの守りを固めた。彼が信奉するオーストリア学派のフレームワークで考えると、低金利下で信用創造が活発な状況が続くと、借入れが増加して経済は成長する。しかし、信用の拡大が行き過ぎると、投資家が極端な方向に向かいがちになり、バブルが生まれ、そのバブルはいずれ崩壊する。

「私はバブルが形成されつつあると確信し、それを黙ってみていることができなかった。客の投資家からは数多くの電話がかかってきて、私が上昇相場でリスクをとらないことに不満をぶつけられたよ。その後もその手の電話は増え続けて、いっそのことファンドを閉じて現金を投資家に返却しようかと思った。自らの意思とは異なることをやらなければいけないくらいなら、いっそ身を引いたほうがいいからね」

　株式市場の〝お祭り騒ぎ〟はその後も続いた。インターネット株が祭りに参入し、すべての投資家は天才投資家としてもてはやされていた。一九九九年もスペインの株価は年初から一六％も上げた。一方、パラメスのベスティン・ファンドは一一％の下落となっていたのだ。

　パラメスにはつらい時期だった。バフェットのレターに励まされたのはその時だった。二〇〇〇年にバフェットが書いた投資家向けのレターをみてみよう。

努力しないで稼いだカネほど人の理性をマヒさせるものはない。あのような頭の痛い出来事（インターネット・バブル）の後では、普通の常識を備えた投資家であっても舞踏会でのシンデレラのような気分になってしまうだろう。お祭り騒ぎに長く居続けると、きれいな馬車と馬はかぼちゃとねずみになってしまう。しかし、参加者たちはこのすごい舞踏会を一瞬たりとも見逃したくないのだ。そこで、頭がクラクラしている参加者たちは午前零時の直前に会場を後にしようと計画する。ここで問題が起きるのだ。彼らが踊っているホールには、時間を確認しようにも時計がないのだから。

たしかに、理屈を無視して上昇していた株はかぼちゃとねずみに戻ってしまった。二〇〇〇年にスペインのマーケットが一三％下げた時に、ベスティン・ファンドは一三％の上昇を記録した。二〇〇一年にマーケットがさらに六％下げた時には、ファンドはなんと二〇％も上昇した。

　二〇〇六年にパラメスはバフェットにお礼の手紙を送っている。それには、バフェットの勇気づけられる言葉への感謝と、みながマーケットの熱狂に夢中になっているときに、ただ一人冷静さを保つことがいかにむずかしかったかが書かれている。バフェットは自筆で返信を書き、スペインでの投資についてのアイデアを求めた。

バフェットとのやりとりに心を躍らせつつも、パラメスは率直に答えた。スペインは前年の行き過ぎた信用拡大の影響で当分は好転しない。地方の不動産マーケットはいずれ崩壊すると考えている。その結果として、スペイン経済にも深刻な影響が出るだろう。総じて、現在はスペインへの投資を控えたほうがいいと返信したのだ。

パラメスは早くも二〇〇五年に、ベスティン・ファンドの投資家に対し、ファンドの投資方針を変更して外国株を投資対象に加えることへの承認を求めた。来たるべき危機に備えるためには、イベリア半島株以外の外国株に分散しておくことが唯一の合理的な方策だったのだ。

投資家としてのキャリアに直接に関連することではないが、二〇〇六年三月の飛行機事故はパラメスに大きな影響を与えた。その日、パラメスとファンドのメンバーが搭乗した飛行機は、投資家ミーティングが開催されるスペイン北部のパンプローナに向けて飛んでいたが、突然、機体が山腹に接触し、大きく損傷したまま山中に不時着することになった。ベスティンバーの管理担当役員と副操縦士が死亡し、乗客のほとんどが怪我を負うというひどい事故だった。ただ一人歩くことができたパラメスは、その後一時間、助けを求めて山中をさまよい歩いた。この事故により、パラメスは、人生であろうと投資であろうと、人間の究極の目的は生き残ることだと学んだ。

グローバル・リバランス

世界中の多くのファンドにとって、「長期投資」という言葉は贅沢品だ。どのファンドも投資家をつなぎとめ、運用資産を集めるために、短期間で結果を出さなければならないという強いプレッシャーを受けているからだ。

一方、ベスティンバーは少々異なる長期投資の文化をもっている。親会社のアクシオーナも、そのオーナーも、ファンドに資金を投下するだけではなく、パラメスに最も得意なことに取り組むことを許容するプレッシャーのない環境を与えたのだ。

「ベスティンバーの強みは、非常に長期にわたる投資戦略を実施できることにあると思う。今後四年から五年ではなく、今後二〇年から三〇年という期間で投資ができるのだ。長期投資を標榜するファンドでもせいぜい四年から五年の保有期間だが、私たちは一〇年以上にわたって保有することができる。これぞまさに長期投資だと思うよ！」

ベスティン・ファンドとベスティンバー・インターナショナル・ファンドはパラメスが一人で運用していたのだが、二〇〇三年にアルバロ・グズマンがファンドに合流し、ワンマン・バンド状態は解消された。二〇〇六年にはもう一人のファンドマネジャーとしてフェルナンド・バーナッド・マレイズが加入した。

「ベスティン・ファンドでは、一〇〇ほどのスペイン国内市場の銘柄をカバーするだけでよかった。それらのパフォーマンスを詳細に追い、必要に応じてリバランスしたり、あるいは入れ替えたりしていた」

「一九九七年にベスティンバー・インターナショナル・ファンドを立ち上げてから、カバーする銘柄が一気に数百に増えた。一定の距離を進むごとに、注意力は半分に低下するといわれているじゃないか。カバーする銘柄リストが増え続けるなかで、アルバロとフェルナンドは経験を生かして分析を深め、よりよい意思決定ができるように努力している。台湾人のアナリストも採用して、いまは中国に駐在させているよ。彼は私たちがアジア株を理解するために現地の情報を持って来てくれる」

ベスティンバーは投資信託、年金基金、ヘッジファンドなど一〇以上のファンドを運用している。これだけの数のファンドの運用をこなすのは至難の業だ。「たしかにファンドの数は一〇を超えるけれど、実質的には国内株ポートフォリオと外国株ポートフォリオの二つの運用をしているにすぎないから大丈夫なんだ。私たちのファンドはこのどちらか、あるいはこれらの組合せでできている。私たちがやっているのは、ファンドの運用目的に応じて、二つのポートフォリオを上手にミックスすることにすぎない。二種類のお酒でカクテルをつくるようなもので、ブレンドの仕方次第でお客様の口にあう味ができあがるんだよ」

バリュー投資のファンドの回転率は低い。つまり、頻繁に売買しないということだ。ところが、ベスティンバーのファンドの回転率は高く、一〇〇%を超えることも珍しくない。たしかに回転率は高いのだが、含まれる銘柄自体の入替えは二五%程度にすぎず、回転率の高さの原因はリバランスにある。

「ポートフォリオ内の株の売買は積極的に実施しているが、含まれる銘柄が変わることはほぼないといっていい。ポートフォリオにおける、ある銘柄の占有率を二%から五%に上げるとか、七%から四%に下げるといった投資行動をしている。ある銘柄が二〇%上昇したとすれば、その銘柄の魅力は二〇%下がっている。だから、ポートフォリオ全体の魅力を最適に維持するために、各銘柄のウェイトを調整しているんだよ」

「キャピタルゲインに対する税率が高いアメリカとは異なり、ヨーロッパではファンド内で売却した場合の税率はわずかに一％だ。これにより、いつでも好きなときに銘柄を入れ替えたり、銘柄の構成比をリバランスしたりすることができる。最終的な課税はファンドに対してなされる。いつも投資家には、銘柄の売買をしたければ、ファンドを売ることはせずに、私に任せてほしいといっている。幸運なことだが、私のファンドに投資している人たちはほとんどが長期投資家で、なかにはそのまま相続する人もいるから、ほとんど税金は払っていないようなものだよ」

ＥＵの譲渡可能証券の集団投資事業（ＵＣＩＴＳ：Undertakings for Collective Investment in Transferable Securities）のルールでは、少数の銘柄に集中投資をする投資ファンドは認められていない。そのため、ベスティンバーの国内と海外のポートフォリオはいずれも平均五〇程度の銘柄で構成されており、そのうちの上位一〇銘柄がポートフォリオ全体の四〇％から五〇％を占めている。

パラメスは自らの経験をふまえ、投資方針が納得できるものであれば、周囲の騒ぎやノイズに影響されて妥協することなく、それを貫くことが重要だという。「ついトレンドに乗りたくなったり、話題になっているテーマを追い求めたりしたくなってしまう。でも、重要なのは目先のことではなく、今後一〇年間にわたってそのビジネスはうまくやっていけるかということだ。もしうまくやっていくことができるのであれば、辛抱強く待てばいつかリターンを得ることができる。私も待ち続けて、そろそろ一五年ほどになる銘柄がいくつかあるよ」

パラメスは投資の世界に入って二〇年になる。その間、自分でも認めているが、ずっと同じことをしている。もちろん、これまでに蓄積した経験が昔よりもいまの意思決定をよいものにしているだろうが、投資のプロセス自体は何も変わっていないのだ。

「人間が考えることなんてそうそう変わるものではないから、投資の世界もそれほど変わることはないと思う。すべての経済的事象は異なっているけれども、似ている部分があるものだ。オーストリア学派がこのことをうまく説明している。どのような時代であっても、ＥＱ（心の能力の指数）はＩＱ（知能指数）よりも重要なのだ！」

ベスティンバーにおける成功によって、パラメスはスペインのバリュー投資家を代表する存在になった。彼は、思慮深い投資家がポートフォリオに価値を付加できることを投資業界に知らしめた。ヨーロッパの資産運用業界は販売主導型の巨大銀行グループに支配されているが、パラメスは独立系の資産運用業者が正直で職務に忠実であることを証明してみせたのだ。

パラメスと彼のチームが一年に一度開催する投資家ミーティングは、〝ウェディング・パーティー〟と呼ばれている。投資家同士がふさわしい相手を見つけて意見を交換する場だからだ。ウォーレン・バフェットとチャーリー・マンガーが主催するバークシャー・ハサウェイの年次総会と同じように、パラメスのミーティングでも参加者がパラメスに直接疑問をぶつけることができる。このミーティングで、顧客の投資家に自信を与えると同時に、長期投資の重要性を説くのだ。

パラメスは一九九七年に結婚し、二人の息子と三人の娘に恵まれている。家族で旅行に行ったり、海水浴をしたりすることに加えて、バスケットボールをみたり、読書をすることも彼の大事な余暇の過ごし方だ。父親として、身をもって実例を示すことが子どもたちを教えるのに最もよい方法だと考えている。バリュー投資も同じだ。バリュー投資は流行の先端を行くものではないが、その論理と原則をしっかりと実践していれば誤った方向に進むことはない。

「割安になっている銘柄の探索ほど楽しいことはない。探し当てたときのうれしさって、正直なところ説明しきれないのだ。割安な銘柄を見つけるたびに、いや、こんな銘柄があるはずがないと思うのだけれど、もう一度分析してみて、それが本当に割安であることが確認できると、宝物を見つけたような気分になるよ。この喜びと情熱を子どもたちに伝えられたらと思う。この世界には宝物がいっぱい埋もれているのだから、宝物を見つけられなくても、それを見つけるための旅を続ければいい。もし見つけたら、それって人生の価値そのものを発見したってことだと思うよ！」こうパラメスは言葉を締めくくった。

第7章

インカムにこだわるイギリス人

Anthony Nutt
Jupiter Asset Management

ジュピター・アセット・マネジメント
アンソニー・ナット

賢い人は、人が収入の範囲で生きるのと同様に、知力の及ぶ範囲で生きる。

——チェスターフィールド卿

ジュピター・アセット・マネジメントは、イギリスに拠点をもち、個人や機関投資家から資金を預かって株式や債券に投資する資産運用グループである。1985年にブティックタイプの運用会社としてスタートしたが、大きく成長し、228億ポンドの資産を運用するイギリスでも最大の資産運用会社の一つとなった。

アンソニー・ナットは、ジュピター・アセット・マネジメント・リミテッドの取締役であり、インカム運用チームとイギリス株式チームのヘッドだった。ジュピター・インカム・トラスト、ジュピター・ハイ・インカム・ファンド（ユニットトラスト）、ジュピター配当＆成長トラスト、分配型株式運用ファンドの四つのファンドの運用責任者を務めた。

1996年に入社以降、2012年12月に自らの意思で職を辞するまでの17年間にわたって、ナットは常にイギリスの株式市場に勝ち続けてきた。1996年２月に５億600万ポンドのジュピター・ハイ・インカム・ファンドを立ち上げてから2012年12月までの間に累積352.2%、年率換算9.34%のリターンをあげた。同時期のIMAUKエクイティ＆ボンド・インカム・セクターのリターンは累積161.0%、年率5.84%にとどまっている。

ナットが運用するもう一つの特筆すべきファンドが、20億ポンドの資産を保有するジュピター・インカム・トラストだ。2000年４月30日にファンド運用を引き継いで以来、2012年12月までの間に累積109.1%、年率5.98%のリターンを記録している。この間のFTSEオールシェア・インデックスのリターンは累積87%、年率5.05%にとどまる。

バリュー投資のファンドはアメリカでは一般的なのだが、イギリスで〝バリュー〟という言葉が投資商品のスタイルや性格を表すために使われることは少ない。バリューあるいは割安という表現ではなく、イギリスでは〝インカム〟あるいは〝配当〟という表現がなされることのほうが多いのだ。

ナットはこう説明している。「アメリカでは伝説的な投資家たちが著作を出し、そのなかで〝バリュー〟という表現を用いているから、バリューという言葉が浸透しているのだと思う。イギリスでもバリュー投資は昔から存在していた。でも、そもそも投資はバリューを追求するものなので、わざわざバリューという言葉を持ち出す必要はないと考えているんだ」

「イギリスの投資家は〝バリュー投資〟を求めつつ、ファンドマネジャーに対して株式の配当ないしインカムのかたちでリターンを獲得することも要求する。コングロマリット、生活必需品関連企業、公益企業といった企業がイギリス人のお好みだ。こういった安定した企業から配当というかたちで目にみえるリターンを得ることが、イギリス人にとっては安心できる投資なのだ」

ナットの人生とプロの投資家としての歴史をたどることで、イギリス人の投資文化をひもとくための材料がいくつか出てくるのではないだろうか。

アメリカでベビーブーマー世代が誕生していた一九五三年、アンソニー・ナットはイングランドの中央部のミッドランズに生まれた。当時のイギリスは、ウィンストン・チャーチル首相が〝血と汗と涙の時代〟と呼んだ最悪の時期から脱しつつあった。

一九五〇年代はまだ第二次世界大戦の余波もあり、食料は依然として配給制で、人々は倹約せざるをえない状態だったとナットは振り返る。生活必需品を確保した後に、余裕があるのなら少しだけの贅沢をするという、まだまだつつましい生活ぶりだった。一度は平和と繁栄を謳歌したイギリスだが、ヨーロッパにおける度重なる紛争の影響を受けて国土は荒廃してしまった。こうした経験からイギリス国民は、将来の期待よりも目にみえるリターンを好む傾向をもつようになったのだ。

「子どもの頃、夢といえば、将来はロンドンのシティで働いてみたいということだけだった。一九六〇年代半ばには遠隔地教育や夜間教育が提供され始めていたんだ。大学卒業の資格を働きながら得ることができるというので、私も興味をもって夜間大学に入学し、哲学、政治学、経済学といった幅広い科目を学んだ」

一九七〇年代前半のことだ。当時、ナットは働きながら勉強を続けていたのだが、彼は、イギリス経済の先行きが不透明なものだと感じ始めた。高止まりするインフレ率のために、イギリス政府は公務員の給料に上限を定め、これを受けて労働組合はストライキに入った。炭鉱労働者のストライキは、全国の停電につながった。

当時の保守政権はこの危機に対処するため、電力の消費量を減らす目的で三日間しか働かない週を導入した。労働時間は減少し、ある時間になると電灯がつかないようになった。

「当時、私はロンドンのアールズ・コートに住んでいたのだけれど、日が落ちた後の街は本当に静かだったよ。週三日労働に加えて、一九七三年には石油危機も起きた。そして、すぐに銀行の連鎖倒産も起きたのだ。あの大手のナットウェスト銀行ですら倒産の危機に瀕し、政府は経済を守るために金融システムに対して緊急の流動性供給を実施せざるをえなかった。われわれイギリス人にとって困難な時代であり、変わらなくてはならない時期でもあったのだ」

当時、ナットは学業のかたわら、国防省（ＭｏＤ）の資材調達部で働いていた。軍の購買内容を監督するという仕事だ。「ＭｏＤでの勤務は本当におもしろい経験だったといわなければならないだろうね。とはいえ、その職から何かの知識を吸収することができるといった魅力はなく、ＭｏＤがあるシティで働くことができるという点が魅力といえば魅力だった」

二年程度の公務員生活を送った後、ナットは証券会社に転職することを決め、フォスター＆ブレイズウェイトに移った。フォスター＆ブレイズウェイトはイギリスでは有名な証券会社だったが、実はナットはそれほど長くは勤めなかった。「株式のブローキングの仕事をトータルで八年ほど続けたかな。この間に多くの資格をとり、財務諸表分析や証券分析について学んだ」

「結局、自分がやりたいことは資産運用だということがわかった。証券会社の仕事は、投資に関するアドバイスをしたり、客から委託を受けて証券取引を執行したりというセルサイドの仕事だ。私はそれには飽き足らず、バイサイドで資産の運用をしたくなったんだ。資産運用会社でファンドマネジャーのアシスタントの仕事を得ると、証券業には別れを告げて、資産運用業界に身を置くことにしたんだ」

ビクトリア朝時代のマインドセット

一九八〇年代にバイサイドに移ったナットは、ファミリー・アシュアランスという友愛会（共済組合の一種）が保有する資産の運用を行う団体に勤めた。

「いまのように保険や福祉の仕組みができる前には、人々は友愛会をつくって、共通の金融面あるいは社会的なニーズを満たしていたんだ。この仕組みは古くビクトリア朝の時に形成されたものだ。当時、組合員は定期的に組合に資産を拠出し、一定の時期が来ると定められたリターンを受け取っていたんだ」

身分相応に消費し、常に貯蓄に励み、つつましく生活するというのはビクトリア朝時代のイギリスの価値観だ。チャールズ・ディケンズは『デイビッド・コパーフィールド』を通じて読者に次のようにアドバイスしている。「一年間の稼ぎが二〇ポンドで、一年間の支出が一九ポンドと六ペンスなら幸せになれる。一年間の稼ぎが二〇ポンドで、一年間の支出が二〇ポンドと六ペンスなら悲惨な未来が待っている」

ファミリー・アシュアランスでのナットの役割は、株式を分析して配当をしっかりと支払える企業を探し出すことだった。株式分析をこなすうちに、ナットは単純に配当利回りだけを指標としていたのでは、分析として十分ではないと思い始めた。それよりもビジネスの将来の予想と価値評価のほうが重要だと考えたのだ。こうして徐々にナットはバリュー投資の考え方を取り入れていくこととなる。

「配当利回りを企業間で比較することにあまり意味はなく、そこから投資の意思決定に役立つものは出てこない。ビジネスの将来を予想することが大事で、そうすると配当が支払い続けられるのか、増えていくのかといったことがわかるようになる。配当が持続し、増えるのなら、投資家の収入も増えていく。投資家の収入を再投資に回せば、複利効果で資産はふくらんでいく」

「株式市場は時に狂騒的に動き、株価は乱高下するので、それに備えてビジネスの価値そのものを評価しておくことが不可欠だ。株価が価値に比べて低ければ、時間の経過のなかで優れたリターンを得ることができる。ジュピターでの運用の仕事、あるいはその前の証券会社にいた頃からイギリスの株式市場をずっとみているからわかるんだけれど、株価が利益の三〇倍の株のリターンは五倍の株のリターンよりもずっと低いんだよ」

ファンドマネジメントの経験を数多く積んだナットは、より大きな責任のある仕事を任されるようになり、一九八四年にU・K・プロビデントに移った。その二年後にはトラスティー・サービス・バンク（TSB）に移り、同行の一五億ポンドの投資信託（ジェネラル・ユニット・トラスト）の正ファンドマネジャーに任命された。

イギリスで最大の投資信託の一つの運用を任されることは、プロのファンドマネジャーとしての試金石だった。「問題は運用資産の額ではなかった。私に引き継がれたポートフォリオにはものすごい数の銘柄があった。その膨大な銘柄から、私の基準にあわない不要な銘柄を探し出すのにとんでもない手間と時間がかかったんだよ」

ナットが資産運用を引き継いだ一九八〇年代には時価総額が小さな銘柄（スモール・キャップ）のブームが起きており、前任のファンドマネジャーが大量のスモール・キャップ銘柄をポートフォリオに保有していた。スモール・キャップ・ブームの始まりは一九七〇年代にさかのぼる。当時のイギリスは不況下にあり、大企業の倒産が頻発していた。一九八〇年代になり、経済が回復し始めると、成長性が見込めるスモール・キャップに人気が集まった。中小企業が株式上場を果たすとマーケットに勢いがつき、株価算定の基礎となる指標にも変化が現れ始めた。株価収益率（P／E）が平均を上回っている銘柄に対して、積極的な買いが入り始めたのだ。

大企業もこの上げ相場に加担し始めた。大企業が高い成長率を維持するためにスモール・キャップ企業を買収するという記事が新聞を飾り、マーケットの株高を加速した。「イギリスの大企業は世界中でビジネスを買いまくっていたんだ。買収したら、ビジネスの合理化、コストカットによって最終利益を増やしていた。大企業が買収に成功し利益が上向くと、大企業の高めの株価収益率を維持するためにまた株価が上がる。まさに自己増殖型の株価形成モデルだよ。割安なビジネスを買収し、そのビジネスの利益を取り込み、損益計算書の数字を改善していたんだ」

「もちろんこのやり方は、すぐに化けの皮がはがれ、投資家は離れていった。一九八七年一〇月のブラックマンデーにより、投資家は、それまでの株高は大企業が自らの高い株価収益率を保ちつつ、低い株価収益率の企業を買収し、その利益を自らの利益に取り込むという会計のゲームによるものにすぎないことに気がついたんだ。減損、引当金の繰戻し、一回限りの会計上の調整といったことばかり繰り返していても、企業が価値を生み出すことはないことに投資家がやっと気づいたともいえる。こういった大企業は会計処理や財務的な工夫が得意なだけだったのさ」

ＴＳＢでファンド運用を引き継いだナットは、それまでポートフォリオに入っていた、相場の勢い（モメンタム）に期待した銘柄や、何倍もの成長に期待した銘柄を減少させ、バリュー投資に重点を置くことにした。その結果、ファンドのスモール・キャップ銘柄を大量に売却することになった。この意思決定はタイムリーであることはもちろん、ナットの研ぎ澄まされた相場感覚のよさを示した。なぜなら、ナットが売却したのはちょうど一九八七年一〇月一九日にブラックマンデーが起きる直前だったからだ。

「一九八七年七月にイギリスの株式相場は天井を打ち、夏場はボラティリティーが高い状態だった。私は今後の相場に懐疑的で保有株を売ろうと考えていたのだが、その考えは「ファイナンシャル・ワールド・トゥナイト」という、イギリスで人気のあった経済専門のラジオ番組を聞いて確信に変わった。そこで語られている内容は、つまらない投資ネタや投機的なアイデアばかりで、もはやマーケットには追求すべき価値がないことを間接的に示していた」

「マーケットはイケイケで、相場は青天井だというシナリオが広がっていた。私はそのシナリオが信じられている間に、スモール・キャップ株を売るだけではなく、持株全部をキャッシュにしようと思った。ブラックマンデーの前週の水曜日からプログラム・トレーディングを用いて持株を売却し、売却金の二億ポンドはキャッシュのまま保有した。その週の金曜日はひどい荒天で、だれもオフィスに行けないし、株式市場も閉じられてしまった。そして、月曜日が来て、市場があんなふうに暴落したんだ」

ＴＳＢファンドはブラックマンデーの時にキャッシュを多く保有しているという幸運に恵まれ、マーケットの暴落のせいで割安になった株を買うことができたとナットは振り返る。「ブラックマンデーは、バリュー投資の効果を確認させてくれたようなものだ。割安になった株を買うこともできるし、割高な株を売ってトラブルを避けることもできるのがバリュー投資なんだ」

一九八七年を境に株式の評価基準も変化した。スモール・キャップへの人気は陰り、大企業への熱も冷め、株価収益率はまっとうなレベルに戻り、ビクトリア朝風のつつましい考え方が広がってきた。チャールズ・ディケンズがいうように、「人生の危機に陥ったときに、単純な真実ほど頼りがいのあるものはない！」

ビジネスの質とその価値にのみ着目することで、ナットは自らが手がける投資信託のファンドを一段高いレベルに引き上げることに成功した。そして、このファンドはそれ以降、競合のファンドを凌駕し続けることになる。

正しい投資文化を求めて

一九八七年のブラックマンデー以降、イギリスの投資環境は全般的に前向きだったとナットは回想する。サッチャー政権は、個人株主制度（ＰＥＰｓ：Personal Equity Plans）に代表されるさまざまな投資を促進する制度を設けたため、個人資産が投資の推進力となっていた。一九八六年に導入されたＰＥＰｓは所得税やキャピタルゲイン課税の税率に上限を設定したため、投資家にとっては安心できる環境となったのだ。

ＰＥＰｓに加えて、イギリス政府は一九八〇年代に国有企業の民営化を積極的に推し進めたため、国民全員が株式市場に参加するような雰囲気になっていた。

「一九八〇年代から一九九〇年代のイギリスのマーケットは、ほぼ一貫して強気相場だった。一九八二年から一九九八年にかけてＦＴＳＥインデックスは年率一三％から一四％の上昇を記録していた。ブラックマンデーで暴落し、回復に二年かかったが、それ以降は毎年、過去最高値を記録するようになった」

ＴＳＢでの傑出したパフォーマンスに注目したフレミング・インベストメント・マネジメントは、一九八九年にナットを招聘した。ナットはそこで二〇億ポンドの資産を数年間運用し、一九九六年にジュピター・アセット・マネジメントに移り、いまに至っている。

三〇年以上にわたって投資業界に身を置いた結果、ナットは長期にわたってリターンを出し続けるためには、バリュー投資家としての考え方を共有できる職場が必要だと考えている。

「株式市場は短期的にはカジノと同じだという事実から目を背けることはできない。長期のリターンは短期のリターンの積上げであるという広く知られたパラドクスのおかげで、多くの資産運用会社が短期の結果ばかりを追い求めていることを否定することはできないんだ。私は株式市場をカジノとして扱いたくないので、長期的に考えて買持ち戦略を徹底するようにしている。そうした考え方を共有できる資産運用会社を見つけることが重要だ」

「ある銘柄が単に安いだけなのか、本来の価値に比して割安でバリューがあるのかを判定することがバリュー投資のむずかしさであるとは、私も私のチームも思っていない。私たちはビジネスを客観的にみて、正しい結論を出すことができると信じている。本当にむずかしいのは、他の投資家が、私たちが注目する銘柄に同じように注目し、同じように考えているかを知る術がないという点にある。結局、安値に放置された銘柄がいつ正当な株価に戻るかはだれにもわからない」

「こうしたことから、私たちは投資期間を定めることはしていない。それよりもその株がもつ本来の価値の評価に専念することにしている。株を売却し、投資を終了することはあるが、それはビジネスが成熟しきっているか、今後の収益が悪化し、改善の見込みがないと判断したときに限られる。バリューがある限り、株の保有を続けて投資を継続することになる。投資の終了時期を決めるのはタイミングではなく、バリューの有無のみなんだよ」

ナットは一九九〇年代後半のテクノロジー、メディア、テレコム（ＴＭＴ）ブームのことを話してくれた。当時は過剰なバリュエーションがまかり通っていた時期だが、昔ながらの企業の株価収益率（Ｐ／Ｅ）は四倍から五倍だった。「だれも時代遅れの産業に属する株には興味をもっていなかった。インターネットが昔ながらの企業にとってかわるとだれもが信じていたんだ。投資家が昔ながらの企業に再び目を向けることがあるのかどうかはわからなかったが、私たちはリターンが良好なので、そうした企業の株を保有し続けた。そして、ＴＭＴブームがはじけ、マーケットがひどい状況になったとき、私たちの保有株がいかに安かったかにみなが気づいたというわけさ」

ナットとジュピター・ファンドは投資哲学を共有している。それゆえに長期投資が可能となり、無理な方法でリターンを追求せざるをえないような状況にはならないのだ。

一九八五年に設立されたジュピターは、最初はブティックタイプのこぢんまりとした資産運用会社だった。その後、年月をかけて企業家的な精神を許容する文化を形成したのだ。ジュピターのファンドマネジャーは、マーケットのリターンに追従するだけのクローゼット・インデックス化［注5］は決して起こさないように教育された。そのかわり、ファンドの目的にあっている限り、自由に投資するように奨励された。

会社は投資対象の銘柄リストや市況予想を提示せず、ファンドマネジャーは個々に独立した運用を実施している。ジュピターは「委員会などによる合議制は中途半端な妥協を生み、その結果、平均的なパフォーマンスしかもたらさない」と考えているのだ。会社としてファンドマネジャーに求めているのは「投資家にとって不必要なリスクを排除し、中長期のパフォーマンスを最高のものにすること」であり、それに基づいてファンダメンタル分析とボトムアップ・アプローチで銘柄を選択している。

「私が入った頃のジュピターは、カリスマ性をもった創立者によってしっかりとした文化とビジネスペースを打ち立てられた、リテール向けの資産運用会社の成功例ということで注目を集めていた。ジュピターに入って数週間後にはジュピター・ハイ・インカム・ファンドの立上げの責任者に任命された。インカム投資と呼んでもいいし、バリュー投資と呼んでもいいのだが、このファンドの基本的なねらいは、割安で、株価上昇余地があり、その分だけ安全性が高い銘柄に投資をするというものだ」

［注］

5　訳注：クローゼット・インデックス化あるいはクローゼット・インデクシングとは、アクティブ運用を標榜しておきながら、ファンドの銘柄数が増えることにより、結果的にインデックス運用と同じになってしまう、あるいは意図的にインデックスに追随する運用を実施することをいう。いずれにしろ、アクティブ運用ではなくなるためにヨーロッパを中心に問題視されている。

インカムのみを信じて投資する

割安であり、十分なキャッシュフローを継続的に生み出すことができるビジネスを探し出すのがナットの投資スタイルだ。同時に、そのビジネスが配当、特別配当、自社株買戻しというかたちでインカムをもたらすことにコミットしていることも必要だと考えている。

ナットの説明を聞こう。「イギリス人としての民族的特徴かもしれないが、私は都合のよい将来予想に賭けるより、実体のあるリターンを探し求めている。配当という点にのみ注目するなら、イギリスは配当率の高さで世界をリードしているといえるよ」

「将来の成長を約束する多くの企業をみてきたんだ。インカムを株主に分配するより、それを再投資して何倍にも成長しようとしている企業たちだ。マーケットの熱が冷めてしまうと、こうした企業は株主に対して何の実利も提供できない」

「まともな投資先を探すには、投資家はまず企業の資本利益率（Return on Capital）とキャッシュフローの持続性をみて、投資が報われるかどうかを判断しなければならない。配当を支払うということは、企業の株主に対する株主のままでいてほしいというメッセージでもあるのだ」

ナットは金鉱への投資を例に出して説明する。「当たり前のことだが、投資家はリターンを期待している。だからこそ、金鉱の経営者に資本を与え、経営者がそれでビジネスを興し、カネを儲け、資源を適切に配分することを期待するわけだ。もし経営者が費用の支払やビジネスの拡大のために資本の一部を手元に置いているのであれば、投資家はその一部を資本の提供者である自分に返還してもいいのではないかと考えるだろう。このようにビジネスをとらえることは、非常に論理的だと思う。でも、現実には多くの投資家は資本の払戻しを受けることができない。というのも経営者は、マーケットが彼らのために仕事をすること、つまり、株価の上昇によって投資家を満足させることをねらうからだ」

バリュー投資の王道であるボトムアップ・アプローチを採用しつつ、ナットは数字のみをみると誤った判断を下す可能性があると警鐘を鳴らす。

「投資判断は数字や利回りだけで下すべきものではない。配当利回り、配当性向、株価収益率（P／E）、投下資本利益率、フリー・キャッシュフローといった数値の分析は行うが、これらの数値は物事を単純化しすぎていると感じている。すべての道はローマに通じるというように、どんな手法や数値を用いても最終的には安いか、高いかの判断に行きつくわけだが、定性的な分析の重要性のほうが高いと思う」

「ほとんどの分析時間はビジネスを理解し、その戦略的意図をあぶりだすことに費やされるんだ。毎年五〇〇社を超える企業を対象とし、それらの企業とは年に二回から三回は接触し、情報を収集しているよ」

ナットは、企業の戦略的意図を確認するために、経営陣と会って彼らの目標やビジネスに対する熱意を理解することに努める。その後、マイケル・ポーターの5F〔注6〕分析を適用する。「新規参入の脅威」「代替品・代替サービスの脅威」「買い手の交渉力」「売り手の交渉力」「ライバル企業間の敵対関係」が五つのFだ。

「私たちは企業がどの程度まともなのかを見極めようとするんだ。ビジネスモデルをきちんと実現できるのか。経営陣に経営能力はあるのか。今後、配当を増やしていけるのか。これらは私たちが発する質問のごく一部にすぎない」

「高い成長率を達成しようとする企業の分析にはあまり気乗りしないこともある。もっとも、私自身も投資対象には成長することを求めている。すなわち、配当を払い続けるだけではなく、どの程度、配当を成長させることができるかも重要なのだ。いずれにせよ、企業の価値を高く評価しすぎないこと、成長を見込んだがゆえに高い株価で投資することがないようにすることが大事だ」

投資対象として無借金企業を好む投資家は多い。しかし、ナットにとって企業の負債は本質的な要素ではない。目的がまともなものであれば、借金は許しがたい罪ではない。「企業が置かれている状況はさまざまなので、借金の有無を心配するより、バランスシートが効率的かどうかに目を向けたほうがいい。負債がなく、現金をたくさんもっているのに、ビジネスがうまくいっていない企業をこれまでにたくさんみてきた。負債の絶対額は大きいが、バランスシートは効率的でビジネスがうまくいっている企業もたくさんあるということを忘れてはならない」

「適切なコストで相応の負債を負っていることは問題ないと思う。経営者が負債をもつ戦略的意図を説明できて、それが株主価値を増加させるのであれば、私は賛成するよ」

ジュピターで運用する四つのファンドはそれぞれ一〇〇から一一〇の銘柄で構成されており、各ファンドの上位一〇銘柄でポートフォリオ総額の四〇％程度を占めるのが通常だ。常に長期志向を維持し、産業セクター間の戦略的な投資比率の変更はじっくりと時間をかけて実施している。ファンドの規模が大きいので、ポジションの変更は月単位とはいわないが数週間程度かけて行う。投資家が、買うのが早すぎる、あるいは、売るのが早すぎると文句をいうこともあるが、基本的にはみな、ファンド規模が大きくなるとポジション変更が容易ではないことを理解しており、ナットのやり方を支持している。

すでに述べたように、ナットはボトムアップで銘柄を選択するタイプの投資家である。銘柄選択にあたってはファンダメンタルズが重要であることは間違いないが、ナットはマクロ経済指標にも注意を払っている。

「長期的にみて、超過収益の源泉はミクロ、別の言い方ではボトムアップ分析によって探り当てられるものだと信じている。一方、最近はマクロ経済動向が世界の株式市場に与える影響が大きくなっていることも事実だ。トップダウンの視点で世界各国のマクロ経済政策をみていると、長期のビジネストレンドを理解することができるのだ。ビジネストレンドによって成功する業種とそうでない業種がみえてくる。正しい業種を選ぶ限り、よい企業は成功の度合いに差こそあれ、さまざまな経済サイクルにおいて成功すると私たちは考えている」

みながインターネット株にのめり込んでいた頃、ナットはそういう銘柄とは距離を置き、インターネットではなく、長期的な展望が明るいと考えられる資源セクターに投資していた。インターネットが既存のビジネスに与える影響を分析した後で、たしかにインターネットは一定の影響を及ぼすだろうが、それよりももっと人間が必要としてやまない食料やエネルギーのほうが重要だと考えたのだ。

「常に長期的な視点で経済にどのようなことが起きるのかを考えている。二〇〇〇年にリオ・ティントという鉱山会社のアナリスト・ミーティングに行った時のことが忘れられないよ。同社のCEOが、これまでに経験したことのない注文が中国から入ってきていると話していたんだ。これは資源セクターについての重要なシグナルだ。にもかかわらず、人々はインターネット株に夢中だった。その後、インターネット・バブルがはじけ、二〇〇〇年代の中盤以降、みなが資源セクターに投資し始めた。われわれにとっては、新しいニュースではまったくなかったけれどね」

しかし、二〇〇七年にナットは資源株への投資をすべて手仕舞うことになる。ビジネス環境が悪くなり、バリュエーション上も割高になったからだ。「一九九〇年代から二〇〇〇年代にかけて、鉱山会社は株主への配当を重視していた。ところが、彼らは株式市場で注目されるようになると、配当よりもビジネスの拡大に資本を振り向けるようになったんだ。二〇〇七年頃にはいくつかの企業が事業を拡大しすぎて破綻しそうになった。これ以上、株主価値を高めることはないだろうと考えて、最高の値段をつけている時に資源株を売り払ったんだよ」

「資源株を売ると同時に製薬株を買った。一〇年以上、医薬品セクターからは遠ざかっていたけれど、その間、医薬品セクターの企業は割安になり、配当の支払とその成長の観点から株主価値を高める企業に変わっていると判断したんだ。何人かの投資家からは批判されたが、この買いは少し時期が早かったかもしれないね。ただ、最近になって製薬株はファンドに良好なインカムをもたらすようになったし、株価もいい感じに上がってきているよ」

「結局のところ、企業にとって最もむずかしいのは資本の効率性を維持することだ。私たちの役割は、企業がいかにして効率的に資本を使い、株主へのリターンを高めているかを分析することだ。その後、企業が維持すべき最適な負債と株主資本の比率と、株主資本の価値を決定することになる」

ナットはこれまでさまざまな企業をみてきた経験から、最近の企業が陥りがちな落し穴があるという。それは、伝統的なビジネスを変革しようとたくらむ経営コンサルタントやインベストメントバンカーに対する過信だ。経営コンサルタントやインベストメントバンカーは、投資家のご機嫌をとるために、財務的な操作によって短い期間で結果を出そうとし、長期的な観点から経営やビジネスそのものの価値を高める努力をないがしろにする傾向がある。

「昔ながらのビジネスを行っている企業にインベストンメントバンク出身の人物を派遣すると、彼は思いあがって最先端のことをやりたがる。マーケットは最初のうち、短期間で企業が変わるのではないかと思って歓迎するのだが、後になって、株主価値が毀損され、かつては称賛されていたビジネスの長期的な展望が失われていることに気がつくのだ。そんな事例をみることには、もうあきあきしたよ」

[注]

6 訳注：5FのFはForce（力）を意味する。ビジネス戦略は五つの要因（力）を分析することで導き出せるという、マイケル・ポーターが提唱した考え方である。

進み続ける勇気

サー・ウィンストン・チャーチルはいっている。「成功がゴールでもなければ、失敗がすべての終わりだと考える必要もない。重要なのは、続ける勇気をもつことだ！」

ナットは職業人生を振り返って、どんなときでもファンドマネジメントを楽しんできたといっている。ファンドの時価総額が上がっても下がっても、ナットはそれほど気にしなかったようだ。配当や割安度に注目して銘柄を構成しているので、短期的な値下りは、定期的なインカム収入でプロテクトされるからだ。短期的な変動は時間の経過とともに平均へと収斂し、本来の価値が現出することになる。

「二〇〇七年、二〇〇八年はメディア関係の株が厳しい状況だったので運用は楽ではなかった。メディア関連のセクターが思ったほど盤石ではなかったということだ。とはいえ、自分の投資判断がだめだと思っているわけではない。ファンドマネジャーはいつも自信をもっているべきで、自分の能力を疑ってはいけないと思うよ。自分の能力を疑いすぎると、チャレンジしなくなり、ファンドマネジャーとしての適性を失うことになってしまう」

「バリューを追求するのは楽しい仕事だと思う。いろいろな企業に投資し、企業がバリューを高めていけば、自分の投資のバリューも高まっていく。長期投資という運用方針はすばらしいものだ。経済に好不況の波があっても、買うか売るか、白か黒かに思いわずらう必要はなく、自分の投資がどう展開していくかを見守っていればいいだけだからだ」

ファンドマネジャーに対して、だれになら自分のカネの運用を任せてもいいと思うかを問うアンケート調査がある。ほとんどのファンドマネジャーの回答は「自分」だった。それをみてナットはいう。「謙虚じゃないといわれると困るけど、自分も同じ答えをしたと思う。だって、自分の能力に疑いをもっていないのだから。投資が成功するかどうかはマーケットのコンセンサスとはあまり関係がなくて、自分の考え方次第だと思う。落ち着いた精神状態と、適切な投資期間があれば、後は他人の考えではなく、自分自身の考えで投資判断をすべきなんだ」

二〇〇八年のアメリカを起点とする金融危機と、それに続く二〇一〇年のヨーロッパのソブリン危機をみて、ナットは、先進国経済は今後、予想できる範囲において停滞を余儀なくされ、穏やかでゆっくりとした成長しかできないと考えている。「投資の価値が下がっていくことがいちばん心配だよ。優良株でも不人気株でも、昔はあったアノマリー（異常な状態）があまりみられなくなっている。過去の三〇年間、四〇年間には存在した、十分に割安な株に投資する機会がすごく減ってしまうんじゃないかと思うんだ」

「富の格差が拡大し、もてる者は使いきれないほどもつ世の中となった。派手な消費や、目先の快楽を追うことは悪徳だという考え方が広がっている。この点から、小売りセクターには投資しないようにしている。いまの消費社会から昔の貯蓄社会へ回帰すると考えているからなんだ。実をいうと、私自身、子どもに価値をしっかりと判断し、カネを払いすぎないように言い聞かせているほどだよ」

サイクリングが好きで、二人の息子と二人の娘の父親であるナットは、バリューについての考え方を家族にも浸透させようとしている。投資は自転車競技と同じようにミクロレベルでは個人競技だが、マクロレベルではチームプレーだ。「私はよくツール・ド・フランスを見に行く。自転車競技から学んだのは、投資にも通じることだが、先頭をきって走っていようが、後からついていこうが、それは本質的にはどうでもいいということだ。大事なことは最後まで走りきるタフさをもつことと、ひたすら続ける勇気をもつことだ」とナットは締めくくった。

第8章

旅するバリュー投資家

Mark Mobius
Templeton Emerging Markets Group

テンプルトン・エマージング・マーケッツ・グループ
マーク・モビアス

森のなかで道が二つに分かれていた。私はだれも通っていないほう の道を選んだ。それにより、どんなに大きな違いができたことか。

——ロバート・フロスト

マーク・モビアスは、フランクリン・テンプルトン・インベストメンツの子会社であるテンプルトン・エマージング・マーケッツ・グループの上級会長だ。現在、同グループにおいて新興市場のポートフォリオマネジャーを務めるとともに、アジア、ラテンアメリカ、アフリカ、東欧の17の市場にまたがる運用チームを監督している。1987年、モビアスはグローバル投資の第一人者であり巨万の富をもつサー・ジョン・テンプルトンにより、新興市場ファンド初のニューヨーク証券取引所上場となったテンプルトン・エマージング・マーケッツ・ファンドのマネジャーに抜擢された。

当初1億ドルの資産からスタートしたテンプルトン・エマージング・マーケッツ・ファンドは、モビアスと彼のチームによって5000億ドルを上回る規模にまで成長した（2011年末時点）。1989年7月31日のファンド開始以来、旗艦のテンプルトン·エマージング・マーケッツ・インベストメント・トラストは2016年3月31日までで1941.4%、年率11.98%のリターンをあげている。一方、ベンチマークであるMSCIエマージング・マーケット・インデックスの同時期のリターンは974.31%、年率9.28%だった。

“新興市場の長老”、またはスキンヘッドの風貌に親しみを込めて“ウォールストリートのユル・ブリンナー”と呼ばれることが多いモビアスは、2006年に『アジアマネー』誌が選ぶ“最もパワフルで影響力のある人物トップ100”に選ばれた。

雑誌の編集者はモビアスについて次のように書いている。「彼は、その地域にいる投資家のだれよりも優れた経歴をもち、過去20年間にわたり新興市場において最も成功をおさめた投資家の一人として、金融業界においては一目置かれた存在である。9年前に発生した金融危機による逆風をものともせずに、投資業界から根強い支持を受け続け、何十億ドルもの投資マネーの行き先に影響を与えている」

モビアスはボストン大学での学士および修士号の取得後、マサチューセッツ工科大学（MIT）において経済学および政治学の博士号を取得している。11の著書があり、主なものに『中国との取引』『新興市場への投資ガイド』『新興市場とは何か』『国際投資へのパスポート』『株式の本質を理解する』『ミューチュアル・ファンドの本質を理解する』『外国為替の本質を理解する』がある。

マーク・モビアスにとって、株式市場が身近な存在になったのは一九七三年である。香港を拠点とするコンサルティング会社、モビアス・インクを経営していた頃、ある地元の裕福な投資家から株式市場の調査を依頼された。投資に関する知識をほとんど持ち合わせていなかったモビアスは、過去の株価のチャートをみたり、テクニカル分析を適用したりすることでなんとか調査らしくかたちを整えた。

マークは当時のことをこう振り返っている。「当時、私はファンダメンタル分析を知らなかった。そこで、テクニカル分析の本を買って、香港株式市場の動向を分析し始めた。心理学を学んでいたものだから、社会心理学を取り入れているようにみえるテクニカル分析はよいアイデアのように思えた」

「また、チャート分析は、私の主要なコンサルティング業務である顧客調査に通じるところがあった。調査を進めていくと、きわめて一般的なチャートパターンが形成されているという結論に行きついたんだ。いわゆる三尊（ヘッド・アンド・ショルダー・フォーメーション〔注7〕）だ。当時、株式市場はヒートアップしており、チャートパターンはトレンドの転換を示しているようにみえた。だから、私は顧客に株には手を出さないようアドバイスしたんだよ」

間もなくして香港株式市場は下落し、その後、何年間も回復しなかった。しかし、モビアスは顧客には株を買わないようにアドバイスしておきながら、自らはそれに従わずにモスバート・ホールディングスの株を購入していたのだ。

モスバート・ホールディングスはマレーシアを拠点とする持株会社で、香港証券取引所に上場していた。企業のバックグラウンドは謎に包まれ、資金の出所を知る者もいなかったが、定期的な企業買収や不動産取得が現地では話題になっていた。モスバートの株価が八・〇香港ドルから三・五香港ドルに下落した時、同僚がモビアスに話をもちかけ、二人してこの底値買いのチャンスに投資したのだ。しかし、フタを開けてみれば、モスバートは詐欺行為を行っていたことが判明し、ほどなく倒産してしまったのである。

モビアスは反省を込めていう。「情報を得ようと会社に電話をかけ、何かしらのデュー・デリジェンスを実施しようと試みたが、電話に出た相手は敵対的な応対で、提供できる資料はないといわれたんだ。そして、一方的に電話を切られたんだよ！　それにもかかわらず、私は自らのアドバイスに逆らって、この会社がアジア金融界で次なる奇跡を起こすと請け合う友人のいうことを信じてしまったんだ」

「この失敗から私が学んだことは、投資判断をするときに決して他人のアドバイスを受け入れてはならないということだ。常に自ら学んだことに基づいて判断し、自ら収集した情報にのっとって行動する。それで状況が悪くなったとしても、少なくとも自らの失敗から学ぶことはできるからね」

また、テクニカル分析は有用ではあるものの、ファンダメンタル分析のほうがより重要であることもこの経験によって学んだ。ファンダメンタル分析が企業の本当の価値をとらえる唯一の手段であるからだ。モスバートの件についていえば、モビアスは情報を得られないのであれば取引すべきではなかった。「自らの足で調査をすることが大事であると私は強く信じるようになり、ファンダメンタル分析に主眼を置くようになった。テンプルトンにある私の投資チームは株価チャートも参照するが、企業の財務や経営の状況、業界動向に関するファンダメンタル分析を行うことなく投資判断を下すことは絶対にない」

モビアスはほかにもいくつかの株式市場のリサーチ業務を行った後、一九七〇年代初めになるとファイナンスへの興味を深め、一九八〇年には国際的な証券会社であるヴィッカーズ・ダ・コスタに入社し、アジアの金融市場の調査に携わった。それまでビジネスとマーケティングのコンサルタントであったモビアスにとって、大きなキャリアの転換だった。

［注］

7　三尊（head and shoulder chart formation）は、上げ相場または下げ相場からの転換を示す。

行間を読むように〝心間〟を読む

一九三六年、ジョセフ・ベルンハルト・マーク・モビアスはドイツ人とプエルトリコ人の夫婦の息子としてニューヨークのヘムステッドに生まれた。

彼は次のように回想している。「子どもの頃、最初は医者に、その後は公務員になりたいと思っていた。その後、俳優かピアニストのどちらかになりたいと心に決めたんだ。実際、高校生の時に兄弟でトリオを結成して、私がピアノ、兄と弟がバイオリンとチェロを弾いていた。大学生になると、夜はバーでピアノを弾き、そこで稼いだカネを学業の足しにしていたんだ」

一九五五年、モビアスはボストン大学で芸術を学ぶための奨学金を得た。芸術はビジネスキャリアとは無関係の科目のようにもみえるが、世界を探求したいという彼の好奇心を、間接的にではあるが刺激するものだったのだ。そのことを彼はこう説明する。「芸術を学ぶことで、人間の経験や文化に関する幅広い見識を得ることができる。異文化についてより多く学び、世界のとらえ方が人によってどれだけ異なるのかを学んだことから、コミュニケーションや人間心理に興味をもつようになったんだ」

モビアスは一九五八年に学士号を取得した後も、コミュニケーションについて学ぶためにボストン大学に残り、一九五九年に修士号を取得した。それでも彼の知識欲は枯渇することなく、政治学と社会心理学の習得のためにウィスコンシン大学へ入学した。そこで彼は日本への交換留学プログラムに参加するチャンスを得たのである。極東への渡航チャンスに心躍らせたモビアスは、出発前に日本史と日本語の短期集中レッスンを受けた。

「京都大学の人文科学研究所で、日本のマスコミについて学んだ。第二次世界大戦が終わってさほど時間が経っていなかったので、政府のプロパガンダ分析はアカデミックなサークルにおいて依然として人気があった。だから、それを専攻することにしたんだ。学業に励むかたわら、朝日放送でも働き、そこで日本の消費者市場を調査するとともに、アメリカの広告主向けに放送の時間枠を売る仕事をしていた」

一九六一年にアメリカへ戻ったモビアスは実験心理学を学び、ニューメキシコ大学でティーチング・アシスタントの職を得た。また、夏季休暇の間は広告会社のＢＢＤＯでリサーチアナリストとして消費者調査のデータを処理し、消費者や大衆の市場行動を分析した。

消費者データに関する調査に携わったことで、モビアスは世界中のさまざまな地域における経済発展へ目を向けるようになった。経済学の研究を深めるために博士号取得を目指してＭＩＴに入学すると同時に、リサーチ・アシスタントとしても働き、教育番組の視聴者の特性に関する調査に従事した。そして、一九六四年に博士号を取得した。

最高位の学歴を取得し、日本で楽しく過ごしたモビアスは、次の目的地をアジアに決めた。コミュニケーションと心理学の専門知識を備えたことから、東西のビジネスを結ぶ架け橋となるポストを望んだ。そこで、モビアスは東京にあるインターナショナル・リサーチ・アソシエイツにコンサルティング・リサーチ・コーディネーターとして入社し、その地域における消費者行動の調査に取り組んだ。

モビアスは数年間で数千回ものインタビューを行い、一〇〇を超える世界中の消費者ブランドを分析した。この経験から、さまざまな種類のビジネスに関する知見を得るとともに、アジアのビジネス環境においては何が機能し、何が機能しないのかについても深い洞察を得ることができた。

たとえば、香港では、多国籍バイオテクノロジー企業であるモンサント社に対して新しい高タンパク飲料のアジア展開の実現可能性について助言する業務があった。モビアスは、まずアジアにおける消費者の行動とソフトドリンクの消費状況について調査し、次にその地域の生産能力と物流経路を分析した。なすべきことはマーケティング調査だが、結論を導き出すにあたってはビジネスのバリューチェーンを確実に理解することが必要だったのだ。

「消費者に関する調査をしたことは、いまの仕事のよいバックグラウンドになっている。なぜなら、それは社会心理と関連性があり、社会心理は景況感や経済に影響を与えるからだ。また、一つのアイデアが浮かんだら、それにどのように取り組むのか、どのように調査するのかもわかるようになった。当時、私は投資ファンドのマネジャーになるつもりなどまったくなかったが、仕事を通じてビジネスの分析についての自信がつき、最終的には自分の会社を立ち上げるまでになったんだ」

モンサント社のプロジェクトが終了した後、ミズーリ州のセントルイスにある本社で仕事をするチャンスがあったのだが、香港を気に入っていたモビアスはそこに残る決心をした。異なる文化をもつアジアの人々との取引や東西のビジネスをつなぐノウハウの構築によって自信をつけたモビアスは一九六九年、リサーチに基づくビジネス・コンサルティング会社、モビアス・インクを立ち上げた。

大胆に、そして緻密に考える

中国の現地スタッフによる少人数のチームでスタートしたモビアス・インクは、点と点をつなぐように展開し始めた。スイスの製薬会社に対しては台湾での販路構築を、アメリカの輸出業者にはインドネシアでの化粧石鹸用添加物の販売を、多国籍の乳製品業者にはどんな品種のチーズが日本市場に適しているかを助言した。

いまや自分自身の上司となったモビアスは、大企業の顧客に対してコンサルティング業務を展開する技術を学びつつ、中小企業を経営していかなければならなかった。彼は振り返る。「海外の企業がアジアでビッグビジネスを行うための経営アドバイスを提供しているのに、自らの会社の経営となると、どのようにしたらいいのかまったくわからなかったんだ！」

「私はいつもアジア中を飛び回っていて、そのコストを収入でカバーできなかった。さらに悪いことに、私自身の人件費もまかなえないようなプロジェクトに低価格で入札していた。そこで、現地スタッフから格安航空券を購入できる旅行代理店を教えてもらい、外食するかわりにランチボックスを注文してオフィスで食べるようにしたんだよ」

「時間が経つにつれて、私はよりつつましく、価値というものに配慮するようになった。カネ儲けよりも節約することのほうがすばらしいのではないかと考えるようになったんだ。半ば中国人的気質になり、以前よりも数字を重視するように、また保守的にもなっていった。そうして一〇年経って、会社はドル箱になったとまではいわないが、安定した事業にはなったよ」

アジアにおけるビジネス経験は、モビアスを執筆活動へも向かわせた。一九七三年の『中国との取引』において、中国市場においてなすべきことと、してはならないことを示した。そうした福音を広めるため、香港大学と香港中文大学でマーケティング、社会心理学、消費者心理学の客員講師を務めるようにもなった。

一九七〇年代初頭、モビアスと彼のチームは製造業の市場調査を得意分野としていた。アジアでのネットワークを築き上げる一方で、ユニークな案件に行き当たることもしばしばあった。その一つが、スヌーピーのぬいぐるみを売ってみないかという提案だ。

「ある日、サンフランシスコから来たコニー・バウチャーという名前の女性がオフィスに入ってきたんだ。そして、スヌーピーのぬいぐるみをつくる業者を見つけてくれないかと頼まれた。なんでも、彼女はスヌーピーの生みの親であるチャールズ・シュルツからライセンスを受けているらしいんだ。私は彼女がアジアでスヌーピーを生産するのを手伝った。そして、彼女の製品がアメリカでよく売れているのを知り、アジアで売ろうとは思わないのかと尋ねたんだ。すると、彼女は〝あなたが売ってよ〟っていうんだ。こういうわけで私はスヌーピーの販売にとりかかった。結局、このおもちゃ事業のほうがリサーチ業務よりも大きなビジネスとなってしまい、リサーチのほうに関心があった私はおもちゃ事業を中国人スタッフに売却することにした」

モビアスのスヌーピーに対する愛着には二つの理由がある。愛らしい漫画のキャラクターがモビアスにかなりの大金をもたらしたことが一つ。そして、もう一つは、スヌーピーのぬいぐるみがモビアスにあるプライベートな決断をさせるきっかけとなる事件を起こしたことだ。

「オフィスがスヌーピーのぬいぐるみだらけになっていたんだ。そんな時、韓国へ出張に行くことになり、その間はスヌーピーたちをオフィスから私の部屋に移しておくよう指示した。しばらくして帰国後、就寝中に焦げ臭さで目が覚めた。何かと思ったら、加熱したコイルの近くに置いてあったたくさんのスヌーピーのうちの一体が燃えているじゃないか。必死になってなんとか火は消し止めたが、私のお気に入りの明るい赤毛は焼け焦げてしまった。結局、髪の半分を失ってしまったので、残りも剃り落とすことにしたんだ。こうして生まれたこの新しいヘアスタイルをとても気に入っているよ」

中国には「ハゲている男性の一〇人のうち九人がカネ持ちである」という言い習わしがある。香港が国際的な商取引と金融の中心になりつつあった一九七〇年代、モビアスのビジネスに関する知見と新しいスキンヘッドの風貌は、顧客に投資助言業務を提供する際に、この言い習わしが真実であると証明するのにうってつけだった。

一九七三年に前述の顧客のために行った香港株式市場の調査と、モスバート・ホールディングスへの投資の失敗という経験から、モビアスは企業の財務状況や経営者の能力を徹底的に調査することの重要性に気がついた。彼自身の会社を経営することで倹約的な考え方をするようにもなり、ほどなく〝新興市場の長老〟となるモビアスは次第にバリュー重視型の投資家へと変貌を遂げていったのである。

一九八〇年にモビアスはコンサルティング事業を残らず売却し、投資分析にすべての時間を費やすことにした。そして、国際的に活動する証券会社ヴィッカーズ・ダ・コスタに証券アナリストとして入社した。主として香港とフィリピンの証券市場の調査を行うとともに、シンガポールにおけるハイテク企業、中国の石油会社、台湾の優良企業に調査の網を張り巡らした。一九八三年にはヴィッカーズの台湾事務所設立を手伝うために台湾に移り、韓国、台湾、フィリピン、タイ、インドネシア、インドなどの新興国における証券の調査や新規業務の開発を担うようになった。

いまやアジア市場における証券分析のエキスパートとなったモビアスに、その後の人生を変える一本の電話がかかってきた。投資業界において伝説的存在であるサー・ジョン・テンプルトンからの電話だ。グローバル投資の第一人者であり、テンプルトン・ファンド（後のフランクリン・テンプルトン・インベストメンツ）の創設者であるテンプルトンは、アジアその他の新興市場への進出を画策していた。テンプルトンをサポートする人物として、マーク・モビアス以上に適している者などいなかったのだ。

モビアスは一九八七年、新規に設定されたテンプルトン・エマージング・マーケッツ・ファンドの責任者として正式にテンプルトンに入社した。

ピンチはチャンス

モビアスはかつてサー・ジョン・テンプルトンが語った言葉、「ほかの人とまったく同じ証券を買えば、結果もまったく同じになってしまう」を胸に刻み、世間一般の投資家がほとんど投資をしない新興市場に注力した。

「ジョンは、さまざまな意味で私の相談相手となった。ジョンの投資哲学は、人間の心理や性格に関する私の理解とうまく融合した。ジョンも私も人知れず眠っている価値を解き放つためなら、どんなところへでも出かけようとした。たとえば、私の目標がほかの投資家たちと同じような成果をあげることだったら、一九六〇年代に率先してアジアに来て他人と違うことをするようなことはなかったと思う」

テンプルトンにはもう一つの有名な格言がある。「強気相場は悲観のなかで生まれ、懐疑のなかで育ち、楽観のなかで成熟し、幸福感のなかで消えていく。悲観のきわみは最高の買い時であり、楽観のきわみは最高の売り時である」

「ジョンは長期で考えること、ファンダメンタルズに注目すること、独自の考えをもつことの大事さを教えてくれた。投資の世界には群集心理が働く。よりよい結果を出すために、その他大勢とは異なる選択をすること、でも一方では、判断を下す前に状況分析を怠らないことを勧められた。このようなジョンのアプローチは、私の社会心理学の理解にも、私のこれまでのビジネス経験にも合致するものだった」

ジョン・テンプルトンは二〇〇八年に他界した、彼のデスクには「ピンチはチャンス！」と書かれた額が飾られていた。

モビアスは香港にある彼のオフィスを拠点にして、テンプルトンのために投資アイデアを探し求めて世界中を飛び回った。後にシンガポールをはじめとする一五カ国にオフィスを構えたものの、一つの場所に長くとどまることは決してなかった。

一年のうち二五〇日以上も旅するモビアスにとって、家とはホテルの部屋を意味する。「香港にアパートをもっていた時もあるが、それも売ってしまった。現在はシンガポール、南アフリカ、マレーシアにアパートを所有しているが、実際にそこに長期間滞在することはないものだから、アパートはほかの人に貸して、自分はホテル住まいになっている。いまや自分の家と呼べるのはドバイだが、そこすらも長くは滞在しないんだよ」

一九八七年、テンプルトン・エマージング・マーケッツ・ファンドは一億ドルからスタートした。モビアスは、香港、シンガポール、マレーシア、メキシコ、フィリピンの株式のポジションを積み上げ始めた。当時、投資のために開かれていた新興市場はこの五カ国のみだったのだ。そして、ブラックマンデーを迎え、モビアスは分散投資というファンドマネジメントにおける一つの重要な教訓を学んだのである。

「ダウ・ジョーンズ工業平均株価が一九八七年一〇月一九日に二〇％を超えて下落したんだ。ブラックマンデーだ。その衝撃はアジアにも波及し、香港証券取引所の代表はマーケットを四日間閉鎖する決断を下した。再開した時、われわれのポジションは三分の一も失われてしまった。私たちは香港市場に重きを置きすぎていたんだよ。まさしくこれで目が覚めた。〝すべての卵を一つの籠に入れてはならない〟という古い格言が真実であることを、身をもって学んだんだ」

それからモビアスと彼のチームは、特定の地域や国、さらには、それぞれの地域や国における特定の産業セクターや企業に対するエクスポージャーを限定することにしている。「私たちは常に〝5―40ルール〟にのっとって投資している。ポートフォリオの五％超を占めるポジションの総額は、ポートフォリオ全体の四〇％を超えてはならないというルールだ。また、特定の国に対する投資はポートフォリオの二〇％から三〇％を上限とし、それを超えた場合にはポジションを厳密に監視するようにしている」

こうして地理的な分散を進めるとともに、モビアスは過去二五年間で投資地域を広げ、調査の深度も深めていった。二〇一一年現在、彼の投資チームの所在地は、アルゼンチン、ブラジル、オーストリア、中国、香港、インド、マレーシア、ポーランド、ルーマニア、ロシア、シンガポール、南アフリカ、韓国、タイ、トルコ、アラブ首長国連邦、ベトナムの一七カ所に及んでいる。

チームは五一名のエキスパートから構成されており、国籍は二六、話す言語は二四にわたる。彼らによって、世界中の新興市場における二万三〇〇〇以上の証券のデータベースが構築されているのだ。

モビアスはこう説明する。「旅をしていると、世界のさまざまな場所で何が起きているかについて新しいアイデアを得ることができる。そうしたアイデアによって次の投資先や訪問先が見つかることもある。しかし、われわれは多くの場合、データベースを使ってさまざまな国の経済状況や企業の財務状況を分析し、システマティックな方法でアイデアを生み出している。株式市場は変動し、ブームもあればその崩壊もあるけれど、株価は長期的にはそれぞれの国の経済の成長性や安定性を反映していることを認識しなければならないんだ」

株価収益率（P／E）は、素早くかつ簡単に新興市場を比較できる指標である。モビアスと彼のチームは投資アイデアの選別にP／Eを用いていたが、P／Eは絶対的ではないこともよくわかっていた。たとえば、ある国のGDP成長率が一〇％で、P／Eが一〇倍だった場合、その国は同じP／Eで成長率が五％しかない国よりも魅力があることは明らかである。

モビアスと彼のチームはそのほかにもさまざまな指標を、投資対象の会社を検討する際に確認している。株価純資産比率（P／B）、株主資本利益率（ROE）、投下資本利益率（RoIC）、売上高利益率、一株当り利益の伸びなどである。

彼は付け加えていう。「経済成長率、インフレ率、その他の経済的指標についてコメントしていると、われわれがマクロ経済の状況を重視しているようにみえるかもしれないが、マクロ分析は私たちの調査の一部でしかないことを明確にしておきたい。私たちは個々の企業を理解することを重視するボトムアップ型のバリュー投資家なのだ。ポートフォリオを構成するのは結局、一つひとつの企業であり、特定の国や地域ではない」

モビアスはまた、マクロの視点に重きを置きすぎると、特定の地域を偏重してしまうおそれがあると警告している。「悪い経済状況の国にあるよい企業を見逃したくない。私たちは、国が財政的ないし政治的に困難な状況に陥ることを歓迎することすらある。なぜなら、そこには投資のチャンスがあるからだ！」

「実のところ、私たちは新興市場における次なる大暴落を期待している。なぜなら、バリュー投資において、儲けは暴落の前ではなく後に得られるからだ。だから、金融危機や株価の下落が眼前で起きても気にしない。第一に、暴落に対する心の準備はできている。第二に、短期的なパフォーマンスが悪くなったとしても、私たちが目指しているのは長期のリターンなのだから、どうってことないのだ」

ここ何年かでモビアスは、ファンダメンタル分析の多くをチームメンバーに任せるようになってきた。モビアスの大事な役割は、ビジネスの定性的な面をみることである。つまり、数多くの会社や経営陣を訪問することだ。

「大量の計算をし、金融モデルに基づいて株式の売買を行っている投資家のことを私は尊敬しているよ。しかし、この方法が機能するのは、会計システムが高度に発展していて、透明性がある場合に限られる。それでもなお、企業経営に対する十分な知識が求められる」とモビアスは説明する。

「新興市場では数字を完全に信用できるわけではないので、数字に頼ってはならない。実際に投資先の会社に出向き、調査する必要がある。さらに、経営陣と話し合い、彼らの目をみて信頼できる相手かどうかを判断しなければならない。従業員は満足しているよ、と彼らはいうかもしれない。しかし、会社を訪問し、競合相手にそれが本当のことかどうかを聞くことも時には必要だろう。そうでなければ、金融モデルに打ち込んだ数字は、コンピュータマニアがいうところの〝ガラクタを入れればガラクタしか出てこない〟状態にしかならないのだから」

当然のことながら、モビアスは彼の投資チームに、企業評価に関する知見以上のものをもたらしている。それはモビアスの長い経験である。モビアスの仕事は、彼のビジネス感覚や洞察力に基づいて、過去・現在・未来の視点からさまざまなマーケットを広く見渡して、バランスを保つことなのである。

地域の専門家は担当する地域を好む傾向があるため、モビアスは彼らに、一歩下がって、自分たちが発見した事実をほかの地域の状況と比較するように求めている。資本が適正な価格で、適切な時に、適切な市場に投じられているかを確かめることが彼の役割なのだ。

「私は常々、分析にあたってはかなり先を見据えるようメンバーに伝えている。なぜなら、新興市場には常に注目株が登場するが、それらは長い目でみると持続可能性がないか、後になって詐欺であると判明することがよくあるからだ。私たちは企業、地域、国を選り好みすることなく客観的に比較すべきなのだ」

モビアスのチームは最低でも五年間の投資期間を設定しているため、市場の激しい変動にも耐えることができる。「基本的に、すべてのマーケットは景気循環性をもっている。特に新興市場はまだ成熟していないために、人々はいつも過度に強気になったり、弱気になったりする。バリューを重視するため、私たちは他の人が手を引いたときに投資することができる。また、バリューの規律にのっとって異なる市場と比較することにより、割高なマーケットを見つけ出し、他の人が投資するときに、私たちは手を引くこともできる」

モビアスはまた次のように付け加える。「投資対象を検討するにあたっては、その企業の過去五年間の実績を調査するんだ。そのうえで、次の五年間の業績を予想する。新興市場はいわばゼロ地点からスタートしており、急速な変化が起きるものだ。そのため、五年後を予想しようとしたところで、分析結果は不確かなものかもしれない。ただ、私たちには五年の保有期間があるため、その間の市場変動を吸収する余裕がある。投資対象が購入後に下落したこともあったが、対象企業の事業や経営については自信があったので、価格下落時に買い増すこともいとわなかったよ」

「長年にわたる旅行や企業訪問において、数多くのトラブルを経験してきたよ。トラブルのほとんどは、企業の経営者が株主に対して詐欺的行為を働いていたことから生じたものだ。苦々しい経験ではあったが、結果として、人間に対する判断力が磨かれて、よりよい投資ができるようになったと思うよ」

どんなに緻密な調査を行ったとしても、人間の気まぐれな本性に立ち向かうには十分ではない。モビアスはいう。「だまされてしまった後は、自らの失敗から教訓を得て、気持ちを切り替えて前に進むしかない。新興市場への投資は危険だといわれるが、バーニー・マドフは長年、成熟したアメリカという市場でいかさまを働いていた。どの国にも善人がいれば悪人もいる、というのが私の信条だ。必要なのは、思い込みをもたず、事前調査を入念に行い、時おり危機に見舞われることはあったとしても、世界は日々よりよくなると信じることだけだ」

市場の動きを感じる

新興市場への投資に関して、モビアスは、公正（Fair）、効率性（Efficient）、流動性（Liquid）、透明性（Transparent）という四つの基本ルールを策定した。略してＦＥＬＴである。

公正とは、新興市場が投資家の規模を区別することなく公平に扱っているかを確かめるという意味である。効率性では、証券取引所や現地の証券会社が投資家に対して誠実かつ友好的かどうか、また、投資家に課される手数料の水準が他市場に比較して高くなく、許容できるかを判断する。そして、魅力的な新興市場は株式の売り買いの注文を執行できるだけの流動性があり、そこにある株式は会計的にも財務的にも透明性があるかどうかを判断する。

モビアスは次のように説明する。「投資家に対して非友好的な証券取引所を訪問したことがある。そこには、ほんの数人の担当者しかおらず、同じ人たちが隣の部屋に移るとブローカー業務担当者になっていた。また、不誠実なブローカーと取引したこともある。マーケットは下降局面にあって流動性もなく、私たちは保有株を手放せない状況になってしまった。さらに、財務報告書に架空の数値を見つけたこともある。だから、私は企業に足を運び、状況を直接把握することが大事だと繰り返し主張してきたんだ」

一言でいえば、投資で成功するための簡単な公式など存在しないとモビアスは信じている。青写真もなければ保証もなく、聖杯のごとき至上の目標もない。しかし、投資行動の改善に通じる、正しい心構えならばある。

「ジョン・テンプルトンから学んだ大切なことの一つに謙虚さがある。謙虚であれば、新しいアイデアに対してオープンでいられるし、投資に関する調査において、より客観的でいられる。先入観がなく広い心でいれば、世の中が変化することを受け入れ、変化に後れをとらぬよう新しいことを絶えず学んでいくことができる」

「現在、私を突き動かしている原動力は、投資に関するリサーチをしたいという情熱だ。それは世界をリサーチすることであり、私に人生の意味を理解させてくれる。よい投資家になるために必要なのは、心を閉ざさず、世界で何が起きても受け入れる心の準備をしておくことだ」

仕事では常にマーケットからマーケットへと動いていなければならないため、フランクリン・テンプルトン・グループでは、モビアスと彼のチームは一般の旅行客と同じように航空会社のチケットを買って空路を利用するよりも、会社専用ジェット機を使用するほうが安全性、価格、効率性の面から適切だと判断した。特にモビアスが行く先は普通の場所ではないため、安全性への配慮が必要となる。一九九〇年代以降、モビアスは専用ジェット機で出張するようになったが、一般の商業用航空路線のほうが利便性に優れる場合には商業機にも乗っている。

「専用ジェット機になってずいぶんと便利になった。より多くの場所を短い時間で回ることができ、取引先に向かう間に投資のアイデアについて議論することも可能になった。セキュリティも強化された。時差ボケに悩まされることもない。だって、これだけ動き回っていれば、私の体内時計はどの時間帯が本国の時間帯なのかわからなくなっているから！」

モビアスは世界各地での幅広い経験から、新しい地域に進出しても、現地の知見を素早く、円滑に集めることができる。それは、彼がいつでも、だれに対しても、オープンに対話する姿勢を保っているからできることである。新興市場のよいところも悪いところもみてきたモビアスには、気になることがいくつかある。

「法や規制が存在すれば、マーケットや人々の生活が劇的に改善すると思われるのに、そうなっていない地域に行くことがある。私にとってはありがたくない状況だ。もちろん、もっと多くの規制が必要である場合もあれば、規制をなくしたほうがいい場合もある。透明性を高めるためには規制が必要だが、透明性の大事さを広く知らしめるために規制は必要ない」

モビアスは説明する。「投資のパターンがグローバル化しているという意味で、投資の世界は統合しつつあるから、透明性はますます重要になってきている。なぜなら、投資家は企業の価値を評価するにあたって、企業の正確な財務報告を拠り所としているからだ。しかし、国の官僚組織や政治が透明性を高める方向に劇的に変化した例を、私はみたことがない。私がこれらのマーケットにかかわることによって、市場構造が一歩ずつ改善していくことを願っている。だが一方で、投資分析の実行方法が変わることはあっても、そのアプローチ方法を変えるつもりはない」

モビアスは新興市場の最先端に常にいて、数字の分析にとどまらない何かをもたらしてくれる類まれなるバリュー投資家である。テンプルトン・エマージング・マーケッツ・グループの会長として、モビアスは『国際投資へのパスポート』で、新興市場における変化の風をとらえ続けるという自らの役割を次のように雄弁に語っている。

> **物事は変化する。重要なことはマネジャーとして、メッセンジャーとして、投資家として、流動性と柔軟性を維持することである。市場は大洋や潮流のごとく波打って動いている。トップに居続けるには、膝を曲げてバランスを保ち、波に乗るしかない。グローバルマーケットの波は、波に乗るサーファーを吹っ飛ばすこともある。かなりの利益を求めることができることはいうまでもない。しかし、ファンダメンタル分析の一部として、私たちが一貫して探し求めているのは、企業、国、地域、マネジメントがもつ変化への対応力なのだ。**

第9章

バリューを求めるビジネスマン

Teng Ngiek Lian
Target Asset Management

ターゲット・アセット・マネジメント
ティング・イック・リーエン

経験とは、あなたに起きたことではない。起きたことに対して、あなたが何をしたかである。

――オルダス・ハクスリー

ティング・イック・リーエンは、1996年にシンガポールで設立されたロングオンリー（買持ち）の資産運用会社、ターゲット・アセット・マネジメントの創設者だ。日本以外のアジアを主要投資先とする同社の旗艦ファンドであるターゲット・バリュー・ファンドは、スタート当初の550万ドルからティングが引退を表明した2010年７月には20億ドルにまで成長した。

1996年９月から2010年11月までのファンドのリターンは892.44%、年間では17.59%。同時期におけるベンチマークのMSCI ACFE（日本を除く東アジア）のリターンは81.27%、年率で4.29%だった。

還暦を迎えたティングは2010年７月、投資家宛てのレターに、一身上の理由から少し休暇をとり、ストレスの少ない環境下でファンド運用を実践する方法を模索したいと綴っていた。その後、１年間の休養といくつかのブレイン・ストーミングの結果、ティングは2011年６月にターゲット・バリュー・ファンドを約５億ドルという小規模の資金で再開した。彼は自らの長年の経験に基づくバリュー投資原則を用いて、再び低いリスクで高いリターンを追求することを目指し始めたのだ。

ティング・イック・リーエンは、彼の投資哲学を問われて次のように答える。「株式を正確に評価するためには、まずビジネスの本質を見極める必要がある。ビジネスの本質を議論することも他社と比較することもなく、ただ株価が安いことに注目したって何の意味もないんだ。ビジネスの本質について検討せずに安値で株を買い、結果として高値で売ったとしても、それは〝割安な取引〟にすぎず、〝割安投資〟（バリュー投資）ではない」

マレーシア生まれの中国人で、一九八五年以降、シンガポールで生活しているティングにとって、バリュー投資は科学というよりもアートに近いものだ。「ビジネスを発見し、評価する能力こそ投資という戦いで最も重要なものだ！　ひとたびビジネスモデルを理解して重要な成功の要因を見つけ出し、他社に対する強み（や弱み）をとらえることができたなら、その後の財務分析や価値評価はより簡単なものになる」

実業家からファンドマネジャーに転身したティングは、ビジネスと投資を同時に語ることができる。ティングは、よきバリュー投資家であるためには、ビジネスというものを根底から理解しているだけではなく、さまざまな人生経験とビジネスの経験を積んでいることが必要だと考えている。バリュー投資家はティングにとって、まさに天職なのだ。

数字を学ぶ

ティングは木靴製造職人の息子として、マレーシアの沿岸にあるトレンガヌ州ドゥングンに一九五〇年に生まれた。七人兄弟の六番目だった。経済政策が絶え間なく変化する政治的に不安定な環境下で育ったため、彼は数多くの苦難に直面した。

「家が貧しかったので、小さい頃は貧乏から脱出するんだと自分に言い聞かせていた」とティングは振り返る。「貧乏なんてちっともおもしろくない！　どんな苦労をしてでも、いつかはよい暮らしをするんだと決心したよ。周りを見渡していちばんカネをもっているのは実業家だということがわかった。それから、私は実業家になってカネ持ちになることだけを目指してきたんだ」

一八歳の時にティングは働くために学校をやめざるをえなくなった。退学後は採鉱会社、木材プランテーション、会計事務所でアルバイトとして勤務した。ティングはこれらの仕事を通じてビジネスとは何かを学び、夜間学校で会計の授業を受け、四年かけてマレーシアの首都クアラルンプールにある定時制の大学に入学するための学費を貯めた。勅許公認会計士と勅許書記士の資格を得るまで、日中は経理の仕事をしながら夜は学校に通い続けた。

一九七三年、ティングはイギリス人が所有している東南アジアのコングロマリット、ガスリーグループに現地支店の会計担当者として入社した。同グループは、パーム油、ゴムプランテーション、土地開発、製造業、化学品、消費財を扱っており、ティングはガスリーでの一〇年間でこれらすべての業務を経験する機会に恵まれた。

ガスリーへの入社を決断した理由について、ティングは、自分のビジネスを興すことが彼の変わらない計画だったものの、若くして結婚し、幼い子どもが二人いたため、家族を養って住宅ローンを返済するためにはカネを稼がなければならなかったという事情があったと語る。当時のマレーシアは新興国であり、雇用環境が不安定になることもあったので、大企業で働くのは合理的な決断だったのだ。

その後、ティングは数年間で出世の階段を上り、グループの子会社の一つで会計主任を務めた後、グループ全体の財務責任者、財務担当役員へと昇進した。

「財務部門の上級職についていたため、私にはグループ内の多種多様なビジネスについて十分に理解し、ビジネスの成果を分析することが求められた。分析対象は、マーケティング、流通、調達、在庫管理、売掛金管理だった。ビジネスの価値と将来を予想するためにさまざまな金融モデルを用いて、資本配分や人材配置について取締役会に助言したんだ」

「私は質問することをまったくおそれなかった。取締役会への助言のために各業務部門で最も力のある人物を探し、彼らと仲良くなって、どのような業務運営をしているかを聞くようにした。時には業務に対する私の評価に基づいた意見を担当者たちに伝えることもあったよ」

会社全体でみれば、経理部門はコストセンターである。ティングには、会計士とはあたかも家政婦のようだし、キャリアの将来性も限られているように思えていた。しかし、財務責任者になってからは、自分が実際に会社のためにカネを稼ぐことができるということがわかった。グループの外貨取引を管理し、最善の条件を引き出すことによって、彼は徐々にプロフィットセンターとなっていった。こうした貢献によって彼には多額のボーナスが支払われ、社用車まで与えられたのだ。この過程で、ティングの金融市場に対する興味が次第に大きくなっていった。

一九八〇年代初頭における東南アジアの金融業界は相対的に小規模なものだった。ビジネス環境が芳しくないと判断したティングは、オーストラリアへ行ってチャンスを見つけようとした。しかし、結局は東南アジアこそが彼にとってのホームグラウンドであると確信し、一九八五年に東南アジアに戻ることにしたのだ。ただし、戻った先はマレーシアではなく、シンガポールだった。そこでティングは上場企業であるＷＢＬコーポレーションに財務責任者として入社した。

「家族とともにシンガポールへ移るのはエキサイティングだったよ。シンガポールは東南アジアにおける金融の中心地への道を歩み始めていたし、経済的にも政治的にも最も有望だったからね。私はきわめて洗練された金融市場において、トップレベルのインベストメントバンクと渡り合い、国際的なネットワークにつながるチャンスを得ていたんだ」

一九〇六年に創設されたＷＢＬは、シンガポールを拠点としてアジア全域で事業展開している多国籍コングロマリットである。一九八〇年代、ＷＢＬは多額の資金、古くからの歴史をもったいくつかのビジネスを保有しており、それらを利用してコンピュータ、部品製造、農業技術といった新しい成長産業へ多角的な展開を図ろうとしていた。

コングロマリットに入社したことで、ティングは自動車、重機、配電装置などグループの主要ビジネスについて学ぶことができた。さらに、彼には会社が何年も蓄積してきた多額のキャッシュを管理する役割が与えられた。ティングは身につけた財務スキルを使って、会社のために外貨、国債、株式の売買に従事した。

一九八〇年代の終わりまでに、ＷＢＬは余剰キャッシュのほとんどを新しいベンチャー事業に振り分けた。そこで、投資に関する責任を果たしたティングは、次に進もうと決めたのだ。一九九〇年、彼はＷＢＬを退社し、ロンドンを本拠とするインベストメントバンク、モルガン・グレンフェル・インベストメント・マネジメント・アジアのマネージング・ディレクターに就任した。

ティングとモルガン・グレンフェルの関係は、ティングがＷＢＬを代表して投資の取引をしていた一九八〇年代半ばにさかのぼる。「モルガン・グレンフェルの投資チームとしばらく取引をした後で、役員の一人から、もしＷＢＬを去ろうと考えるようなことがあったらモルガン・グレンフェルに来ることを検討してみないかと声をかけられた。おそらく彼らは、私の逆張りの投資手法に感銘を受けたのではないかと思っている。特に一九八五年終盤にシンガポールで起きたパン・エレクトリック社倒産による危機において、ほかの投資家がパニックに陥る一方で、私が値崩れした株式を大量に購入したのをみたからだと思う」

逆張りの技法

パン・エレクトリック・インダストリーは海難救助業を専門とする企業で、シンガポールを拠点としていたが、未決済の先物契約と関連当事者取引が明らかになったことに伴い、一九八五年にグループの株価が暴落した。当時、グループには七一の子会社があり、シンガポールの経済のあらゆる部分とつながりをもっていた。この件は一夜にして全貌が明らかになり、その翌日からシンガポール証券取引所は三日間の休場を余儀なくされた。シンガポールにおいて前代未聞の出来事であり、いまに至るまでシンガポールで同様の事件は起きていない。

「この事件は私が経験した初めての危機だった。当時の株式市場はかなりの過熱状態にあり、パン・エレクトリック社がまさに暴落を引き起こすトリガーとなった。とはいえ、私は株式の購入にとりかかるべきタイミングだと確信していた。長い時間をかけて多くの企業を調査していたので、株価が下がったことによってどの企業の株にバリューが生じたかがわかるようになっていたんだよ」

「私が強い確信をもてたのは、何年にもわたってさまざまなビジネスに携わったことで、ビジネスの良し悪しや価格の割安感を見極める力が備わっていたからだと思う。加えて、会計のバックグラウンドがあったことも、ビジネスの感応度を分析するノウハウや素養として役に立ったんだ。想定しうる最悪のシナリオが起きたとしても、それが買い時を示しているのであれば、私には自分の分析を信じるしか道は残されていないんだよ」

ティングは、ベンジャミン・グレアムが著書『賢明なる投資家』に記した「人々があなたに賛同しないことは、あなたが正しいか、間違っているかを判定する根拠にはならない。あなたのデータと推論が正しいなら、あなたは正しいのである」という言葉に常日頃から勇気づけられていた。

事実、ティングは正しかったのだ。シンガポールの株式市場は一九八五年一一月の危機以降二〇％下落したが、その後四カ月から五カ月でその下落分を回復し、一年後には三〇％を超える上昇をみたのである。

ティングがもつ会計の知見は、投資リサーチは常に保守的であるべきだとティング自身に教えている。それゆえに、まずはダウンサイドリスクを注意深く分析する。そうすれば、アップサイドのチャンスはおのずと訪れる。この心がけゆえに、どのようなマーケットサイクルにおいてもティングは過度な楽観主義を排除することができたのだ。

モルガン・グレンフェルの投資チームが目の当たりにした、ティングのもう一つの逆張りの決断は、一九八九年初頭に保有していた日本株をすべて売却したことだ。当時の日経２２５インデックスは三万一〇〇〇円に達していた。ティングは、日本株は過度に楽観的な水準で値付けされていると考えた。満足できる投資リターンをすでに得ていたため、ティングは貪欲になることなく、売却後の株価上昇を気にすることもなかった。日経２２５

インデックスは一九八九年末に三万八九〇〇円まで上昇したのだが、翌年には五〇%超の暴落を記録することになった。

実業界を去って投資業界へ転身したことについて、ティングは次のようにコメントする。「モルガン・グレンフェルのみなは私のことを気に入ってくれていたんだけれど、業界はそれほど甘くない。私は、私がその業務をこなすことができる人材であることをみなに納得してもらわねばならなかった。そこで、私は彼らに、私のほかにも投資の面では有能な人材を見つけられるだろうが、私のようにビジネスを立ち上げて成長させてきた経験を兼ね備える人材を見つけるのはむずかしいだろうと伝えたんだ。私にはビジネスの経験と投資の知識があるから、そのほかの有能な投資のプロよりも早く新たな運用商品の開発が可能であるともいった。そして、ありがたいことに彼らは私の主張に納得してくれたんだ」

実際、モルガン・グレンフェルに入社して間もなく、ティングはチームに新たなビジネスに関するアイデアを持ち込んだ。「私たちのチームでは人気のあるアジアをテーマにした投資ファンドをつくりたいと考えていたが、これまでにやったことがなかったから実績を示すトラックレコードをもっていなかった。人気がある運用商品で大手の資産運用会社と真っ向から競争するのは、トラックレコードのない私たちにとって得策ではなく、異なる土俵で勝負せざるをえなかったんだよ。そこで、私はほかの資産運用会社もトラックレコードをもたない新興国市場のファンドを設定することを提案した。こうして他社とは違う戦略をとったのだが、その後、私たちは知名度を高め、主流の運用商品でも再びマーケットに参入することができるようになった」

ティングの上司は、ティングの提案に真摯に取り組んだ。その後の三年間で、ティングと彼のチームは、韓国、パキスタン、インドネシア、中国でファンドをスタートした。投資家からの反応もよく、設定から数年間で、八〇〇〇万ドルから六億ドルにまで成長したファンドもいくつかあった。

ティングは当時を回想しながら、資産運用のノウハウはファンドマネジメント業務の一面にすぎず、運用パフォーマンスのよさが必ずしもファンドマネジメントの成功につながるわけではないと認める。資産運用業務を継続的に運営していくためには、ビジネスを立ち上げ、経営していく能力も重要な成功の要因となる。それには、資金集め、人材の管理、マーケティング、顧客の維持といったさまざまなことが含まれるのだ。

一九九三年、ティングの直属の上司であるモルガン・グレンフェル・アジア代表のシエ・フ・フアがロンドン本社と衝突したことから、ティングを含む多くの上級管理職が会社を去ることになった。

ティングはいう。「すぐにUBSアセットマネジメント（東アジア）からヘッドハンティングの声がかかって、そこで働き始めた。でも、上司であったシエと何人かの同僚たちがプライム・パートナーズ・グループというインベストメントバンクを立ち上げたんだ。一九九四年には私もUBSを退社して、プライム・パートナーズに入社した」

翌年、ティングに一生に一度のまたとないチャンスがめぐってきた。「シンガポール金融管理庁が投資顧問業者に対する規制を変更し、投資ファンドの開設要件が緩和された。すぐさま私は上司と妻に、自分が自らの上司になるという子どもの頃からの夢をかなえるべく、起業しなければならないと伝えた。すでに私は四五歳になっていたし、それまでに培った投資の知識とビジネスの経験は競争に打ち勝つための武器になるはずだった。今後三年間で良好な成果をあげられたなら、何かよいことが起きるはずだと思ったんだよ」

一九九六年にティングは運用資産総額五五〇万ドルでターゲット・アセット・マネジメントを設立した。

アジアのグッドビジネスをねらう

実業家の眼で価値あるものを探し求めるティングの目標は常に、合理的な株価の優良企業を見つけることだった。彼はアジアの変化に富んだ政治環境と文化の多様性を考慮し、投資家に対して、アジアのマーケットのリスクとチャンスを注意深く評価したうえで投資判断を下すべきだと警鐘を鳴らす。

「政局は経済の先行きを劇的に変化させる可能性があるから、政治を理解することが重要だ。多くのアジア諸国の政治体制は依然として未成熟で、リスクとチャンスはめまぐるしく入れ替わる」

「アジアでは経済のサイクルが短く、マーケットのボラティリティーは成熟した国や地域よりもずっと大きい。アジア市場の特徴を理解するだけではなく、そこで働く人々のものの考え方を理解することも重要なことだ」

アジアのビジネスのこれまでの状況を考えれば、この地域の優秀なビジネスマンたちが政治の風向きや、それがもたらす次のビジネスチャンスについて、非常に敏感であることに何の不思議もない。賢明な投資家であるならば、新しいビジネスの参入者は、ビジネス目的で参入しているのか、政治目的で参入しているのかを見極めなければならない。ビジネスを動かすのは、時にビジネスそのものの性質ではなく、ビジネスマンのネットワークと企業家としての手腕なのだ。

政治だけではなく、文化も配慮すべき項目だ。ティングは、アジアの中国語を話す人々の文化的な多様性を指摘する。たとえば、政治的な環境の違いから、香港や台湾に住む人は中国本土に住む人に比べて概してリスク許容度が低い。

食べ物の好き嫌いとなると、中国本土においてですら、すさまじい多様性がある。中国各地にそれぞれの食文化があるといっていいだろう。食品・飲料ビジネスを評価する場合に、中国北部でうまくいった戦略が中国南部でもうまくいくとは限らないのだ。

「私はほとんどの時間を、ビジネスの内容を把握することに費やしている。成功要因の特定、運営管理能力の精査といったことだ。特に中小企業に関しては、物流、ブランド戦略、マーケティング戦略、財務・キャッシュフロー管理など詳細な運営状況まで掘り下げて分析するようにしている」

「たとえば、私は経営陣に対して、どのように不稼働在庫を処理しているかを質問することがある。それに対して、答えることができなかったり、答えることを拒んだり、無意味なことをまくし立てたりした場合は、ビジネスの中身がどんなに魅力的であっても距離を置くようにしてきた」

アジアに投資する場合、多くの投資家は投資先の地域の潜在的な成長性を重視している。販売チャネルが五〇〇〇カ所あるとか、さらに二〇〇〇カ所増やす能力があるといった数量データに注目することも大事なのだが、そもそもどうやってビジネス活動を実施しているのか、そのビジネスはうまくいくのかといった点についても理解しなければならない。たとえば、何がそのビジネスを動かしているのか。消費者がその商品を求める理由は何か。それらの商品に対する適正価格の構造とはどのようなものか。商品が売れなかった場合の対策はどのようなものか。こうした問いかけをビジネスの価値を評価する前にしておかなければならないのだ。

ティングが鋭いビジネス感覚をもって、適切な疑問を提示することに集中するのには理由がある。アジアの産業界において重要なことは、ビジネスモデルの明確な定義づけと経営陣の質であると彼自身が理解しているからだ。投資を正確に評価できるのは、ビジネスにおける重要な課題が特定され、それに対する明確な対応策が示された場合に限られる。

ティングはこう説明している。「アジアは成長スピードが速く、ビジネスチャンスも多いため、企業家の多くは過度に野心的になって、競争力のある本業（コア・コンピタンス）をなおざりにしがちだ。また、この地域では法規制が適切に実施されていないため、コーポレートガバナンス面に大きなリスク要因がある。そのため、人的ネットワークを維持して、企業家のバックグラウンドをチェックすることがとても大事になる。ビジネス経験が浅い人物については特にそうなんだ」

さらに、ティングは付け加える。「ファンドマネジメントにおいては企業の一側面だけをみていてはいけない。また、一社だけをみてよい企業だということはできない。一度に一社だけをみたところで、何もみていないのと同じだ！　企業間の相対比較をしなければならないんだ。比較せずによいビジネスだなんて、どうやってわかるというのか」

「マーケットのダイナミズムと、個々のビジネスのさまざまな特徴についても検討しなければならない。アジアにおいては、たとえ目をつけた産業が正しかったとしても、なお損失を被る可能性がある。業界内での食物連鎖に気を配らなければならない。どの企業が支配しているのか、スイート・スポットを押さえている企業はどこかを知っておかねばならないのだ」

ティングは、ビジネスの内容が優れていた香港の大手小売業者が、地主に賃料を引き上げ続けられたために倒産に追い込まれた事例をあげた。「消費者が店先に列をなしていたのに、店をたたまなければならなかった。それは、投資家にとってどんな意味をもつのか」と問いかけながら。

バリュエーションの相対性理論

「よいビジネスが必ずしもよい投資になるとは限らない。よい投資もまた必ずしもよいビジネスになるとは限らない」という言い習わしがある。よいビジネスを見つけることがティングの優先事項だが、よいビジネスを見つけた後には、投資の評価に取り組まなければならない。

ティングはこういっている。「私たちには二つの目がある。一つはアップサイド、もう一つはダウンサイドをみるためにある。評価に関していえば、まず企業がいまどの成長段階にあるのかを見定めなければならない。次に、アップサイドとダウンサイドのどちら側に、より高い感度をもっているのかを判断する。その企業が高い成長段階にあるのであれば、企業はどんどん成長していきバリューが生まれる。成長していない企業であれば、株価が下落することでバリューが生まれることになる」

「バリューとは相対的なものだ。私が定量分析をする場合、株価収益率（P／E）は一〇倍未満でなければならないとか、株主資本利益率（ROE）は一五％以上でなければならないとか、負債・株主資本比率（D／E）はどれくらいでなければならないといった厳しい数値基準を設けたりはしない。思慮深い投資家は、ビジネスの特徴、経済環境、投資環境、投資先候補のなかでの相対的な評価を考慮する必要があると考えている。柔軟であることが重要で、それには経験が求められるんだ」

キャッシュフローを生み出すという確証がある限り、最先端のビジネスに投資することに、ティングは何の躊躇もしない。そのために必要なのは、少しの洞察力と想像力だけだ。しかし、現実にキャッシュフローを生んでいないのであれば、よいビジネスはただのよいコンセプトにすぎない。

バリュー投資の目標は、過小評価されている投資機会を見つけることだとティングは考えている。しかし、〝過小評価〟の定義はとてもむずかしい。投資家が購入するときに、投資対象の価値が過小評価されている必要があるのだろうか。あるいは、投資家が今日買おうと考えた場合に、一年経っても過小評価のままである可能性はないのだろうか。

「投資家相手にこう話すんだ。私はバリュー投資家だけれども、P／Eが高い理由が、ビジネスが移行段階にあるとか、短期的な不運に見舞われたなど再発性のない事柄であれば、P／Eが高い株にも投資する。私たちは、地上に落ちた天使、すなわち、収益力が備わる前に必要な成長の苦しみを味わっている企業に投資するのが好きだ。それは、一匹の青虫を飼って、最後には一羽の美しい蝶になるのを待つことに似ている。このような投資を行うためには、綿密な調査を数多く行い、ビジネスとその業界のダイナミズムを正しく理解しなければならない」

ティングは、西洋で始まったバリュー投資を信頼しているが、それを東洋に適用するためには調整が必要だと考えている。なぜなら東洋のマーケットは、非常に変動が激しいという特徴をもっているからだ。「新興市場は成長性が高い一方で、政治、コーポレートガバナンス、ビジネスサイクルの短さ、流動性の低さにおいて、より多くのリスクを抱えている。新興国経済においては二〇％から三〇％の下落によるマーケットの修正は珍しくないが、これは先進国のマーケットであれば大暴落だろう」

「株の市場評価は乱高下するため、マーケットのボラティリティーに対する一定の配慮をもたないままに長期保有戦略を実施すると、損失を出す可能性が高まる。相場をみて、積極的に売買せよといっているのではない。

マーケットが浮かれているときや、株価が最高値に達したときをねらって利益をあげ、マーケットが修正したときに再び買い戻すのが賢い投資だといっているのだ」

ティングは投資先を少数の企業に絞り込む傾向がある。確実な賭けに集中し、彼自身が精通しているビジネスに対して多くの時間と専門知識を注ぎ込んでいる。彼のポートフォリオは常に約三〇の銘柄で構成されている。「すべての卵を一つの籠に盛るな」とは違って、「ほとんどの卵を一つの籠に盛り、その籠を注意深く見守る！」ほうが、より簡単で、よりよい方法だと彼は考えている。

少数銘柄のポートフォリオであれば、ファンドマネジャーは注意を集中でき、仕事も楽になる。ティングは冗談めかして、保有する株式を決めるのは結婚式で「はい」と誓うのと同じくらい真剣なものだといっている。運用ポートフォリオから一つの銘柄を取り除いたり、付け加えたりすることは、ティングにとっては結婚式の返答と同じ真剣さで取り組んでいることなのだ。

「ポートフォリオの銘柄が下落したときに最も気にかけることは、その下落がマーケット全体の影響を受けたからなのか、同一産業内の競合他社に負けたせいなのかだ。マーケット全体につられて下落するのは自然だが、競合相手に競り負けたのであれば、この企業自体にマーケットが懸念をもったということになる。理由を突き詰め、見つけることが不可欠だ」

「株が病気になる原因はさまざまだ。ただの風邪ならば、買増しや、購入価格平準化のチャンスだが、末期ガンであれば、躊躇なく切り捨てる。私の強みはビジネスの評価にあるのだから、マーケットの雑音に惑わされることはない。下落の原因が普通のビジネス上の問題なのか、ビジネスが構造的に変化したことによるのかが、いちばんの関心事だね」

バリューあるライフスタイル

貧しい家庭で育ったティングは、若くして節約することを覚えた。長年にわたって、なんであれ買ったものはカネに換算できる価値があることを確認するようにしてきた。彼は投資商品に限らず、何かを購入する前には比較することが大事だと強調する。バリューの探求がいつの間にか、ティングにとって生きる道となっているのだ。

二〇〇六年、シンガポールのオフィス賃料が上昇し始めた頃、ティングはオフィスの購入を検討していた。一等地をねらうかわりに物件の価格を比較し、とうとうビジネスの中心地に位置する高級商業ビルから数分の距離にある安売り物件を見つけた。レストランとブティックに隣接する三階建ての魅力的な店舗兼住居をファンド会社のオフィスに改築したのだ。ティングの購入後、その場所の地価は著しく上昇した。

ティングはこういっている。「ショッピングと投資は似ている。どちらも常識に従って判断するのだが、その常識が時に、なぜだか常識とはかけ離れているようにみえる場合がある。よい取引やよいアイデアは、時としてさまざまな人たちとの会話から生まれる。アイデアが生まれたら、次のステップは、そうしたアイデアが私たちの社会や経済とどのように関係するかを深く掘り下げて考えることだ。徹底的に考えると、世界で何が起きつつあるかを感じることができる」

ティングは一九九七年のアジア金融危機を例にとった。「世界中がアジアを褒めたたえていた時に、私は意識的にアジア株を手放した。まずもって株価が高くなりすぎていた。加えて、エゴと野心がそこでのビジネスを突き動かしていた」

なかでも三つの取引が警鐘を鳴らしていた。「一つ目は、マレーシアで世界一高いビル、ペトロナスツインタワーの竣工が決まったことだ。二つ目は、マレーシアとインドネシアの間で二国を結ぶ橋の建設の話が持ち上がったこと。数十億ドルのコストがかかるだろうといわれていた。三つ目は、好景気にわくアジアの各都市が何百万人もの密入国者であふれて狂騒状態にあったことだ。いつ危機に見舞われるかはわからなかったが、何かがおかしいことはわかった」

こうした危機回避のおかげで、ティングの投資ファンドはベンチマークの株価指数が四四・三一％下落した一九九七年において、わずか一五・七四％の下落にとどまった。翌一九九八年にはベンチマークが四・八二％下がったのに対して、ティングは六一・八％のリターンを出していた。

常識がティングを危機から救ってくれたわけだが、株式市場のインターネット・バブルとその崩壊からのプレッシャーを和らげてくれることはなかった。「私の顧客はインターネット産業に参入しないなんて時代遅れだといった。私は自分の投資に関する知識が陳腐化しているのか、世の中の仕組みが実際に変化してしまったのかを疑ってみた。考えた結果、ＩＴ企業とそれ以外の企業になんら違いはないと気がついた。ＩＴ企業であっても、税金、金利、給料、賃料、その他の費用を払わなければならない。しかし、彼らが現実にキャッシュを生み出しているわけではなかった」

事実、ティングの賢明な姿勢と判断により、ベンチマークが三六・七三％の下落をみた二〇〇〇年に、ティングは一・四四％のリターンだった。

二〇〇八年の世界金融危機が、ティングにとって本当の意味で最初の試練となった。リーマン・ブラザーズの倒産があり、常識をもってしてもロングオンリーのバリュー・ファンドを守ることはできなかった。

「ファンドはベンチマークに勝ってはいたが、その価値は四四％も下落した。バリュー投資家として株が安いのはわかったが、世界がいつ回復していくのかがわからなかった。私は〝買い〟の考えを貫くために、ファンドに一〇〇〇万ドルの個人資産を投入するという内容の手紙を書いて投資家に送ったんだ。最悪な状況は二〇〇九年で終わり、ファンドは六八％も上昇した」

二〇一〇年に六〇歳の還暦を迎えたティングは、歩く速度を緩めることにし、同年一一月にファンドを閉じた。しかし、一年後には再開を決めた。彼の説明はこうだ。「単なる投資中毒なのだ。私にとって投資は、人生を学び、理解する手段であり、活気に満ちた世界を理解する手段でもある。ファンドの再開にあたっては、五億ドル程度の規模を維持して顧客も少数に限定しようとした。私はいまもカネを操ることを楽しんでいるが、よりストレスの少ない方法で楽しみたいと思っている」

ブルームバーグやロイターを定期購読することが一度もなかったバリューマネジャーのティングは、刻々と動く株価についていくことがいいことだとは思っていない。要するにバリュー投資とはよいビジネスを買うことであり、株価の短期の変動など彼にとっては無意味だった。

ティングが提唱するバリューのあるライフスタイルを裏付けるかたちで、ティングはこう締めくくる。「私たちの経済はグローバルになり、世界がより速い速度でより密接に動くようになった。資本はめまぐるしく動くので、分散投資がリスクを低減してくれるわけではない。大事なのは、バリュー投資のフレームワークを適用して、いかなる危機にも耐えうる持続性を備えたよいビジネスを見つけることだ」

第10章

失われた10年のバリュー投資

Shuhei Abe
SPARX Group

スパークス・グループ
阿部修平

種の生存競争では、最も適した種が他の種の犠牲のうえに勝利をおさめることになる。環境に応じて変化することに最も成功したがゆえのことである。

――チャールズ・ダーウィン

スパークス・グループ株式会社は、日本にある資産運用業の上場持株会社である。その始まりは、阿部修平が東京にスパークス投資顧問株式会社を設立した1989年にさかのぼる。

同社は設立以来、日本株の調査および運用を手がけているが、長い年月をかけて、小型株を対象としたバリュー・ファンドの運用から、日本およびアジア全土におけるロング・ショートとマクロ戦略の運用へと変化していった。2001年にスパークス・グループとしてJASDAQ証券取引所に上場し、2005年に韓国、2006年に香港へと地盤を広げた。

2016年３月31日におけるスパークスの運用資産総額は85億ドルである。運用チームはアジア各地にいる洗練されたエキスパートによって構成され、各地域でバリュー投資の機会に目を光らせている。バリュー投資を重視するスパークス・グループの旗艦ファンドである日本株ロング・ショート戦略は1997年６月の開始以来、2016年３月31日までに318.49%のリターンをあげた。年率に換算すると7.93%のリターンになる。同時期における東証株価指数のパフォーマンスは累積で16.56%、年率換算0.82%である。

「日本に投資したい人々に戦略的な投資情報やソリューションを提供するのが、私の資産運用業務での全キャリアを通じた目標だった」とスパークス・グループの創設者である阿部修平は語る。

一九八九年に日本で設立されたスパークス（ＳＰＡＲＸ）の社名は、Strategic Portfolio Analysis Reserach eXperts（戦略的なポートフォリオの分析および調査のエキスパート）に由来する。阿部にとってこの名前は、投資のアイデアを突如思いついたときの〝spark（閃光）〟、すなわち、ひらめきの瞬間の意味もあった。

「ひらめきを生じさせるためには、投資家は新たな洞察や情報をオープンに受け入れる姿勢をもつ必要がある」と阿部はいっている。

阿部は一九八五年、三一歳の時にアベ・キャピタル・リサーチをニューヨークに設立した。ギリシャの裕福なコーヒー事業の名門一族から三〇〇〇万ドルの資金提供を受け、主に日本株に投資した。

阿部がバリュー投資のアプローチによって最初のターゲットとしたのは日本の鉄道セクターだった。彼は魅力的な鉄道株を数多く見つけた。というのも、投資家はＰ／Ｅ倍数のみで価値判断をしており、バランスシート上の資産の市場価値が完全に無視されていたからだ。

政府による運賃の値下げをおそれていた鉄道会社は、利益を押し下げるために何年もかけて土地を大量に購入していた。それらの価値が、一九八〇年代の不動産市場の高騰を受けて著しく上昇したのだ。阿部は、鉄道会社の株価が保有する土地の市場価値に比べて何倍も過小評価されているという事実を見抜き、鉄道セクターへ投資の比重を移すことを決意したのだった。

残念だったのは、アベ・キャピタル・リサーチのクライアントは一社のみで、鉄道セクターが光を浴びそうになかったことだ。そこで、阿部はこのバリュー投資のアイデアを広めるために、アメリカにおけるトップ10の大投資家に向けて「日本での買収機会」という調査レポートを送ることにした。

そのうちの一人、あるオープンマインドな人物から返事があった。だれあろう、クォンタム・ファンドのジョージ・ソロスだ。「ソロスから突然電話がかかってきて、日本における私の投資アイデアについて尋ねられた時は驚いたよ」と阿部は振り返る。「その後、彼と二時間ほど打合せをした後に、〝サテライトマネジャー〟として一億ドルの資産の運用を任されることになった。当時のクォンタム・ファンドの規模が一〇億ドルだったことからすると、きわめて多額の資金を任されたことになる」

阿部は続けてこういう。「いまになって考えると、ソロスはそもそも日本へ投資資産を配分することをすでに決めていたのではないか。彼は五〇代後半になっていたため、何もかもを自分で行うことができなかったのだろう。私が調査レポートを送ったのは幸いにもちょうどよいタイミングで、おそらくソロスは私の分析力と活動力と誠実さを見抜き、信頼を寄せて資金を預けてくれたのだと思う」

阿部による鉄道会社への投資アイデアは実を結んだ。一九八七年一〇月のブラックマンデーによる大暴落を経ても、鉄道株は一九八八年までに約五倍に上昇したのだ。

ソロスは、日本市場のピークを一九八〇年代後半と見込んでいたため、一九八八年にアベ・キャピタル・リサーチから計画どおりに資金を引き上げた。同年、阿部もニューヨークにあった会社をたたみ、翌一九八九年、スパークス投資顧問設立のために東京へ戻った。

ソロスと一緒に仕事をした二年間は、阿部にとって非常に貴重だった。「ソロスがいなかったら、いまの私はないだろう。彼からなんらかの投資評価モデルについて教わったわけではないが、情報のとらえ方やマーケットサイクルの見方といった彼自身の投資の心構えを学ぶ機会を与えてくれた」

「たとえば、一九八七年のブラックマンデーでは、逆張り戦略でさまざまな株を空売りする方法や、日本でバブルが崩壊した場合に儲ける方法を教えてもらった」。ただ、付け加えると、「空売りのアイデアは結果的に正しかったのだが、そのゲームをプレーするにはやや早すぎたと思う」。

ソロスとの別れは阿部にとって、結局は幸運なことで、日本へ戻るきっかけになった。投資家に日本市場に関する知見をアピールしたいなら、日本にいるほうが優位であることは間違いない。阿部も一九八五年に結婚した彼の妻も、すでに帰国の準備はできていたのだ。

ミュージカルが始まった

一九五四年、日本の北部にある都市、札幌に生まれた阿部修平は幼い頃から企業家精神にあふれる環境で育った。彼の父親は、母親と一緒に自宅のガレージで自ら鉄工所を始める前、ある製鉄会社で現場監督として働いていた。

阿部はこう振り返る。「子どもの頃の記憶では、両親は常に働いていた。母がいつも工場のなかで私の弟を背負いながら、浴室の煙突をつくってペンキ塗りをしていたのを覚えている。当時は湯わかしなどのための家庭用のエネルギーとして主に石炭や木炭を使用していたので、浴室の煙突は日本の住居において一般的なものだった」

一九五〇年代の札幌はまだ小さな町だった。道は舗装されておらず、主な輸送手段といえば馬だった。

「だれもが貧しかったが、働き者だった。ポジティブ思考だった。当時、私たちはこう教えられた。日本は貧しい国なのだから、国をよくする唯一の方法は他国に質のよいものを売ることだと」

「両親が共働きで、小規模ながらも自営業をしていたので、カネ持ちとはいわないまでも比較的裕福になっていた。近所で最初にテレビを買ったのがわが家だったのを覚えている。相撲の時間になると、みながテレビを観るためにうちに来たものだ」

阿部は長男で、二人の弟がいた。両親の仕事ぶりをみていたので楽でないことはわかっていたが、家業を継ぐつもりでいた。ただ、その前に回り道をしてミュージシャンになりたいと思っていた。

阿部は子どもの頃、学校の合唱隊に入っていた。地元のテレビ局が後援していたことから、合唱隊はさまざまなテレビ番組に出演した。公の場に出て賞賛を受けたおかげで、阿部はギターを習うようになり、一〇代になる頃にはカントリーシンガーになっていた。

「かつては成績トップだったが、音楽への興味から気が散ってしまったんだ」と阿部はいう。「一日中ギターの練習をして、ストリートでも歌うようにもなり、その結果、成績も平均レベルに下がってしまった」

しかし、情熱と現実は別物だった。よいギタリストでよいシンガーではあっても、プロのレベルに到達するにはさらに努力が必要だ。それが現実だった。

「情熱をもつことは大事だ。しかし、同時に、自分自身を客観的に評価することも必要だ。私は音楽を楽しんだが、プロのレベルには届かなかった」

「私は、だれでも芸術的な遺伝子をもっていると信じている。だれでも人生に一度は、世界に通用するほどの傑作を少なくとも一つ、つくりだすことができるだろう。しかし、プロになるためには、そして傑作が一つにとどまらないようにするためには、その才能を何回も繰り返して生かすことができなければならない。投資も同じだ。投資に情熱をもつことは可能だ。しかし、プロの投資家になりたければ、システムを構築し、よい投資先を繰り返し見つける技術を身につけなければならない」

現実を知った阿部は、父親の会社に入る前にビジネススキルを習得する目的で、上智大学で経済学を学ぶことにした。大学の授業についていくことにそれほどの困難も感じなかったので、阿部は夜間クラスで英語の授業も受講することにした。選んだクラスは、一日三時間に及ぶ集中コースだった。一年後、二〇〇余名からたった二〇名しか合格できないそのクラスで、彼は二〇名のうちの一人となった。

「私にはほかのクラスメイトよりも自由に使える時間が多かったので、合格することができたのだと思う。彼らの多くが家族を支えるためにアルバイトを余儀なくされていたが、私は幸い父の事業が好調だったため、働く必要がなかった。それに、英語がわかれば、ほかの国でビジネスをするにあたっておおいにチャンスが広がるだろうと信じていたから、熱心に授業を受けたんだ」

言葉の壁を越えて

新たな言語を習得した阿部は世界を探検することにした。そして学長の推薦によって、マサチューセッツ州にあるボストン州立大学との交換プログラムに参加することになった。

阿部は一九七八年に学部生としての履修を終えると、さらに専門知識を身につけるため、アメリカにとどまる決心をした。ＭＢＡコースを志願し、マサチューセッツ州にあるバブソン大学への入学が許可された。

「私は以前にも増してビジネスと真剣に向き合うようになり、一生懸命に勉強した。会計、ファイナンス、経済学のコースを一年間学んだ後のことだった。三つの科目が突然融合し、一貫したビジネスの構造として私の頭に現れたのだ。これはまさにひらめきを得た瞬間だった。それ以降、企業のケースを取り上げる際には、財務数値を分析することでビジネスモデルを思い描こうとするようになったんだ」

約三年のアメリカ生活でＭＢＡも取得した阿部は、父親を支えるべく日本へ戻ろうとしていた。しかし、父親の会社は一九七九年の石油危機によって深刻な打撃を受け、リストラを余儀なくされていた。

父親のアドバイスを受けて、阿部は日本の大企業で就労経験を積むことにした。一九八一年、彼は野村総合研究所に家電部門のリサーチアナリストとして入社した。

「野村で何かを成し遂げようという明確な目標はなかった。ただ、よりよいリサーチャーになること、そして、いずれ一冊の本を書くこと、それが私のささやかな目標だった。英語を話せたことから、入社一年後にはニューヨークオフィスへ赴任することになり、そこでアメリカの機関投資家に日本株を売るブローカーになった」

西洋から学ぶ

再びアメリカに戻った阿部は、機関投資家に日本の株式を売るためのアイデアを何ももっていないことに気がついた。彼のアドバンテージは、日本人であることと、英語を話すことができること、それだけだった。

阿部はこう述べている。「一九八〇年代初頭、日本株をアメリカの機関投資家に紹介することは不可能に等しかった。そもそも彼らは日本株に興味がなかったからだ。私は、日本株を一つずつ売っていても彼らの関心をひきつけることはできないと判断した。失うものが何もない二〇代後半の若いセールスマンだった私は、〝ポートフォリオ・セリング〟というコンセプトを打ち出し、幸運にも野村がこれを認めてくれた」

「日本株はアメリカの投資家からみると、あまりにも異質でリスクがあるようにみえるかもしれない。そこで、個々の銘柄を売るかわりに調査レポートを研究し、私たちの調査チームが推奨する株式すべてを分析した。そして、ポートフォリオマネジャーのように考えて、それら複数の銘柄で一つのポートフォリオを構成し、それを見込み客に提示した。ありがたいことに私のポートフォリオは客にみせるたびに上昇し、徐々に私は新規口座を増やしていった」

阿部は、投資の理論的根拠が健全であれば、必要なのは忍耐と持続力だけだと考えている。セールスとマーケティングにおいても同様だ。

ポートフォリオ・セリングを始めて一年以上が経った頃、阿部はテネシー州が運用ポートフォリオの多様化のために海外投資を検討していると聞きつけて、彼のモデルポートフォリオを州の投資チームにみせるべく、ナッシュビルへと向かった。九一年間、投資チームとの毎月の打合せを経て、彼はテネシー州政府から五〇〇〇万ドルの口座を獲得することに成功した。

「テネシーの投資マネジャーは、私の粘り強さと誠実さに感銘を受けてくれたのだと思う。当初、彼らからまだ何も仕事をもらっていなかった時でさえ、私は自発的に毎月彼らのもとに通うようにしていた。最終的に、彼らは私のモデルポートフォリオに納得してくれた。彼らからビジネスを獲得することで、私は野村において最も生産性の高い日本株ブローカーとなった」

阿部はアメリカ市場でポートフォリオを売る過程で、あることに気がついた。それは、日本の証券会社は、アメリカの投資家が取引したがるのはソニーやトヨタなどの日本の優良企業だけだと信じ込んでいるが、実際にはそうではないということだ。特にバリュー投資家は違ったのだ。

阿部はいう。「インディアナ州コロンバスで年金資産の運用をしているリームス・アセット・マネジメントのフレッド・リームスが、バリュー投資、バランスシートの見方、含み資産の評価方法について教えてくれた」「リームスは私に、日本での株式評価の方法にとらわれず、野村が推奨する優良銘柄をすべて無視して、リームスのバリュー判断基準に沿った私独自の株式銘柄のリストをもってくるようにいった。これが、私にとって最初のバリュー投資との出会いだったんだ」

その後、フィデリティー・インベストメンツとの出会いがあった。フィデリティーのオーナーであるネッド・ジョンソンと会ったのに続いて、ファンドマネジャー界のスターだったピーター・リンチとリンチの弟子、ジョージ・ノーブルと知り合ったことで、阿部はアメリカの投資家がどのようにファンダメンタル分析を株式運用に適用しているかについて理解を深めるようになった。

アメリカのモデルを取り入れたことにより、阿部は日本の投資家は投資リサーチにおいて少々単純すぎることに気がついた。たとえば、一九五〇年代と一九六〇年代において、日本の投資家は主に企業の簿価に基づいて配当利回りを算定していた。将来の利益成長を考慮に入れていなかったために、ソニーをはじめとする多くの株が二倍から三倍という低P／Eで取引されていた。

洗練された海外の投資家がこうした割安の日本株を見つけたことから、日本でも次第にP／Eの概念が取り入れられ、一九七〇年代および一九八〇年代に株式評価方法の主流になった。

「私の経験上、西洋の投資家は洗練された株式評価の手法をもっている。彼らは通常、ものの見方を変えることはなく、その考え方を適用して世界中でチャンスを見つけようとしている」と阿部は指摘する。

「バリュー投資家になるための勉強をしていた一九八〇年代、まだ経験の浅かった私は、アメリカのモデルに沿うように自分の考え方を変えなければならなかった。彼らに料理を食べてもらうためには、料理方法を変える必要があったのだ。刺身（生魚）が嫌いであれば、火を入れなくてはならない。それが生き残る道だった！　私がスパークスを立ち上げた際、日本の株式を分析するためにアメリカの評価モデルを導入することも私の使命だと考えた。そうすれば、海外の投資家たちが日本のマーケットへの理解を深め、それを正当に評価することができるからだ」

阿部は新しい考え方を適用して、日本の損害保険会社が割安であることを見出した。バランスシートを確認し、資産について掘り下げて調べると、損害保険会社の多くが、自社の時価総額の何倍もの価値をもつ巨額の株式ポートフォリオをもっていることがわかったのだ。これらの企業は市場の平均的なP／Eで取引されていたが、株価の何倍もの清算価値があった。多くの機関投資家が、阿部が述べるこうした魅力について賛同したことはいうまでもない。

いくつかの成功を経て、阿部は一九八五年にアベ・キャピタル・リサーチを設立した。そして、一九八九年にスパークス投資顧問株式会社を立ち上げた。

スパークスの進化

一九八〇年代の終わりに阿部がスパークスを立ち上げた際、彼は日本の証券会社が自己満足に陥っており、視野を広げて幅広くマーケットをみようとしていないと感じていた。一九八六年以降の株式市場が非常に好調だったことから、投資家たちにマインドを変える理由は何もなかった。優良銘柄を売り買いしていれば、だれでもカネ持ちになれるため、何の改善も必要ないと信じていたのだ。

阿部はこういっている。「日本の小型株に関するリサーチがまったくないことに気がついた。大手の金融機関はこの分野に手を広げても利益を出せるとは考えていなかったんだ。当時は誇大ともいえる日本への期待があり、合理的な投資家でさえ日本に投資せざるをえないという雰囲気ができていて、大型株のP／Eが七〇倍から九〇倍にまで押し上げられていた」

「競争に勝つためには、人と違うことをしなければならない。そこで、私は小型株にバリュー投資の考え方を適用する戦略をとった。小型株は流動性が低いことから、ブローカーが顧客に積極的に買いを勧めることが皆無だったため、P／E一〇倍台前半という大幅な割安価格で取引されていた」

阿部は小型株のモデルポートフォリオをつくり、日本の大型株に投資している海外の大手の機関投資家に売り始めた。

彼の説明はこうだ。大型株はすでにかなりのプレミアム付きで取引されている。機関投資家が小型株をもっていなければ、相場が下落したときにポートフォリオの価値の毀損度合いは大きいだろう。もし相場が上昇を続けるとすれば、小型株の価格も上昇して本質的価値に近づくはずだ。小型株はいずれの場合でも利益を生むだろう。このアイデアは中東の政府系投資ファンドによって真剣に検討され、スパークスはそのグループから一億ドルを預けてもらう幸運に恵まれた。

スパークス設立は阿部にとって自然な歩みだったのだが、設立時の日本のマーケットはバブル絶頂期だった。設立から六カ月後、日本の主要な株式指標である日経225が急落し始めた。幸い、阿部の小型株戦略は嵐のなかを生き延びた。

「一九八九年一二月に日経225が最高値をつけた。一方で小型株のインデックスは一六〇〇ポイントにすぎず、最高値の四一〇〇ポイントを記録したのは一年後だった。投資家たちが主要なマーケットが機能していないことに気づき始め、小型株を中心とする代替市場へ資金を移動させようと決めるまでには時間差があった。私たちはこの絶好のチャンスの恩恵を受けた。当時はどんな小型株に手を出しても利益が出たのだ！」

スパークスと阿部にとって、暗黒の時代は一九九二年も終わる頃に訪れた。小型株のインデックスであるＪＡＳＤＡＱ指数が一九九三年に急落し、アナリストの給与や東京の高額な賃借料が危うくまかなえなくなるほど会社の収益が落ち込んだのだ。

「振り返ってみると、生き残るチャンスはほぼないに等しかったことに気づくべきだった。しかし、当時の私はまだ若くて野心もあったから、自分の投資原理は正しいのだから、あきらめるべきではないという闘争心に駆られていた」

一九九四年、新たにウォーバーグ・ピンカス社から出資を得たことで会社は息を吹き返したものの、日本の「失われた一〇年」という環境下での投資は厳しかった。一九九七年、ベンチマークが四一％の損失だったのに対して、スパークスが運用する資産の損失は二〇％だった。

「マーケットは下落を続けていた。何年か上昇しても、また下がってしまう。結果的にはゼロ地点に戻ってしまうんだ。マーケット全体の二〇％下落に対して一〇％の下落なのだから、理屈のうえでは顧客は満足していい。でも、現実には顧客の資産価値は下落しているのだから、喜んでもらえるはずがない！」

「マーケットが危機に陥ったとき、バリュー投資家であれば安値で株を購入できるから喜ぶはずだ。でも、そのとき、顧客はやひやひやしている。日本市場におけるソリューションを投資家に提供し続けるために、私たちは進化しなければならなかった。顧客の本当のニーズ、つまり、資金を維持してプラスのリターンを生み出すことを可能にする取引手法を新たに見つけ出すことが求められた。こうして私たちは一九九七年、日本で最初にロング・ショート・ファンド[注8]を開発したプレーヤーの一人となった」

阿部の説明はこうだ。「一九九〇年代の日本は、歴史的にも特異な時代だった。経済学で〝デフレ〟という概念を学ぶが、実際には決して起こりえないと思っていた。ところが、日本ではデフレが現実になった。デフレの場合、利益は売上げの減少に応じて縮小する一方で、コストは必ずしも減らないことから、理屈のうえでは投資家は株式を保有すべきではない」

「こうした市場環境において、生き残る唯一の方法は適応することと変化することだ！　バリュー投資の手法によって割安株と割高株を特定することにより、株式市場の上昇局面でも下降局面でも私たちは利益を得ることができた」

このロング・ショート戦略は伝統的なバリュー投資からは逸脱したもののようにみえるが、阿部は彼のロジックをこう弁護する。「よい投資家は、時代に応じてマーケットに適した進化をすべきだと私は考えている。しかし同時に、投資哲学や投資原理の一貫性が求められる」

「ウォーレン・バフェットをみよ。彼の戦略はベンジャミン・グレアムによるオリジナルなバリュー投資の原理とは異なっている。バフェットが進化していなければ、コカ・コーラのような優れた投資先を見出すことはなかっただろう。ブランド価値を収益につなげるという、当時は伝統的ではなかったバリュー原理によって、バフェットは自らの戦略を改良していったのだ」

［注］

8　ロング・ショート戦略とは、マーケットに勝つ、もしくは価格が上昇すると期待できるポジションを買う（ロング）とともに、マーケットに負ける、もしくは価格が下落すると予想されるポジションを売る（ショート）戦略である。マーケット全体が上がっても下がっても、プラスのリターンを生み出すことをねらっている。

アジアの西洋化

阿部の理論は成功をおさめた。スパークスは一九九〇年代後半から二〇〇〇年代に市場における一大勢力となり、現在ではアジア最大の運用機関の一つとなっている。スパークスはバリュー投資の投資家で、日本を主要な市場ととらえているが、阿部は自分がつくったこの戦略に縛られることはなかった。

彼はこういっている。「私は一人の企業家、バリュー投資家、日本とアジアを信じる者として、私の興したスパークスが、文化、慣習、言語の壁を越えた普遍的な価値評価を、さまざまなタイプの投資家に対して提示する存在になることを思い描いていた」

「同時に、現状に満足すべきではない。私たちは常にクリエイティブでイノベーティブであることを目指して、自分に挑戦し続けなければならない。さもなければ自然淘汰のプロセスのなかで、マーケットから見捨てられてしまうだろう」

阿部にとってイノベーションは欠くことのできないものだ。「ビジネスは、資本主義は機能するという大前提で進んでいる。この考え方は東洋ではなく、西洋でつくられたものだ。企業家精神にとって、資本にはコストが伴い、そのコストを上回る収益をあげてバリューを生み出すことが最終目標となる。しかし、こうした考え方は伝統的なアジアの文化圏においては存在しない。アジアでは、古代から政府が取引やビジネスを促進するために資本のコストを負担していた。結局のところ、アジア経済でいま起きていることは、資本主義ではない古い構造からの離脱であり、私たちはこうした変化についていくためにもイノベーションを続けていく必要がある」

「また、日本の文化に目を向けると、従来〝ケイレツ〟(異なるビジネスを営む企業同士が密接な取引関係を通じて形成した複合体)の存在が大きく、経営者は株主ではなく自分の利益を求めて動くために、日本への投資の魅力が損なわれていた。この状況を改善するためには、ビジネスと企業文化を前進させなければならない」

アジアのマーケットの認知度を上げ、一体感をもたらすため、阿部は二〇〇三年にジャパン・バリュー・クリエーション投資戦略ファンドを開始した。また、スパークスは、カリフォルニア州職員退職年金基金(CalPERS:カルパース)およびサン・ディエゴを拠点とするリレーショナル・インベスターズ社と組んで、日本でコーポレートガバナンスを推進しようとしている。

スパークスは、利益の質、競争力の源泉、コスト管理、株主価値に焦点を当てることで、多くの日本企業のコーポレートガバナンスを促進し、改善させ、マーケットの新たな潮流となっていった。ファンドは非常に高いリターンをはじき出しただけではなく、日本の企業文化をも変化させていった。

スパークスは投資機会の拡大を目指し、二〇〇五年に韓国の資産運用会社コスモを買収した。翌二〇〇六年には、香港のＰＭＡインベストメント・アドバイザーズ社を傘下に入れている。

阿部にとってスパークスの拡大は、アジアの資産運用会社へと進化していくための自然な一歩だ。「目標は、われわれの中核となるフランチャイズの力量と潜在的な能力を引き上げ、強化することだ。コカ・コーラのように、ブランドが商品の品質、信頼性、評価の高さを体現するようになると、人々はその商品を購入する。人々がアジアで資産運用サービスを求める際に、信頼に値する品質の高いブランドとしてスパークスを認知するようにしたい」

バリューを求めて

バリュー投資は阿部にとって、投資の真の価値と市場価格との間の裁定取引の機会を探し当てるようなものだ。「こう自問すべきだ。このビジネスが儲かる理由は何か。このビジネスでいちばん大事な要素は何か。そのうえで経営者の視点から、ビジネスの価値がどれくらいなのかを検討する。投資分析とはアートと科学、その両方なのだ」

さらに、こう付け加える。「投資におけるアーティスティックな側面、あるいは質的な能力はおそらく生来備わっているものだが、経験によってその能力は磨かれるものだ。たとえば、ウォーレン・バフェットによる経営者の評価は一つのアートだが、人生経験を積むにつれて、そのアートが磨かれていった」

阿部が長年かけて学んだことは、一つのことに集中（フォーカス）し続けることの重要性だった。賢明な投資家は、さまざまなタイプの資産について学んだり、分析したりするのではなく、特定の資産タイプに特化し続けるべきであり、自らの個性やリスク許容度に最もあった資産を見つけるべきである。「私は債券や外国を調べることが好きになりえたかもしれないが、常に日本株にフォーカスしていた。私のマーケットにおける知見はそこにあったからだ」

「また、投資家にはフォーカスだけではなく、ビジョンが必要だ。世の中は直線的に分析できるものではないため、チャンスや危機に際して明確なビジョンをもっている必要がある。何か事実を知っていたとしても、それは過去のことだ。その結果、将来何が起こるかを頭に描くことができなければならない」

投資における、科学的あるいは統計的な側面は、学習すれば育成が可能なスキルである。阿部はスパークスを設立した当初、投資業務の経験者を採用する余裕がなかった。加えて、大学卒業者が小規模かつ無名な企業で働くリスクをとりたがらない日本の文化のなかで、高学歴な人材を採用するのはむずかしかった。そのため、チームづくりに時間をかけざるをえず、アナリストを一人ずつ育てていかなければならなかった。

阿部は、高校のコーチのような気分で、体系的アプローチによって若い社員たちに企業分析を指導したといっている。結果的に、彼らは経験豊かなアナリストへと成長し、スパークスの初期の成長を支える存在となった。

彼はこう付け加える。「投資とは、明確に定義された戦略を策定することでもある。それと同時に、数値目標や投資リターンの追求を優先するあまり、自らの原則や戦略を軽んじてはいけない」

「あるアイデアが浮かんできたら、それをチーム内で自由に議論するべきだ。創造力を喚起するためには、過去と未来について考え、仮説を検証することが必要だ。また、投資の潜在的な価値や、そこから生み出されるリターンがどれくらいなのかを分析する体系的な方法を備えておく必要がある」

「ある銘柄について調べるとき、一般的な投資家が利用するであろう単純な指標にはすべて目を通す。私は、投資した資金が二年から三年後にどれくらいの価値になるかを知りたいのだ。私たちは自らの仮説について検証し、その仮説が状況に応じてどれくらい変化しうるかを分析し、投資の目標を設定する。〝長期〟を一カ月の期間で定義するマーケットとは違って、ビジネスの根本的な優位性に注目するのだ」

「何年も先の収益を見込むことは可能だが、世界は不確実で常に変化しているため、予測値は不明確かつ無意味なものになる可能性がある。バリュー投資家としての私の目標は、三年先までのビジネスの価値を予想することだ。それ以上先のことになると、予想は不確かで投機的なものになる」

阿部のチームはほぼ毎週、木曜日の朝七時から一時間あるいは二時間かけて、コーヒーを飲み、朝食を食べながらブレイン・ストーミング・セッションを実施している。名づけて〝バフェット・クラブ〟だ。

このセッションは、社内のアナリストとポートフォリオマネジャーが株式に関するアイデアや経済に対する考え方などを自由に戦わせる場になっている。時にはひらめき（スパーク）を得るために、投資に関するお気に入りの本にまで議論が及ぶことがある。阿部はベンジャミン・グレアムの『賢明なる投資家』と、ジョージ・ソロスの『ソロスの錬金術』を愛読している。

「セッションにおいて見解の対立が生じた場合、議論の本来の目的に立ち返って、再度、数値や統計に目を向けるようにしている。脳のアーティスティックな側面が将来を見事に言い当てることもあれば、科学的側面がそれを担うこともある。将来に正解も間違いもない。だからこそ、目標を設定することや、すべての仮説を考慮に入れてバランスをとることが重要になってくる。もちろん、常識や経験も忘れてはならない」

人生を振り返って、阿部は日本が与えてくれた数々のチャンスに感謝しているという。とはいえ、厳しいビジネス環境が続くなかで、次の一歩はいつも不確かなものだった。阿部は、投資ビジネスにおいて幸運とは一つのボーナスにすぎず、過信は失敗の元であることを学んだのだ。

職業人生の最初の頃に日本株の販売に苦労したことや、資産バブル期にスパークスを立ち上げたこと、そして、運用戦略を修正したことは、阿部を他人の気持ちを理解する運用マネジャー、あるいは一人の人に育てた。一生懸命に働くこと、正直であること、最大限に誠実であることは、阿部が強調してやまない美徳である。

世界がインターネット・バブルから回復し始めた頃、9・11のテロが起こり、SARS（重症急性呼吸器症候群）が大流行した。阿部は二〇〇三年一〇月、次のように書いている。「明日は、昨日と今日から連続する流れである。その流れのなかで毎日常にベストを尽くすこと、決して気を抜かないこと、これが重要なのだ。試行錯誤を繰り返すなかで、具体的なパターンが次第にみえてくるようになる。最初はあやふやで定義も中途半端だろう。しかし、時間が経つにつれて、より確固とした自信あるいは信念に変化するだろう！」。たしかにこれがスパークスの精神であり、バリュー投資家である阿部修平のモットーである。

第11章

太陽のように永遠に輝く
バリューの心

V-Nee Yeh
Value Partners Group
バリュー・パートナーズ・グループ
ヴィーニー・イェ

世の中の常識に倣って生きていくのは簡単だ。自分が一人のときに、自分がやりたいように生きていくのは簡単だ。偉大な人は、群集のなかにいるときにも寛容さを保ち、しかしながら、自分が一人でいるときと同じように生きていくのだ。

——ラルフ・ウォルド・エマソン

ヴィーニー・イェはバリュー・パートナーズ・リミテッドの共同設立者だ。バリュー・パートナーズはアジア太平洋地域を対象としてバリュー投資を行うために、1993年に香港で設立された。2006年の改組に伴って社名をバリュー・パートナーズ・グループ・リミテッドに変更し、2007年に香港証券取引所に上場した。

同社は2016年３月31日時点で、146億ドルの資金を運用している。旗艦ファンドのバリュー・パートナーズ・クラシック・ファンド（ユニットＡ）は1993年４月の運用開始以来、2016年３月31日までに累積で2265.2%、年率14.7%のリターンを記録している。同期間の香港ハン・セン・インデックスのリターンは累積373.4%、年率7.0%にとどまる。

イェは1996年にバリュー・パートナーズの日々の経営から離れ、アジアの優れたファンドマネジャーたちを発掘することに情熱を燃やしている。2002年にはアーガイル・ストリート・マネジメントを共同で設立し、会長に就任した。その目的は、バリュー投資のアプローチを用いて、アジアの経営不振や財務危機に陥った企業に投資をすることだ。2003年にはチーター・インベストメント・マネジメント・グループに会長として招聘された。そこでのイェの使命は、同社をファンド・オブ・ファンズに組織変更し、ファンドマネジャーを発掘するとともに、アジア地域を専門とするバリュー投資ファンドを育てることだ。

「最初に危機を経験したのは一九八七年一〇月一九日のブラックマンデーだった。ダウ平均が二〇％を超えて下落したと記憶している。私は、世界経済は長く暗い不況に入っていくと確信したんだ。しかし、実はその予想が完全に間違っていたとわかるのにそれほどの時間はかからなかった」

ブラックマンデーの時にまだ二八歳だったイェは、この経験からマクロ経済の予想ほどむずかしいものはないと感じた。事後的にはさまざまな理屈を用いて説明できるのだが、経済は日々新しいことの連続で常に変化する。これだけは信じられると感じた事実や統計数値ですら、間違った判断につながることが珍しくないのだ。

マクロ経済の統計数値に別れを告げ、イェは個別の企業のファンダメンタル分析に時間を費やすことにした。ファンダメンタル分析は、マクロ経済よりも納得できると感じたのだ。

「危機が訪れたときに株価を下支えするのは、ビジネスの持続可能性だとブラックマンデーの経験から教わった。その意味で、ビジネスが生むキャッシュフローは、企業の価値を決定する最も基本的な要素だと考えることができる」

逆張り投資に必須である周囲に迎合しない独立した確固たる考えをもち、マーケットがどんな状況になっても動き続ける勇気をもつことこそが人生に喜びを与えてくれるとイェは信じている。それこそがバリュー投資家に必須の特性なのだ。こんな特性を備えたイェだが、最初は投資の世界に入るとはまったく考えていなかった。

広がる学問的興味

謙虚なイェは決して認めないのだが、実は彼の家族は高貴な家柄だ。一九五九年にそんな家族の跡継ぎの一人として生まれた。彼の父親であるミィオウ・ツェンと母親であるズング・シンは上海からの亡命者だ。一九三七年に政治的な混迷のために中国から香港に移らざるをえなかった祖父のクヮン・ニーは、中国にいた時には大きな建設会社を経営していた。しかし、一家はすべての資産を中国に捨てて亡命し、香港で一から始めなければならなかったのだ。

幼少の頃からイェは、価値の感覚や謙譲の精神の大切さを教え込まれた。「特権階級といえる家柄だったはずだけれど、家族はいつも倹約を心がけていた。お小遣いはとても少なく、その金額のなかでやりくりしていかなければならなった。私と幼い妹はカネや物質主義の意味を教え込まれたよ。私の家族は苦しい時期を過ごさざるをえなかった。その経験から、よいときにも決して調子に乗らず、悪いときにはそれに流されないようにすることが重要だと学んだんだ」

イェは学生時代、学校での勉強、塾、スポーツと忙しく過ごしていた。想像力を刺激する漫画や武侠小説［注9］が大好きだったが、成績は常にトップクラスだった。

一六歳になると勉学のためにアメリカに渡った。マサチューセッツ州にあるミルトン・アカデミーに入学し、一九七七年には優等の賞を得て卒業した。次にウィリアムズ・カレッジに進学し、マルクス史学に没頭した。一九八一年には最優等で歴史学の学士号を取得した。

イェはなぜ歴史を専攻したのだろう。「小さな時には夢なんてなかった。何になりたいのか、何をやりたいのかもまったくわからなかったよ。ウィリアムズ・カレッジに入学したのは、リベラルな学校で、リベラルであることが一九七〇年代当時はかっこよかったからさ」

大学は卒業したのだが、イェはまだ就職する気にはなれなかった。そこで、学生生活を引き延ばす口実としてコロンビア大学で法律の勉強をすることにした。「歴史を専攻した学生に就職口があるとは思っていなかったし、歴史の知識を深めたいとも思っていなかった。ただ、リベラルでいるためにビジネスの勉強もやりたくなかった。結局、消去法で法律が残ったというわけだよ」

一つひとつの決断は、そのときには大したこととは思えないかもしれないが、時が経ち、振り返ってみると、それぞれがつながって一つの構造を形成することがある。

左派的な心情をもち、生まれ、階級、人種、育ちにかかわらず、だれもが平等な機会をもつ階級のない社会が理想だと信じているイェは、憲法によって社会がどのように変化するのかを探りたいと考えた。こうしたテーマを研究することによって、イェは人生の意味を見出し、なんらかの職にもつくことができると考えたわけだ。

しかし、法律を学んでいるうちに、イェの興味はほかのことに移ってしまった。「二年続けて、夏休みに法律事務所でトレーニーとして働いた。その時の経験から、自分の性格は法律家や弁護士には向いていないと強く感じたんだ。そんな時、ある学期に証券規制の授業を受け、そこでインベストメントバンカーの話を聞いた。インベストメントバンクの業務がとても魅力的に思えて、コーポレートファイナンスの仕事をしてみたいと思ったんだよ」

ほかの科目に興味をひかれながらも、イェは一九八四年にコロンビア大学のロースクールを卒業した。卒業時にはコロンビア大学が特に優秀と認める卒業生のみに贈る、ハーラン・フィスク・ストーン・スカラーの地位を得ている。二五歳の時にはカリフォルニア州の弁護士試験に合格し、ニューヨークのインベストメントバンクであるラザード・フレールに就職した。

イェはファイナンスも会計も正式に学んだことはなかったので、実社会ではわからないことだらけだった。「泳ぎ続けるか、さもなくば溺れるか」という状況で、ともかく最初の六カ月間を生き残るために、ほかの新入社員よりも努力しなければならなかった。幸い、それまでさまざまなことを学び、人並み外れた能力をもち、学問全般で優秀な成績をおさめてきたイェは、プレッシャーに負けることなく、すさまじいスピードで変化していくインベストメントバンクのペースについていくことができた。

ラザード・フレールのニューヨーク支店での最初の配属先はコーポレートファイナンス部門だったが、しばらくするとM&A部門に異動することになった。一九八八年になると、ロンドンのリスク・アービトラージ[注10]を専門とする自己資金でのトレーディング部門に移ることになった。そして、翌年の一九八九年にはラザード・ブラザーズ・キャピタル・マーケッツのパートナーに就任したのだ。

ラザードでの日々をイェはこう振り返る。「ラザード・フレールは大きなインベストメントバンクとは違って組織の階層が少なかった。だから、私はさまざまな部署を行ったり来たりして、自分が興味をもったいろいろな仕事に首を突っ込むことができたんだ。今日に至るまで、さまざまな経験をさせてくれたことに感謝しているよ。特にファイナンスの知識なんてもっていなかった私を、コーポレートファイナンス部門に採用してくれたシニアパートナーのピーター・スミスには感謝してもしきれないと感じている」

イェはシニアパートナーたちから投資の知識を得たのだが、最も記憶に残る教訓は自分自身の失敗から学んだものだ。「私の初めてのトレードは、ある見知らぬブローカーから電話で勧められたものだった。豚バラ肉の先物取引か何かだったと思う。私は彼の話に乗り、あっという間に給料の二カ月分に相当する損失を出してしまった。この経験は本当に痛かったが、学ぶことも多かった。何かを買うときには自分自身でその価値を精査しなければならないこと、他人の投資アドバイスを決して額面どおりに受け取ってはならないことを学んだんだ」

イェはこれまで、やりたいこと、学びたいことを自由に選ぶことができたのだが、それは彼の父親が無条件でイェをサポートしてくれたからだと考えている。「父の時代の中国人の平均的な考え方からすれば、父はきわめて寛大だったと思う。家業を継げとは決していわなかったし、どんなことであろうと情熱を燃やせることがあるのなら、それができるように支援するといってくれた。彼が自由にやらせてくれたので、何のプレッシャーもなかったけれど、そのおかげで逆に責任感が強い人間になったと思う」

実家はシン・チョング・インターナショナルという企業を経営しているのだが、ある時、厳しいリストラをしなければならない状況に追い込まれた。イェはこの状況を看過できず、家に帰って父親をサポートすることにした。そして、一九九〇年にラザードのパートナーの地位を捨てて、香港に戻ったのだ。

[注]

9　Wuxiaというジャンルの中国の小説。武術の達人の冒険物語である。

10　リスク・アービトラージは、ある企業の株を買うと同時に別の企業の株を売るといった手法で利益を追求する、トレーディング手法の一つである。典型的には企業間の買収・合併が予想される場合に用いられる。

満足できる価格を求めて

天安門事件が起きた一九八九年に、イェの実家はビジネスの再編を断行することにした。中国への信頼は揺らいでいた。一九九七年に香港の主権が中国に返還されることもあり、特に香港のビジネス界は不安を募らせていた。

イェは次のように説明する。「家族が所有する企業は、小さいながらも香港の証券市場に上場していた。建築、不動産の開発・管理が主要なビジネスなのだが、船舶建造もやっていた。父の兄弟も香港の先行きに不安を感じており、株主が投下資本を回収するためにベストな方法を考えなければならなかった。株主を公平に扱うためには、ビジネスの再編しか方法がなかったんだ」

イェはまず、持株会社をシン・チョング・コンストラクション・グループとシン・チョング・インターナショナル・ホールディングスの二つに分割することにした。次に一九九二年にレバレッジド・マネジメント・バイアウト（MBO）を実施して、シン・チョング・インターナショナル・ホールディングスを非公開企業にした。この一連の取引は、その巧みさと絶妙のマーケットタイミングのために金融界から注目を浴び、イェの名声を一気に高めた。

「いまから思えば、非常に運がよかったと思う。少数株主がバイアウト価格に好意的だった。天安門事件がマーケット心理に依然として不安を与えていたので、われわれの提案が正当なものだと受け止められたのだと思う。もし、もう少し低い株価で少数株主を追い出そうとして、交渉期限を半年ほど先延ばしにしていたら、MBOは成功しなかっただろう。その後、中国の実質的指導者である鄧小平が中国の南部を回る視察を実施し、その間に南巡講話という声明を発表した。講和で中国経済についての強気な見方を示したため、株式市場に対する見方が一気にポジティブに変わったのだ」

一九九二年に中国の最高権力者である鄧小平は、香港に隣接している広東省への歴史的な訪問を実施した。鄧はこの訪問において市場改革について画期的な発言を行い、投資家に安心感を与えた。「豊かになることは名誉なことだ」というキャッチフレーズは、香港、台湾、シンガポールといった中国語圏の株式市場への興味をかきたてた。当時モルガン・スタンレーのアナリストだったバートン・ビッグスは、中国経済について〝最高度の強気〟という見方を示した。

一九九二年、一九九三年の強気相場のなかで、香港のハン・セン指数は三〇%ほど上昇した。イェは家業が保有する船舶を売却してＭＢＯに必要だった銀行借入れを返済し、その他の資産すべてを、簿価を取得原価からほぼ変えずに非公開化した持株会社に残すことに成功した。この取引でイェの名声はますます高まることになった。

「こういった取引をみれば、私たちはマーケットタイミングを計っているように思えるだろうけれど、本当のところは運がよかっただけなんだ。Ｍ＆Ａ取引にしろ投資にしろ、いちばんよい価格なんてわからないものだ。結局、自分が満足できる価格を見つけることが重要で、他人がどう考えるだろうかとか、マーケットはどう反応するかなんて気にするべきではないんだよ」

バリュー投資のパートナーを見つける

家業の立直しを終え、イェは香港で新たなチャンスを探し始めた。依然として漫画やスキーには熱中していたが、もちろんどちらも仕事にしようとは思っていなかった。そして、じわじわと投資こそが本当に打ち込める職業なのではないかと考えるようになったのだ。

「一九九〇年代初めの時点で、私はバリュー投資が何なのかをわかっていなかった。当時は投資対象の調査をしっかりと行い、必要以上のカネを払わないように心がけていただけだ。さまざまな投資家と意見交換するなかで、後のビジネスパートナーとなるチア・チェング・フイェを紹介された。お互いにものの見方や投資哲学について語り合ううちに、私たちは実はバリュー投資家なのだと気づいたんだよ」

チアはマレーシアのペナンの出身で、ジャーナリストとして社会人のスタートを切ったが、一九八九年にロンドンに本拠を置くインベストメントバンクであるモルガン・グレンフェルの香港支店にアジアの中小型株アナリストとして入社した。

イェがシン・チョング・インターナショナル・ホールディングスを非公開化した案件で、モルガン・グレンフェルは少数株主側の財務アドバイザーだった。その時、モルガン・グレンフェルのリサーチ責任者だったチアは、少数株主にとっての非公開化のメリットとデメリットをリストアップする役割を担っていた。

イェはチアのことを手放しで褒めている。「シン・チョングを非公開化するまでチェング・フイェのことは知らなかったけれど、少数株主のためにわれわれの提案の是非を分析したレポートを読んで、彼の能力はすごいと思ったよ。彼のデュー・デリジェンスも、投資の合理性についての分析も、非常に明快で示唆に富むものだった。立場は異なっていたが、シン・チョングの価値評価は中立的で、その理由もしっかりしたものだった」

その後、イェはチアのことをもっと知る機会を得て、交友を続けるうちに、一緒に投資会社を運営しようということになった。そして、一九九三年にバリュー・パートナーズを共同で設立することになる。「チアと一緒に、最初のファンドであるバリュー・パートナーズ・クラシック・ファンドの運用をスタートした。当初の運用資金は五六〇万ドルだったよ。チアと私と秘書の三人で、家業のシン・チョングのオフィスの片隅でファンドを始めたんだ」

「特に何かを成し遂げたくて投資会社を興したわけではない。ただ、自分たちのカネを運用し、自分たちを信頼してくれる客がいたら、彼らのカネも運用したかった。香港の証券市場の、だれからも注目されずに、だれからも分析されていない小型株にバリュー投資の手法を当てはめたかったのだ」

一九九〇年代の資産運用の環境は、イェによれば次のようだ。すでに香港はアジアの金融の中心としての地位を獲得していたが、香港の投資家は短期的かつ投機的だった。思慮深い投資家は少なく、多くの投資家は噂や早耳情報で動いていた。

アメリカやイギリスの大手の機関投資家の投資スタンスは、それとはまったく異なるものだった。個別の銘柄選択で勝負するのではなく、優良銘柄や大型株を買ってマーケット全体の動きをとらえようとしていた。彼らは実質的に、グローバル・マクロ戦略の投資家といえた。そのうえ、彼らの投資期間はさほど長くはなかった。

「私たちがファンドを立ち上げた時、香港でバリュー投資は知られておらず、初めての領域に近かった。バリュー投資の競争相手はいなかったのだ。ファンダメンタル分析を行い、企業の構造、ビジネスモデル、キャッシュフロー管理といった主要なポイントを理解し、あたかも非公開化取引のように企業の適正な価値をはじき出した。下値リスクを分析し、割安で取引されていると判断すれば、株を購入した」

イェの投資のロジックはこうだ。「投資をするには、幅広く、かつ、さまざまな側面から物事をみる心構えが必要だ。投資対象となる銘柄を探す場合、最初に考えることはキャッシュフロー状況だ。毎期いくらのキャッシュフローが生み出されるのか。企業の苦境を救うのは結局、フリー・キャッシュフローなのだから、下方リスクの評価にはキャッシュフローの分析が欠かせないのだ」

「株を売る際には必ず、売却資金を次は何に投資するのかを考える。バリュー投資の経験から学んだ最大の教訓は、ほとんどの投資家は再投資のリスクを軽くみて、きちんと分析しようとしていないということだ。投資がうまくいって、株を売ったとしよう。そうして手にした資金は、いずれにせよ何かに再投資しなければならない。再投資のスキルをだれも重視していないようだが、優れた投資家と普通の投資家との分かれ目は、まさに再投資のスキルにある。優れた投資家は常に再投資の準備をしていて、複利効果を働かせることができるんだよ」

「長期投資と未発掘の小型株投資という方針を掲げるバリュー・パートナーズのモットーは、〝規律ある投資〟だった。それは決して資金集めのスローガンではないし、セールス用の美辞麗句でもなかった。本気でそう思っていたんだ！　バリュー投資家は規律を重んじなければならない。それは、時間の経過と変わらぬ取組みによって示されなければならないと信じている」

規律ある投資を地道に続け、バリュー・パートナーズは運用資産を約九〇億ドル（二〇一一年時点）へと大きく伸ばしただけではなく、度重なる危機を乗り越えることによって、強力で優れたプレーヤーに生まれ変わっていった。

資金を自由に出入りさせることが可能な香港市場は、アジアで最も流動性が高いマーケットだ。こうしたユニークな特性から、香港市場は常に国内外に起因する危機にさらされてきた。

「二〇年ほどの間に五回ほどの危機を経験したかな。二年から三年に一度は危機が起きる計算になるね。そのたびになんとか立ち直ってきたよ。危機を生き延びるたびに自信がついてきたし、バリュー投資は通用するという確信が高まっていった」

これまでの投資家人生を振り返って、イェはあらためて喜びと挑戦の連続だったという。イェにとって悩ましい時期が二つあった。一つは資金面で苦しんだ時期、もう一つは精神的にまいっていた時期だ。

「一九九七年のアジア金融危機とその影響が残る期間は厳しかったよ。ファンドの償還が相次いだし、バリュー・パートナーズはいつおかしくなっても不思議じゃない状態だった。香港株式市場は五〇%を超える下げを記録し、香港政府は米ドルと香港ドルの固定為替相場制度を維持するために、大量の資金を投入して香港の大型優良銘柄を買いあげた。私たちのファンドは中小型株に投資していたので、その恩恵を受けるわけでもなく、まったくお先真っ暗だったよ。私たちのファンドの保有銘柄の株価収益率（P／E）は三倍程度にまで落ち込んでしまった。こんな状態だったが、運よく耐えることができたのはラッキーだった」

「精神面できつかったのは、一九九〇年代後半から二〇〇〇年代前半のドットコム・バブルの時だ。私たちはああいったテクノロジー系の株には投資しないという方針をかたくなに守り続けていたために、顧客に揶揄されたり、投資方針の変更を迫られたりした。ポートフォリオへのテクノロジー株の組入比率は一%にも満たなかった。でも、そのせいでドットコム・バブルがはじけた時に生き延びることができたんだ。やはり規律を維持して、投資方針を堅持することは大事なことだよ」

「インターネット・バブルがはじける前に、私たちはだれも興味を示さない中国のB株〔注11〕を保有していた。中国の国内投資家にB株の取引が解放されたことにより、ポートフォリオは八〇%も上昇した。ちょうどその時にインターネット・バブルがはじけて、マーケットが五〇%も下落していたにもかかわらずだ」

［注］

11 中国のB株は、上海市場と深圳市場に上場される普通株である。人民元建てであるが、米ドルか香港ドルで資金決済が可能になっている。二〇〇一年より前には外国人投資家に対してのみ取引が許されていたが、二〇〇一年二月一九日からは中国国内の投資家もB株の取引が可能になった。

バリュー・マインドの発掘

イェは仕事も充実しているが、プライベートも充実している。一九九四年にミラ・レウングと結婚し、一九九六年に娘のナダャを授かった。この年、イェはバリュー・パートナーズの経営から退く意思を固めた。共同設立者のチア・チェング・フイェに経営を任せ、名誉会長としてバリュー・パートナーズにこれまでの経験を生かしてさまざまなアドバイスをすることにしたのだ。

イェは決断の理由をこう説明する。「チェング・フイェはバリュー・パートナーズを設立した最初の日から投資の最高責任者だったし、バリュー・パートナーズの成功が彼の力によることは間違いない。正直、自分の投資アイデアはすべて、チェング・フィェのアイデアを自分なりに言い換えていただけだ。それに、チェング・フィェをパートナーとして本当に信頼していたから、彼がバリュー・パートナーズの業務を続けることができる環境を整え、彼のやりたいように運用してもらうことがベストだったんだ」

イェは、自分の弱みについて認識している。「私はたしかにファンドマネジャーではあったが、本当のところは企業家だったのだろう。もちろん投資には情熱をもって取り組んでいたけれど、本当のファンドマネジャーがすべからくもっている研ぎ澄まされた感覚はもっていなかったと思う。私は長期的な視点で物事をみていたので、常にチームの二番手として、サポートに徹していたよ」

バリュー・パートナーズの経営から身を引いた理由はほかにもある。一九九六年のことだが、香港証券取引所の上場審査委員会の委員への就任を打診されたのだ。利益相反となる可能性がある、あらゆる行為から遠ざかるために、バリュー・パートナーズの日々の業務から身を引くのは当然の結論だった。加えて、家業の監督も引き受けてもらえないかとの要請も受けていた。あれやこれやで、集中できない状態でバリュー・パートナーズの経営にとどまることは不誠実だと考えたのだ。

家業に気を配りつつも、イェは依然として投資の機会を探し続けていた。二〇〇二年になると、破綻企業の資産に投資する資産運用会社を共同で設立した。アーガイル・ストリート・マネジメントという、香港を拠点とする資産運用会社だ。

「今回はキン・チャンとアンジェラ・リという二人のパートナーとの共同設立だ。彼らは、チェング・フィェと似た性格をもち、バリュー投資についての考え方もやはり似ていた。違うのは、投資対象の資産と運用方法だけだった。彼らの才能と仕事への取組み方は本物だった。チームを組めたのはラッキーだったよ。アーガイル・

ストリート・マネジメントを起業した当初は経営に張り付いたけれど、軌道に乗った後は、彼らのやり方に任せることにしたよ」

最前線から一歩下がって、ファンドマネジャーのマネジャーになるという決断について、イェは次のように説明する。「多くの投資家が、あるいは投資に関する書物が、適切な投資のスタイルや方法について論じている。でも、これが正しいとか、これは間違っているとかいう議論を入り口の段階で始めると、そこで立ち往生してしまうと思うんだ。投資スタイルを決定することはもちろん大事だけれど、その前に自分自身のことをしっかりと理解することのほうが大事だと思う」

「冷静で忍耐強い性格なのであれば、バリュー投資が向いているだろう。もし頭がどんどん回転してしまい、ともかく動いていたいのであれば、トレード回数を増やして勝負する投資スタイルが向いているだろう。投資は型にはめられたものではない。投資手法に対する自分の適性を理解し、時間をかけ、経験を積みながら投資方針を発展させていくことが求められるのだ。もし性格にあわない投資をしていたら、いつも自分自身と戦うことになってしまう」

こうした信念に基づき、イェは自分の投資哲学に賛同してくれる才能あるファンドマネジャーを新たに探し求め、彼らに対しては自分と異なる戦略での投資を許容した。二〇〇三年にイェはチーター・インベストメント・マネジメントの会長となったのだが、そこでの仕事はアジアのさまざまなテーマに投資するファンドを発掘し、育てることだった。イェとパートナーたちは、バリュー投資をベースにしつつ、アジア太平洋地域で異なる戦略を採用する複数のファンドを立て続けに設定した。

「優れた投資家を探し出すのは一種のアートだよ。多くのバリュー投資家たちと一七年から一八年にわたって付き合ってきたので、本物のバリュー投資のファンドマネジャーかどうかは、彼らの身の動きで直感的にわかるようになった。バリュー投資家たちの考え方や相場の見方は、もはや以心伝心でわかってしまうんだ」

「優れたファンドマネジャーは、長期間にわたってリアルな価値を引き出し続けることができる。私は、ファンドマネジャーたちの直近のパフォーマンスの背後にある、彼ら本来の人間性や投資スタイルを理解するように心がけている。人間性がよく、投資スタイルが納得いくものであっても、景気サイクルによってはパフォーマンスが思ったように出ないときもある。忍耐と長期投資の視点が求められるわけさ」

バリューのある男になる

香港に住んでいると、中国の経済成長をあてにした資本が世界中から入ってくるのがわかる。イェにとって、グローバリゼーションの意味を直に感じ取ることができる現象だ。

いわゆる東洋と西洋の分断について、イェはこう考えている。「世界はどんどん近くなっている。グローバリゼーションやインターネットの普及によって、若い世代の考え方はどこも同じようになっていると思う。そうだとすれば、東洋と西洋で文化が違うということもあまり気にしないほうがいいと思う」

「投資の世界では、西洋で企業価値評価の方法が確立したけれど、東洋は投資の文化や考え方を形成する初期段階にある。バリュー投資がよい方法であることは間違いないのだが、普通の投資家がその原則を理解するまでにはもう少し時間がかかるだろう。東洋では資産の多くを不動産につぎ込む傾向があるから、株式市場はまだまだ成長の余地を残している。中国の中間層が増えて、彼らが資産を株式投資に振り向けると、株式市場はますます大きくなると思うよ」

イェにとって今後の不安材料は、グローバル規模で不確実性が高まっていることだ。間違った政治判断と相まって、例外的な事象が発生すると、世界経済があっという間に悪化する可能性がある。二〇〇八年のリーマンショックにみられるように、経済は金融よりも政治に大きく影響されるものなのだ。

「経済学者たちは、何かが起きたときにどのように対処すればいいのかについて、優れたアイデアを提供していると思う。しかし、政治的な制約があったり、政治的な意図が働いたりして、彼らのアイデアの効果が打ち消されてしまうんだ。世界はこれまでになく不安定さを増しており、世界のマーケットはかつてなかったほど相互に強く結びついている。そのせいで、マーケットの変動性が高まっているわけだが、それは程度の問題にすぎず、何かが根本的に変化したわけではない。その意味で、バリュー投資はいまも、私がそれを始めた時と同様、時代にあった運用手法だと考える」

「私の考えでは、バリュー投資の本質は公正さと一貫性にある。バリュー投資では、慎重にことを進めながら安全域を確保できる銘柄を探すことになる。慎重さを欠いてしまうと安全域を確保できず、バリュー投資とはかけ離れた投資手法になってしまう。価格低下のリスクを第一に考えれば慎重にならざるをえず、この慎重さによって自らの意見が形成され、ほかの大勢の意見に左右されなくなる。他人に容易に影響されなくなるにつれ、投資家としてのみではなく、一人の人間としての公正さを身につけることができるようになる。こういう考え方を徹底することで、正しい気質を養うことができ、最終的には投資プロセスや投資戦略がより高度なものになっていくのだ」

もう何年にもわたってイェは朝四時に起床し、夜は八時三〇分に寝るという生活を続けている。この規則正しい生活はニューヨーク時代から続いている。当初はオフィスに行くために早起きしようということだったのだが、徐々に起きる時間を早めていった結果、朝の四時から活動するといういまのスケジュールになったのだ。起きてから最初の二時間はeメールのチェックに使う。少々eメール恐怖症のイェにとっては楽しい時間ではない。この嫌な仕事を終えると、ジムに行って二時間しっかりと汗を流す。その後、新聞を読み、残りの時間をオフィスで過ごす。他のパートナーとミーティングをしたり、世界の情報を集め、投資アイデアを練ったりするのだ。

イェは彼の投資戦略については控えめに語るにすぎない。「優れた投資アイデアを生み出してくれる、優れたファンドマネジャーたちを日頃から探し続けることによって、私の投資アイデアが生まれる。これが私のやり方なんだ。幸運なことに、私はパートナーたちからアイデアを聞くことができる。時々は口をはさむけど、彼らは私より頭がいいから、ほとんどの場合、私は黙って教えてもらっているよ」

イェをランチに招待しても、カネがかかることはない。なぜなら、彼はランチを食べないことにしているからだ。何かを口にするとしても、せいぜいダイエット・コークくらいだ。午後六時きっかりに、イェは家族が待つ家に帰る。ワインが大好きで、まだ有名になっていないワインを探し出すことに夢中な彼は、寝る前に一杯か二杯のワインを楽しむ。

謙虚なイェは、自分が成功した人物だとは認めたがらない。しかし、バリューのある人物であることは認めざるをえないだろう。投資においてだけではなく、健康の維持においても規律正しいヴィーニー・イェについて語るには、ベンジャミン・フランクリンの言葉を引用するのがふさわしい。「早く寝て、早く起きる生活は、人を健康に、豊かに、そして賢明にする」

第12章

偶然が生んだバリュー投資家

Cheah Cheng Hye
Value Partners Group

バリュー・パートナーズ・グループ
チア・チェング・フイェ

吟味されざる生は、生きるに値しない。

――ソクラテス

チア・チェング・フイェは1993年に設立されたバリュー・パートナーズ・リミテッドの共同設立者だ。香港を拠点とするこの資産運用会社は、アジア太平洋地域において割安となっている株、実力はあるが注目を浴びていない株を探し出すことを使命とする。チアは会長兼共同最高投資責任者として、同社のさまざまなファンドの運用に責任をもつとともに同社の経営の方向性を決めている。

チアは『アジアン・インベスター』誌、『ファイナンス・アジア』誌といったビジネス誌において、投資業界で最も影響力をもつ人物の一人に選出されており、バリュー・パートナーズを世界で通用する資産運用会社にするという目的に向かって着実に歩を進めている。彼のもう一つの役割は、アジアにバリュー投資を紹介し、根づかせることだ。そのために彼は、普通のチームでも、普通ではない優れた成果を出せる投資プロセスを構築しようとしている。バリュー・パートナーズのモットーは、「規律ある投資」である。

2016年３月31日時点で146億ドルの資金を運用しているアジアでも最大級の資産運用会社であるバリュー・パートナーズは、香港株式市場に上場している、アジアに二つしかない資産運用会社の一つでもある。旗艦のバリュー・パートナーズ・クラシック・ファンド（ユニットＡ）は1993年４月の運用開始以来、2016年３月31日までに累積で2265.2%、年率14.7%のリターンを記録している。同期間の香港ハン・セン・インデックスのリターンは累積373.4%、年率7.0%にとどまる。

チアは話し始めた。「生きている限り、学び続けると決めたんだ。二五歳の時に、それまでは自分の本名でサインをしていたのだけれど、そのサインを学ぶという意味の〝Learn〟に変更した。自分が世界のことを何も知らないということに気づき、日々もっと学ばなければならないとわかったからだ。学ぶことでのみ、洗練され、責任感をもった人間になれると信じているよ」

これまで何度も学校からドロップアウトしかけてきたので、チアは学べるということがどんなに特権的なことかを身をもって知っている。一九五四年にマレーシアのペナンで生まれ、幼い頃は最下層の集落で極貧の生活を送った。「私が育った頃のマレーシアは第三世界に属していて、社会的なセーフティネットといえるようなものは何もなかった」

「一二歳の時に長く闘病していた父が死んでしまった。収入が途絶えて、母も弟も妹も、そして、もちろん私も、文字どおり餓死の危険に直面した。家賃も払えなかったから住むところを追い立てられ続け、家族でどこか一カ所にとどまることもできなかった」

チアは長男として、家族を養うために早々に働きに出た。「毎日毎日、道端でパイナップルを売っていた。屋台でソバを売ることもあったよ。学校は空き時間に遊びにいくような感覚だった。夢なんていっさいもてなかった。生きることに必死だったからね。母は、私がどこかの会社の事務職になることを願っていたよ。そうすれば、厳しい日光にさらされて仕事をせずにすむからね」

しかし、チアの希望はもう少し高かった。貧困から逃れるために一生懸命に勉強して、エリート中学校であるペナン・フリー・スクールの奨学金の権利を得たのだ。この学びの機会を実現するために、チアは毎日、自転車で片道四五分かかる通学に耐えねばならなかった。自転車が盗まれてしまった時には、チアの叔父がなんとか中古の自転車を用立ててくれるまで、数週間にわたって学校に行くことができなかった。

チアは当時を思い起こす。「学校は大変だったけれど、私はいくつかの点で自分の優秀さを示すことができた。チェスの学内チャンピオンになったし、作文が上手で、マレーシア全体のなかでも優秀だという評価を得ていたよ。自分自身の経験から、児童労働の過酷さを書いた作文がイギリスの雑誌に掲載されたこともあった。中学校卒業程度の学力があるかどうかを試すO（オー）レベル試験に一七歳で合格し、学校を卒業した。でも、卒業したら再び家族のために働かなければならなくなったんだ」

一九七〇年代のペナンの景気は悪く、失業率が高止まりしていて、まともな仕事は簡単には見つからなかった。一九七一年にやっとありついた仕事は、一晩三マレーシア・リンギット（一米ドル程度）で『スター・ニュースペーパー』という新聞を折りたたむ仕事だった。毎晩、手も顔も新聞のインクで真っ黒にして帰宅していたが、チアはその仕事を楽しんでいた。タダで新聞が読めるからだ。

三週間後、チアに願ってもない昇進の機会が訪れた。新聞記者見習いになったのだ。「スター・ニュースペーパーの編集者の一人が、私が在学中に作文でいくつかの賞をもらったことを知っていて、私に犯罪報道の記者になるチャンスをくれたんだ。だれも犯罪記事の書き方を教えてくれなかったから、自分でなんとかするしかなかったけれどね。町中をバイクで走り、警察のラジオニュースを聞き、記事のネタを求めていろいろな人の話を聞いた。私の書いた記事の半分程度は自分の考えと取材に基づいて、一人で書き上げたものだ。この努力が実って、一九七四年にスター・ニュースペーパーの副編集者に抜擢されたんだ」

仕事はしていたのだが、マレーシアにいる限り、それ以上の上昇は望めそうにないことがわかったので、チアは広くアジアを見渡して活躍の場を探し始めた。一九七四年に『ホンコン・スタンダード・ニュースペーパー』

から副編集者にならないかという打診を受けると、チアはその場で引き受けた。その年の八月に荷物をまとめると、貨物船に乗り込んで新しい生活に向けて出港したのだ。

金融の知識がまったくない二〇歳の若者に向かって、君は一九年後には投資ファンドの運用をすることになるのだよといったら、さぞや驚くだろう。チアはいう。「当時は長期的な計画なんて考えたこともなかったよ。目の前に現れるチャンスに、ただ取り組むだけで必死だった。投資についての知識も興味もなかったのは当たり前だよ。投資するカネなんてまったくもっていなかったんだもの」

『ホンコン・スタンダード・ニュースペーパー』で数年を過ごした後、『アジアウィーク』紙や『ファー・イースタン・エコノミック・レビュー』紙で経験を積み、最後には『アジアン・ウォールストリート・ジャーナル』紙に落ち着いた。最初は香港のさまざまな出来事を記事にしていたが、香港がアジアの金融の中心としての地位を確立するのに応じて金融や経済の記事に特化するようになり、一九八九年まで記者としてのキャリアを積み上げていった。

記事の奥深さと正確さを追求するために、チアはさまざまな分野の本を幅広く読んで学ばなければならなかった。「アジアの著名な政治家や経済人にインタビューする機会を与えられ、アジアという地域について深い洞察を得ることも多かった。その地域の政治、社会、歴史、金融を理解していなければ、ビジネスを続けていくことはできないことがわかったんだ」

「そうとわかれば、後は勉強するだけだ。まずは歴史書を読み込んだ。住んでいる香港はイギリスの植民地だし、母国のマレーシアもかつてはそうだったから、大英帝国の歴史には特に興味をもったよ。あの小さな島国にすぎないイギリスが、長年にわたって世界を支配したことはすごいと思った。世界の不思議の一つだと思わない歴史の知識を得ることで、アジアの政治についての理解が進み、それがチアの金融への興味に火をつけた。

「金融モデルや会計について学習している時に、ジョン・トレインの著書『マネーマスターズ』に出会い、優れた投資家がどのように投資しているのかについて知った。ジャーナリストとしての自分を高めるために勉強を始めたのだけれど、最後には金融や投資に対する興味が勝ってしまった」

普通のジャーナリストはなんらかの事象が起きると、それに反応し、取材をして記事に仕立てる。これに対して、優れたジャーナリストは何かが起きる前にそれを予想して準備を始める。

「ジャーナリストの時に学んだことは投資に応用できると思う。よいアイデアは自分自身のなかから自然と生まれてくる。常に新しいことを学び、細部にまで気を配ることを心がけていれば、よいアイデアが心に浮かんでくる。次に、優先順位をつけ、メインポイントに集中することが大切だ。私たちが読んだり聞いたりして得たもののほとんどは重要な情報ではなく、いわゆるノイズだからだ。知識を身につけ、重要なポイントに集中できれば、何が起きても対処できるようになる。ジャーナリストであれば、ほかの記者よりも早く、より正確な記事が書けるようになる。投資家であれば、顕在化した投資の機会にほかの投資家よりも素早く反応し、決断を下せるようになる」

知識を獲得し、それを選別する能力は持って生まれた才能なのだろう。一九八三年、チアは『アジアン・ウォールストリート・ジャーナル』紙で、香港ドルが米ドルに連動するようになるとスクープしたのだ。

同じく一九八三年に香港を拠点とするコングロマリットのカリアン・グループのことを調べているうちに、同社が不思議な会計処理をしていること、マレーシアのブミプトラ銀行と普通ではない取引をしていることを探り当てた。その後、粉飾会計の摘発、企業の顧問の自殺、マレーシアの銀行の監査人の暗殺といった事件が続き、カリアン・グループは倒産した。この一連の出来事を総合的にまとめた『アジアン・ウォールストリート・ジャーナル』紙でのチアの記事は、犯罪調査と企業の財務活動の深い分析を組み合わせたもので、高い評価を得た。

一九八三年から一九八四年にかけて、チアはカワ銀行やオーバーシーズ・トラスト銀行の倒産を含め、香港の銀行スキャンダルを徹底的に取材していた。

一九八六年にはフィリピン・セントラル銀行を調査し、会計操作が行われていることを報道した。また、フィリピンのマルコス政権の崩壊につながるマニラ街頭での〝人民の反乱〟を報じた記事は、現場取材力の高さから業界でも注目されるものだった。

「一八年間にわたって報道の世界に身を置いて、私には対象を深く調査する能力があることがわかった。そんな時に友人を通じて、モルガン・グレンフェルのシンガポールのヘッドだったシエ・フ・フアに会った。彼は私に投資部門でリサーチャーにならないかと誘ってくれたんだ。失うものは何もなかったし、新しいことに興味があったので、報道の世界から株式アナリストの世界に飛び込むことにしたんだ」

趣味の店、開業

新しい仕事は波乱含みで始まったはずだ。「一九八九年という年は、香港で何をやるにも悪い年だった。中国で天安門事件が起きていたからだ。そんな状況だったけれど、ありがたいことにシエは私をモルガン・グレンフェルの株式リサーチのヘッドとして採用してくれた。彼は香港にブローキング部門をつくることを計画していて、株式を担当する人材がほしかったのだ」

「最初のミーティングで、シエはなぜ彼が私を雇わなければならないのかを聞いてきた。すべてのビジネスは価値を付け加えるものだが、私はこれまでとは異なる価値を提供できるからって答えたよ。もちろん、みな、なんらかの付加価値を与えようとしてがんばっているのだけれど、私はジャーナリストという普通の人がもっていない経験があるし、これまで幅広いトピックを調査してきたから、人とは違う価値を提供できる。私の分析は競争相手とは異なる視点のものになるはずだ。要するに、私の専門性は特別なものだということだよ」

一九八〇年代は金融業にとってよい時代だったとチアはいう。銀行員も証券会社の社員もゆったりとしてランチを楽しみ、やっていることといえば、わずか三三銘柄で構成される香港ハン・セン・インデックスを相手にするだけだった。だれもがこの三三銘柄を売ったり買ったりすることで、快適な生活を送っていたのだ。

快適な生活を送るだけでは満足できないチアは、群れから自分を際立たせるために、独自の投資情報を用いて中小型株の分析に特化することにした。上司の承認も得て、新しい投資の旅を始めたのだ。

勤務先のモルガン・グレンフェルに投資アイデアを提供するだけではなく、チアは同社の自己勘定でのトレーディング業務も行っていた。財務的な面からの株式市場の分析に加えて、歴史、政治、社会の要素を加えた分析は、経済の実態を仲間のだれよりも正確に浮き彫りにすることを可能にした。チアは会社に大きな利益をもたらし、年末に支給されるボーナスも予想を大きく上回るものになった。

一九九二年にチアは、将来ビジネスパートナーとなるヴィーニー・イェに出会った。「ヴィーニーは一族の会社であるシン・チョング社の非公開化のためにアメリカから香港に戻ってきていた。モルガン・グレンフェルはシン・チョング社の少数株主の利益を代表していたので、私はシン・チョング社の企業価値を公正に評価する責任を負っていた。ヴィーニーとは反対の立場にいたけれど、彼の知性と誠実さゆえに尊敬するようになったよ。もしも自分がビジネスを始めるとすれば、彼に相談して一緒にやろうとするだろうとも思ったんだ」

一九九三年にチアは、本当に自分の投資会社の設立を考え始める。モルガン・グレンフェルで数年働き、かなりの資産も貯めることができたので、そろそろ自分の人生は自分で決めていこうと思い始めたのだ。

「正直にいうと、金融業界にうんざりしていた。あの業界には当時、いや、多分いまもそうだと思うけれど、〝金融海賊〟みたいな連中がうようよしていたから、そういう連中から離れて自分のやりたいことを追求したくなったんだ。金融海賊たちは投資をきわめたくて金融業界に入ってくるわけではない。カネがほしくてたまらない〝カネの病気〟にかかっている。カネがほしいからエンジニアや弁護士にならずに、銀行員になるんだ。彼らは文明の面汚しだ。人間の文明に何の貢献もしていないのだから！」

「よい医者は多くの報酬を得るだろうが、医療の世界でそれだけの価値を提供している。金融海賊たちは多くの投資家を傷つけ、価値を毀損することによって多額の報酬を得ているんだ。こういう連中はソマリアにいる本物の海賊よりもたちが悪い。ソマリアの海賊は悪いことをしたら捕まるけれど、金融海賊たちのことはだれも取り締まらない。教育もあり、よい家柄で仕立てのよいスーツを身にまとっている。でも、彼らがやっていることといえば、投資家たちが買うべきでもないし必要でもない金融商品をつくり、それを売って利益をあさっているだけなんだ」

〝カネの病気〟を撃退するために、チアは自分の会社で投資の世界に集中することにした。「正しい投資原則をもっていれば、カネを追わずにすむ。カネのほうが自分を追っかけてくるんだよ」

この正しい投資原則は、チアをごく自然に財務分析と投資価値に着目するバリュー投資に導いた。「合理的な理由がなければ株の売り買いはしない。このシンプルな考えのもとでバリュー・パートナーズは設立されたんだ」

チアはこの思いをイェに伝え、二人の考え方と志が同じであることを確認してタッグを組んだ。一九九三年二月にバリュー・パートナーズを共同設立したのだ。

チアは当時をこう振り返る。「いまはヴィーニーと笑って話すんだけれど、バリュー・パートナーズを設立した時には、オフィスに彼と私と秘書の三人しかいなかった。五六〇〇万ドルの資金を集めたとはいえ、それはほとんど私たち二人の自己資金だったんだよ。二人の趣味の店みたいなものだったってことだね。コレクションになるようなおもちゃとか、モデルカーとかを売る趣味の店があるじゃないか。私たちはそれと同じ感覚で、慎重な投資分析とバリューのある株を売る趣味の店を開いたんだ」

亜細亜山バリュー寺を建立する

〝カネの病気〟を避け、銘柄選択によるバリューの創造を実現するために、バリュー・パートナーズは香港の中小型株に特化した。当時の香港ではほとんどの運用商品は香港ハン・セン・インデックスに追随するものだったので、中小型株特化という戦略はバリュー・パートナーズの存在を際立ったものにした。

二人のパートナーはそれぞれの役割をしっかりと定めた。チアは投資分析と銘柄選択に責任をもち、イェは投資資金を集めることに責任をもつことにした。「優れたアナリストであること、優れたファンドマネジャーであること、そして、優れた経営者であることは、まったく違うことだ。どれほど優れた銘柄分析ができたとしても、ファンドマネジャーに必要な野生の勘を働かせて、ここぞというときに思い切った意思決定ができるとは限らない。もしこの両方ができたとしても、資金集めや組織の運営ができるかどうかは別の話だ。ラッキーなことに、ヴィーニーと私はうまく補完し合える存在だったんだ」

チアはイェを今日に至るまで、アジアではとびきり優れたバリュー投資家だと信じている。「第一に、ヴィーニーはよい家柄の出身でネットワークも広い。第二に、グレアム・ドッド流のバリュー投資理論と、それを現実に応用してビジネスに展開することの違いを理解している。ファンドの運営は本質的に三次元の活動だ。ファンドの設計と維持、顧客と従業員の維持、投資分析とポートフォリオ管理という三つの要素をうまくこなしていかなければならないんだよ」

「オフィスにこもって沈思黙考するバリュー投資家と、三次元でファンド運営ができるいわば〝マスター・オブ・ファンドマネジメント〟の両方の役割をこなすことができるヴィーニーと一緒にいられたのは幸運以外の何物でもないと感謝している。彼はバリュー投資の哲学を理解し、それをアジアでビジネスモデルとして展開している」

イェの強力な支援とチアの投資に関する知見が融合し、バリュー・パートナーズは一九九〇年代半ば辺りから成長軌道に乗り始めた。従業員が増え、会社が大きくなるにつれ、チアは自分自身がアジアにおけるバリュー投資の先頭にいて、バリュー投資の文化を自分たちが日々新たにかたちづくっていることに気がついたのだ。バリュー・パートナーズで働く者は、健全な精神と気質を維持するために〝私の約束〟という同意書にサインすることになっている。この約束に従うことは、すべての従業員の義務とされているのだ。同意書には一〇カ条の基本ルールが書かれており、常に机に置かれて、いつでもみることができるようになっている。

【私の約束】

① 正直かつ率直であること
② エゴではなく、誇りをもって仕事に向かうこと
③ 常に自己研鑽に励むこと
④ 顧客の利益を第一とすること
⑤ 株主には公正で忠実であること
⑥ オフィス内に政治的駆引きを持ち込まないこと
⑦ 守秘義務を厳守すること
⑧ 創造的でレベルの高いバリュー投資を実現するという評判を高めること
⑨ 使いやすく、コストの低い方法を心がけること
⑩ 結果を重んじ、プロセスにこだわりすぎないこと

チアは、〝私の約束〟にサインした従業員が、その本質を理解して、道徳にのっとった尊敬に値する人生を過ごすことを望んでいる。〝カネの病気〟を撃退するためには、〝学ぶ能力〟と〝教える能力〟が必要だとチアは考えている。

「従業員を採用するときには、彼あるいは彼女が、学ぶ能力と教える能力をもっているかどうかを判断する。

新しい知識を吸収する意欲があるか、学んだことを同僚に教える寛容さがあるかといった点を評価するんだ。よい生徒が必ずしもよい先生とは限らないし、よい先生がよい生徒であるとも限らないだろう。両方でよい評価を得るには、寛容な心、謙譲の精神、分け与える気持ちが必要だと思う」

「ジャーナリスト時代には、新しい取材対象が与えられると、常に新しいノートを用意した。よい記事を書くためには、常に新たな方法を考えなければならない。つまり、常に〝学ぶ能力〟が必要ということだ。次に、読者に理解してもらえるようにわかりやすく書かなければならない。これは〝教える能力〟を向上させるということだと思う。投資にもこの二つのコンセプトは必要なのだ」

アジアでバリュー投資を布教するために、バリュー寺を建立するような心持ちでいるチアは、仏教の教えを企業文化に持ち込もうとしている。バリュー株は投資家から忘れられていたり、人気が落ちていたりするので、当然、短期的には市場平均に劣るパフォーマンスを示すことが多い。チアは会社の仲間に対し、こうしたパフォーマンスがよくない株を取り扱う際には、仏教の根底にある忍耐と不屈の精神をもって臨むことが重要だと説くのだ。

また、仏教が説く無我の境地も大事な心構えだ。「長く続くビジネスを構築するためには、エゴを捨て去ることが重要なポイントになる。この観点から、私はバリュー・パートナーズが投資の〝スター〟に頼る構造になることを避けてきた。スターに頼らない投資会社にするために、優れた能力をもつメンバーによって編成されるグループにより、投資プロセスが運営されるようにしたんだ。また、そのプロセスをだれでも学習でき、教えることができ、繰り返すことができて、拡張性に富み、持続性が高いものとした」

「チームを導くリーダーが必要なのはいうまでもない。でも、投資のプロセス全体はチームで実行しなければならない。メンバーにはその人固有の限界があるけれど、チームをつくることで、個々のメンバーは自分の強みに集中し、能力を最大限に発揮できるようになる。こんなことをいうと奇妙に聞こえるかもしれないが、私の究極の目標は投資プロセスを工業化し、バリュー・パートナーズを投資アイデアの工場にすることなのだ。私たちはチームとして、マーケットに勝てることを証明してきた。だから、われわれの投資プロセスを繰り返し、移植することだってできると思うんだ」

工業化プロセスという考え方

チアの工業化された投資プロセスというアイデアを支えているフレームワークは、実は西洋から来ているという。その考え方を提唱しているのは、有名なバリュー投資家のベンジャミン・グレアムとウォーレン・バフェットである。チアはアジアの環境下で利用可能になるよう、彼らのコンセプトを修正しただけだというのだ。

投資アイデアをかたちづくるにあたって、チアと彼のチームは三つのRを備えた株を探し求めている。正しいビジネス（right business）であること、正しい人（right people）により運営されていること、正しい価格（right price）であることの三つだ。投資プロセスにおいては逆張り投資家として、アジアの株式ユニバースを三つに分けて考える。

① 割安に放置されていて人気がない株式
② 価格は正当で推奨されている株式

③　割高なコンセプト株式［注12］

「私たちは一番目のカテゴリーと、一番目と二番目の間にある株に投資することを目指している。セルサイドのアナリストは二番目のカテゴリーの株を推奨してくることが多いが、私たちは二番目のカテゴリーには懐疑的だ。三番目のカテゴリーはメディアとかタクシーの運転手が話題にするものだ。私たちの戦略は、一番目の株を買うことを第一に考え、そうして手に入れた株が二番目のカテゴリーになるまで待つというものだ。三番目のカテゴリーに入れば、すぐに売ってしまう」

この方法は理屈としてはとても単純だが、実際にこのとおりに運用することはなかなか大変なことだ。チアは次のようにいう。「アジアの投資家が、人気のない銘柄を買うなんてリスキーなことを許すわけがない。アメリカの株式市場のように十分な流動性があるのならともかく、アジアの株式市場の流動性は低く、人気のない銘柄なんて一日に一度、取引されるかどうかもわからない。そんな銘柄を売買しようとしても四苦八苦せざるをえなくなるよ」

株をこの三つのカテゴリーに分類し、まずはその価値を評価する。その後、ビジネスの内容についての詳細分析に入るのだ。チアは評価方法や比較方法を標準化して、産業セクター内、あるいは異なる産業間で数量的に比較できるようにした。一九九〇年代にはベンジャミン・グレアムの名著『証券分析』を利用していたが、その後はマーチン・フリッドソンの『財務諸表分析：実務者向けガイド』を使い始めた。

「われわれは定量的な分析よりも、定性的な分析にかける時間をますます増やしていった。価格が安くなっている株はだいたいビジネスの内容がひどくて、グレアムがいうような〝あと数回しか吸えない吸殻〟状態になっている可能性が高い。その株を十分に安値で買ったつもりでも、ビジネスに持続可能性がなかったり、競争力がなかったりしたらもっと安くなってしまう」

バリュー・パートナーズは銘柄選択の際に、財務数値だけではなく、ビジネスの強みやコアな優位性の評価に重きを置いており、その分析のためにアナリストチームが個別の企業訪問を行っているとチアはいう。よい企業と悪い企業を見分けるための企業訪問の実施回数は年間二五〇〇回にものぼる。

投資機会を見出すと、チアは投資の意思決定に十分な手間をかける。「投資の意思決定という行為が、投資プロセスに含まれるいくつかの段階の一つとして、正当に認識されることは多くないように思う。これはおかしいよ。だれかが直さなければいけない」

「大学でファイナンスを教えている先生に、数十億ドルの投資の意思決定を迫っても、おそらく無理だろう。あまりにも学問的に考えているからだ。アナリストであっても同じことがある。理論的には正しいと判断していたとしても、状況が悪くなって非難されるのは嫌なものだから、意思決定を避けるわけだ。私にいわせれば、野生の勘を失っている証拠だね」

「こういった意思決定ができない状況を招かないために、私のチームでは投資の意思決定について決して批判しないことを徹底している。だからといって、安易に意思決定をしているわけではない。仏教の教えにのっとって、私という存在を意識せず、エゴを捨て去っているので、他人からどうみられようが気にしないという心構えでいるのだ。こうして何ものにも影響されず、事実のみをみているので、客観的な意思決定が可能となっているのだ」

「とはいえ、私たちは理想の姿からはほど遠い状態だ。多くの間違いもあった。一九九三年以降の投資の意思決定の成否を分析してみると、三分の一で間違いを犯していた。よいとも悪いともいえないのが三分の一で、最後の三分の一は正しい意思決定をしていたようだ。マーケットに打ち勝つためには、損失をできるだけ抑えることが肝要だ。そのために常にポートフォリオを構成する銘柄の動きを観察し、よい株と悪い株を選別する必要があるんだ」

この点について、チアはソクラテスの言葉を自分なりに解釈して引用する。「知っている人は自分が何も知らないことを知っている。自分は何も知らないことを知っている人はすべてを知っている」。投資の世界においても、謙虚な人は高みにのぼることができるが、知ったかぶりをするようでは、成功はおぼつかない。

ファンドマネジャーを始めたばかりの頃、チアは少数精鋭の銘柄で構成したポートフォリオを運用していたが、時間が経つにつれて銘柄を分散するほうが合理的だと考えるようになった。「最初の頃は、三〇銘柄から四〇銘柄の選りすぐりの銘柄でポートフォリオを構成するのが優れたマネジャーの証拠だと思っていた。しかし、世の中には口がうまい、信用ならない人が思いのほかたくさんいて、株主をだますということがわかってきたので、銘柄を分散するようになったんだ」

「加えてアジアでは、ビジネス、経済、政治といったさまざまな要因から、企業が外部からの影響を受けやすい。損失を抑えるためには、ポートフォリオを分散しておくことが望ましいんだ。私はどの銘柄も、ポートフォリオの二%を超えないように分散しているよ」

バリュー・パートナーズがまだ小さな投資会社だった時には、公開市場から株を買うことに問題はなかった。しかし、運用資産額が増加して大きくなってくると、公開市場で中小型株のような流動性の低い銘柄を買うことが事実上不可能になってしまった。流動性の低さは、チアにとっては大きな問題だったのだ。

一九九八年に香港証券先物取引委員会（ＳＦＣ）はバリュー・パートナーズとチアを非難するコメントを公表

した。マーケットが終わる直前に、五つの銘柄に大量に買い注文を入れ、人為的に終り値を吊り上げたという内容だ。ＳＦＣの文書には次のように書かれている。「意図したものではなかったのかもしれないが、チアは、このような取引が終り値を急騰させる可能性があることや、それによってマーケットの公正さが損なわれる可能性があることを認識しておくべきであった」

「いまでは信じられないだろうが、一九九三年から一九九九年にかけては中小型株でポートフォリオをつくるのは至難の業だった。当時の中小型株は未公開株と同じようなもので、市場で取引のない日も珍しくなかったんだ。一九九七年には金融危機が起き、一九九八年の年末にかけて、われわれが保有する中小型株を売買する人たちがマーケットからいなくなってしまった。売買の相手を見つける目的で売り注文や買い注文を出したけれど、結局、売買は成立しなかったよ」

「多くの人は、われわれが市場操作をやったと受け止めただろうね。でも実際に起きていたことは、ただその銘柄がほしくて買い注文を出したということにすぎないんだ。いずれにしろ私は責任をとり、ＳＦＣにことの成行きを正直に話したよ。彼らは説明に納得したけれど、満足することはなく、警告を発したんだ」

この一連の出来事を受けて、チアは投資のプロセスを見直すことにし、トレードの専門知識をもったメンバーのチームをつくることにした。さらに、バリュー・パートナーズの規模が香港では相当に大きくなっていることを考慮して、小型株への投資には異なるアプローチを適用することにした。

「少し多額の投資をすると、小型株であれば簡単に発行済株式総数の五％とか一〇％になってしまう。バリュー・パートナーズの規模と信用を利用して、マーケットで買い付けるのではなく、その会社と直接、株式を取引することも選択肢に加えた。アメリカふうにいえば、「公開株の私的買付け」（ＰＩＰＥＳ［注13］）ということになる。この取引のいいところは、マーケットでの取引価格よりも安く株を手に入れることができること、また、転換社債での取引も可能になることにある」

こうした取引が完了した後、チアとそのチームはポジションの監視を強化する。チアはジャーナリストとしての経験を生かし、仲間に対して保有銘柄に関する記事の見出しがどうなりそうかと質問する。「チームのメンバーに、将来を絵に描かせるような質問をするのが好きなんだ。投資先の企業の一カ月後を想像し、それについて新聞記者だったらどういう記事を書くか、一年後だったらどうかと聞くんだよ。メンバーは株価の今後の動きについて答えるけれど、私がほしいのはそんな答えじゃなくて、もっと視覚化された企業の未来の姿なんだ」

［注］

12 訳注：先進技術を標榜するテクノロジー系のベンチャー企業のように、今後展開しうるビジネスのアイデアへの期待ゆえに株価が上昇しうる、または、上昇している株。アイデアが実現すれば投資成果が大きいが、ベンチャー企業の創生期には有形資産等の企業価値を裏打ちする資産が十分に備わっていないことが多く、現実の売上げ、利益、キャッシュフローに結びつかないリスクが大きい。

13 訳注：公開会社が株式の募集を一部の投資家に限定して行うこと。Private Investment in Public Equitiesの略である。

バリュー投資の進撃は続く

　バリュー・パートナーズで過ごした時のなかで、最も記憶に残るのは二〇〇一年から二〇〇二年に至るまでの間だとチアはいう。その時に運用資産が一〇億ドルを超えたのだ。

「当時、ちょっとした意見の相違がチーム内にあった。大きくなりすぎたので、ファンドを閉じて規模を縮小しようという意見と、アジアにも多額の資金を預かって継続的に運用できる優れたファンドがあることを世界に知らしめるために、規模をもっと大きくしようという意見があった。私は規模を大きくする意見に賛成したよ」

「この議論は一カ月ほど続いたと思う。資産運用会社が追求すべきはパフォーマンスであって、規模ではないという意見に反対はしないが、私は最終的には議論に勝った。しかし、それは別に私が設立者の一人だったからではないよ。会社全体を軍隊のように小さなユニットに分割して、それぞれのユニットが固有の運用態勢をもつ投資プロセスをつくりあげたから、みなが納得してくれたのだ」

「この変革により、小さなユニットで物事を進めていくという文化を維持しつつ、会社全体としては大きな資産を扱えるようになった。現在は五人から六人で構成されるユニットが六つ組織されている。これらのユニットは、ほぼ独立して意思決定が可能なので、メンバーが大きな会社で働いているという感覚をもつことはない。わが社の社員は、相変わらずハングリー精神があって、情熱的で創造的なのだ。〝俊敏であるために、できるだけ小さくあれ。強くあるために、できるだけ大きくあれ〟がわれわれのモットーだ」

　バリュー・パートナーズを率いて、それがどこへ向かうかを決定する、会長兼共同最高投資責任者というポジションは特別なスキルを要求する。マクロ分析のスキルだ。

「投資会社のリーダーとして、会社を次のステージに引き上げるために、常に新たな戦略とアイデアを生み出さなければならない。組織構造を考えるだけではなく、会社全体がこのマクロ環境のなかで進化し続けることができるかを考えなければならないのだ。二〇〇〇年代初めにファンドを閉じて規模の小さな投資会社のままでいたら、アジア全体を巻き込んだマクロ的な成長の果実を得ることはむずかしかっただろう。進化しないと取り残されてしまうのだよ」

「ボトムアップにこだわるバリュー投資家として、私たちは投資先のビジネスの内容に注目する。しかし、私のレベルでは、経済全体の現況や将来見込みといったトップダウン情報にも配慮し、われわれのチームがポートフォリオの資産をどのように配分するかを指示しなければならない。たとえば、経済が軟調になりそうなら、ポートフォリオの現金保有率を引き上げることが必要になる。あるいは、少なくとも景気変動の影響を受けにくいディフェンシブな銘柄を増やすという行動が必要だ。企業のみをみて、経済全体をみないということでは投資は成功しない」

　仕事中毒といわれることもあるが、チアは猛烈な読書家であり、学ぶスピードを緩めることはない。趣味でもあり、心を落ち着かせるものでもある読書以外では、仏教の実践者として毎日四〇分ほど瞑想することにしている。瞑想により心が楽になり、自由な状態になって、内面を見つめることが可能になる。そうすることにより、新たな投資アイデアも生まれてくるに違いない。

　チアは、自分のこれまでの成功は単純に運によるものだと信じている。一九七八年に中国が経済を解放した。一九九二年鄧小平が門戸開放政策を宣言し、マーケットの力や資本主義的なシステムを取り入れることにした。

には南巡講話で「豊かになることは名誉なことだ」と述べた。一九九七年に逝去するまで、鄧小平は一九六〇年代に提唱された農業、工業、国防、科学技術の〝四つの近代化〟の強力な推進者だった。チアはちょうどいいときに、ちょうどいい場所にいたということになる。

バリュー・パートナーズの仲間たちと前進を続けるチアなら、中国には五つ目の近代化が必要だというだろう。金融市場の近代化である。「中国は一九世紀と二〇世紀、厳しい時代を乗り超えてきた。〝アジアの病人〟と呼ばれたこともあった。経済成長、貧困の撲滅、都市の近代化といった観点から、中国はわれわれの予想をはるかに超える発展を遂げたが、金融市場は依然として未熟な状態のままだ」

「これからの何年かで、中国には世界レベルの金融産業が育つことになるだろう。そこで、バリュー・パートナーズと香港の人々の出番となる。私たちはこの五つ目の近代化を支援したい。中国の人たちが資産をもつようになれば、そこに跋扈する〝金融海賊〟たちにねらわれやすくもなる。私たちの使命は、バリュー投資の成果を示すことにより、彼らをその危険から守ることなのだ」

第13章

バリュー投資家ができるまで

もし、ゆえなき非難にさらされても心騒がせないなら
もし、疑われても自分を疑わず、疑う者をゆるせるなら
もし、飽きることなく時が来るのを待ち続けられるなら
もし、勝利も敗北も等しく受け止めて惑わされることがないなら
もし、民衆と接して徳を失わず、王とともに歩んでへりくだらず、
敵にも友にも傷つけられることなく、人を大切にしても大切にしすぎないなら
地と地の上のすべてはおまえのもの
おまえはようやく大人になる

——ラドヤード・キップリング

私は以前、元コカ・コーラ社長のドナルド・キーオに、よいリーダーになるために必要なものは何かと尋ねたことがある。リーダーといってもさまざまで、だれがよいリーダーになるかを言い当てるのはむずかしいというのが彼の回答だった。私は、本書を書いたことで、彼の言葉が投資にも同様に当てはまると思うようになった。よい投資家といってもさまざまで、だれのアプローチがいちばんなのかを決める厳格なルールなど何もないのだ。

香港にあるバリュー・パートナーズのヴィーニー・イェは、数多くの投資家や投資に関する本が〝適切な〟投資スタイルについて論じているが、まずは自分の気質や適合性を理解し、自分にあったスタイルを選択するほうが適切だと語った。「冷静で忍耐強い性格なのであれば、バリュー投資が向いているだろう。もし頭がどんどん回転してしまい、ともかく動いていたいのであれば、トレード回数を増やして勝負する投資スタイルが向いているだろう」

本書のテーマはバリュー投資である。もちろんバリュー投資以外の投資手法の可能性を排除するわけではないが、私は成功した世界中の投資家一二名と出会えたことから、バリュー投資はさまざまな国で有効であること、バリュー投資の基礎にある哲学が、一九二〇年代にベンジャミン・グレアムが最初に提唱し始めた頃から変わらずに、現在においても適用できることを確信した。

本書を書くための調査や執筆を通じ、私は、バリュー投資家であることは何を意味するのか、バリュー投資家には何が求められるのかを考察してきた。本章では、そうした考察について総括したい。

謙虚な姿勢でポートフォリオの構築に臨む

本書で取り上げたバリュー投資家を特徴づける表現として、〝謙虚〟という言葉が最も適切だろう。謙虚さそのものが美徳であるが、投資においては不確実性に備える安全域の概念と結びつく。

ジャン・マリー・エベヤールは、投資で成功するためには謙虚さが必要不可欠だと考えている。投資家たちは謙虚であることにより、自分が完全無欠からほど遠く、時には判断を誤ることに気づくことができる。「私は自分が将来について確実なことは何もいえないという事実を受け入れる。したがって、大きなリターンを出すよりも損失を出さないことを第一に考えている」

エベヤールは、投資家は投資に安全域を設け、自らのアイデアが実を結ぶまで待つ忍耐力が必要だという。ベンジャミン・グレアムが述べたように、「マーケットは短期的には投票数の集計マシーンだが、長期的には重量の計測マシーン」なのだ。

謙虚さは、投資家に安全域を求めることを促すだけではなく、オープンマインドにもさせてくれる。マーク・モビアスがいったとおり、「先入観がなく広い心でいれば、世の中が変化することを受け入れ、変化に後れをとらぬよう新しいことを絶えず学んでいくことができる」。

世界は不確実であるとわかっているため、本書で取り上げたバリュー投資家のほとんどが分散投資をしている。よりよい運用パフォーマンスを生み出すことはたしかに大事な目標だが、投資家の資産を守り、損失を回避することも大事なことである。その意味において、分散投資は自然なことだ。

ここで重要なのは、リスクと不確実性の違いを認識することだ。未知なものであっても、計算や定義が可能であれば、それはリスクだ。たとえば、ポーカーや株式投資はリスキーだが、勝つ確率や、負けたときの損失額は計算可能だ。だから、それはリスクなのだ。

これに対して、不確実性は、計算や特定が不可能な未知の結果を含んでいる。たとえば、相場の低迷や景気の停滞がいつまで続くかを完璧に予測することはだれにもできない。マーケットは不確実だが、投資家が投資にかかるリスクを定量的に計算することはできる。

バリュー投資家がポートフォリオに多様性をもたせるのは、実のところ、投資にリスクがあるとみなされるためではなく、世の中が不確実であると知っているからである。ウィリアム・ブラウンはこうした不確実性をヘッジする唯一の手段は分散投資であると考えている。「どうして二五番目の銘柄にまで分散投資する必要があるのか。ベスト10の銘柄に投資することで十分じゃないかと投資家から聞かれることもある。でも、私たちは正直なところ、どれが本当のベスト10かを確実にいえるわけではない。やはり、分散しておいたほうがいいんだよ」

ウォーレン・バフェットは集中投資で有名である。ウォルター・シュロスは、集中投資のほうが管理しやすいことには同意しつつも、自らの投資キャリアにおいて集中投資には慎重だった。「多くの投資家はウォーレンのようになりたいと思っているようだが、彼はアナリストとして優れているだけではないということを認識すべきだと思う。彼は、人に対してもビジネスに対しても優れた判断を下すことができるのだ。私は自分の能力の限界をわきまえている。だから、自分に心地よい方法で投資するのだよ」

新興国経済において、分散投資はほとんど必要不可欠である。多くの国は経済的にも政治的にも不安定であるため、よいビジネスが現れては消え、最も洗練された投資家でさえもだまされる可能性がある。

香港のチア・チェング・フイェは私にこういった。「最初は集中投資をしていることが誇らしかった。しかし、世の中には口がうまい、信用ならない人が思いのほかたくさんいて、株主をだますということがわかってきた」

分散投資は、ある水準以上になると程度の問題である。ロンドンのアンソニー・ナットを例にとると、彼が運用する投資ファンドには一〇〇から一一〇の銘柄が組み込まれているが、そのうち上位一〇銘柄がポートフォリオ総額の四割を占めている。

シンガポールのティング・イック・リーエンはもう少し選択指向が強く、彼が保有する銘柄数は三〇ほどにすぎない。ティングは、集中投資型のポートフォリオのほうがより勝つ確率が高い賭けに集中することができ、自分が精通しているビジネスに時間と知見を傾けることができると語った。

ティングは自らのポートフォリオを集中型ととらえていたものの、三〇というのは少ない銘柄数ではない。バートン・マルキールは『ウォール街のランダム・ウォーカー』において、同じような規模で偏りがない二〇程度の銘柄で構成されたポートフォリオであれば、リスクを七〇％削減することができると書いている。ティングは、アジア太平洋地域にわたって資産を分散して保有することにより、それぞれの国、政治、ビジネスに固有のリスクを削減することに成功している。

バリュエーションの技法

ファイナンスの本を読んだり、企業価値評価の講義を受けたりすれば、だれでも投資対象の公正な価値を評価できるようになる。むずかしいのは定性面からの分析だ。よいバリュー投資家には、ビジネスの持続可能性を予測する経験やノウハウが必要とされる。

スペイン人のバリュー投資家フランチェスコ・パラメスは、投資分析のために計算機より高度な道具は使わないと断言している。「重要なのは、どれほど評価モデルが精緻かではなくて、どれほど投資対象企業のビジネスを理解し、その競争力を正確に評価できるかなのだ」

同様にジャン・マリー・エベヤールも、シンプルな投資手法を好んでいる。ビジネスの本質的な価値はおおまかな推測にすぎず、決して正確な数値ではないからだ。一ペニー単位でビジネスの価値を推定するような洗練された投資手法を構築しようとすることは、無駄な努力にすぎないだろう。

ここで重要なのは、本質的な価値が時間とともに変化する幅のある数値であるということだ。世界が変化するときに、投資家がビジネスや経済の状況をどのように定性的に評価するのか、それに応じて計算をどのように修正していくのかが決定的な要素になる。

エベヤールは二〇〇六年に引退した後、コロンビア大学でバリュー投資を教えた。そこで彼は、多くの学生が定性分析は何ページもの文書で説明するものだと思っていることに気がついた。彼はこう説明した。「私は、分厚いレポートは必要ない、徹底的に考え、ビジネスの強みと弱みをそれぞれせいぜい三つか四つ以内に集約することが必要だと強調している」

定性分析のためには考えることだけではなく、行動も要求される。投資のプロであることの特権の一つは、企業の経営層に会う機会が多いことだ。カーン・ブラザーズのトーマス・カーンは、私にこういった。「私たちは常に、価格が低下した株を上昇させるための触媒は何なのかを考えているのだ。触媒が何かを特定するにあたり、経営陣と直接話をして、彼らの実力や性格を評価し、考え方を学ぶのは楽しい作業でもあり、そうすることで私たちは同じ船に乗っているような気分になれる」

次なる投資機会を探し求めて、あまり知られていない国を含めて旅を続けるマーク・モビアスは、新興市場の財務数値は必ずしも信頼できるものではないと警告している。「経営陣と話し合い、彼らの目をみて信頼できる相手かどうかを判断しなければならない」

投資アイデアのための読書

成功をおさめているバリュー投資家は、どうやってその投資アイデアにたどり着いたのかと尋ねられることがよくある。それに対して簡潔に答えるならば、多くを読むことによってということになる。

フランチェスコ・パラメスは「世界の状況をきちんと理解して、その理解と自分自身が集めた情報を照らし合わせること」でアイデアが生まれると述べている。これは、ある日、目覚めて、むやみにアイデアを探そうとするような行動からは起こりえない、規律あるプロセスである。その意味において、新しいことを学ぶ熱意やオープンマインドであり続ける姿勢が重要といえる。

トーマス・カーンは、読書をしないバリュー投資家を一人も知らないという。トーマスの父親アービングがよい例である。「読書をしないで投資アイデアを考え出す投資家はみたことがない。父は何千冊もの本を読んでいたけれど、なかでも科学の本はお気に入りだった。科学について広範な知識をもっていたおかげで、過去にとらわれることはなく、今後の進展に注目していた。いつも未来の技術革新と、それが人類の将来にもたらすよいことについて考えていた」

アービング・カーンは、投資家たちが投資アイデアを生み出すために正しい運用方針や考え方を求めていた初期の頃に思いをはせる。現在は、インターネットの普及によって、優れた投資アイデアを見つけることはより簡単になっている。

彼は私にこういった。「当時はいまと違って、株式市場の業種分類も両手で数えるほどしかなかった。いまやさまざまな国にたくさんの種類のビジネスがあるから、投資家はこれはと思う銘柄を簡単に見つけ出すことができるようになっている。また、インターネットがより多くの情報を得ることを可能にしている。もし、投資機会がないと不満に思っているのなら、それはまだ真剣さが足りないか、まだ狭い範囲でしか読んでいないということに等しいよ！」

アジアのチア・チェング・フイェは、生涯にわたって熱心に学び続けている。彼は、よいアイデアはほとんどの場合、自然と生み出されるものだと考えている。細部に注意を払い、何かが起きることを辛抱強く待つことでよいアイデアが生まれる。チアは、創意工夫を喚起するために、一年後に記者たちがどのような記事を書くかを想像することで投資の未来を可視化するように運用チームに指示している。

よい投資アイデアは、単純に幸運によるものだと考える人もいるが、昔ローマの哲学者セネカが「幸運とは準備とチャンスが出会うときに生まれる」と書いていることに留意すべきだろう。

ファンダメンタルズを超えて

バリュー投資家というと、純粋にビジネスのファンダメンタルズに注目し、広い視野で経済をみようとしない投資家という見方が一般的である。先進国の経済においてはそういえるかもしれないが、新興市場に投資するバリュー投資家はマクロ要素への配慮を怠らない傾向がある。チア・チェング・フイェも「企業にだけフォーカスしてはならない。企業を取り巻く環境を無視してはならない」といっている。

シンガポールでは、ティング・イック・リーエンがアジアの政治を理解することが特に重要だと考えている。政治が動くことで、その地域の経済が劇的に変化するため、投資機会が発生するのも、消滅するのも速いのだ。アジアにおいては景気のサイクルが短いため、マーケットの変動は成熟した経済圏よりも大きくなる。そのため、ベンジャミン・グレアムやウォーレン・バフェットが欧米において説いてきたバリュー投資の適用にあたっては柔軟性が要求される。

ティングはこう警告している。「株の市場評価は乱高下するため、マーケットのボラティリティーに対する一定の配慮をもたないままに長期保有戦略を実施すると、損失を出す可能性が高まる。相場をみて、積極的に売買せよといっているのではない。マーケットが浮かれているときや、株価が最高値に達したときをねらって利益をあげ、マーケットが修正したときに再び買い戻すのが賢い投資だといっているのだ」

スパークス・グループの阿部修平は、一九九〇年代に日本のデフレを経験し、広い視野をもって目の前の状況に対応することの重要さを学んだ。さらに阿部は、投資家がそれぞれの国でバリュー投資を実践するためには、それぞれの国に応じた修正が不可欠だと指摘している。

日本における失われた一〇年に対応するにあたり、阿部は、どの投資が過小評価されているのかを把握することは、どの投資が過大評価されているのかを把握することと同じだという結論にたどり着いた。そして、両方のメリットを享受すべく、ロング・ショートの投資戦略をつくりだした。

この新たな手法のおかげで、日本経済が下降し続けた局面でさえも阿部の運用成績は好調だった。彼は私にこういっている。「日本市場におけるソリューションを投資家に提供し続けるために、私たちは進化しなければならなかった。顧客の本当のニーズ、つまり資金を維持してプラスのリターンを生み出すことを可能にする取引手法を新たに見つけることが求められた」

近年、特にリーマン・ブラザーズの破綻以降、欧米のバリュー投資家たちも政治経済の動向に対してより注意を払うようになっている。

ジャン・マリー・エベヤールは、自分たちがいまだに第二次世界大戦後の経済的・財政的状況下にいるのか、あるいは二〇〇八年の金融危機によってより大きな影響を受けたのか、確信をもてずにいた。彼はバリュー投資家仲間に、ボトムアップでありつつもトップダウンに目を光らせておくよう警鐘を鳴らしている。

イギリスのアンソニー・ナットは、いまでもボトムアップ・アプローチに強い信頼を置いている。しかし、彼もエベヤールと同様に、過去数年にわたってマクロ経済政策が世界の株式市場に大きな影響を与えてきたことを認めている。「トップダウンの視点で世界各国のマクロ経済政策をみていると、長期のビジネストレンドを理解することができるのだ。ビジネストレンドによって成功する業種とそうでない業種がみえてくる。正しい業種を選ぶ限り、よい企業は成功の度合いに差こそあれ、さまざまな経済サイクルにおいて成功すると私たちは考えている」

私がインタビューをしたバリュー投資家の全員が、産業セクターやビジネスについて長期にわたって深い見識を養っていた。投資の理論的根拠は常にボトムアップ・アプローチに基づいていたが、経済に関する幅広いトピックについても精通していた。彼らはインフレ率が二・〇%か二・五%か、失業率が八・〇%か八・五%かということには関心がない。経済全体をどのようにとらえ、理解するかを考えることにより、ボトムアップの投資分析を補完しようとしていたのだ。

投資を終えるタイミング

本書に登場するバリュー投資家は、少なくとも三年から五年の投資期間を設定する傾向にある。売りどきを決める際に彼らが重視するのは、投資の保有期間よりも投資の価値評価である。

アンソニー・ナットにとって投資の最もむずかしい側面は、どの銘柄が安いのか、または高いのかを判断することではなく、ほかの投資家が同一の銘柄を同じようにみているかどうかを判断することだった。マーケット全般においてある銘柄が見過ごされている場合、当面その銘柄は過小評価され続ける可能性がある。そこで、ナットは投資評価に基づいて売りのタイミングを定めることにした。価格が価値を最大限に織り込んだとき、あるいはビジネスの状況が悪化し始めた場合にのみ売却することにしていた。

ナットと同様、アービングとトーマス・カーンも投資に時間的枠組みを設けることをよしとしていない。彼らが保有する資産のなかには、数十年にわたってポーフォリオに組み込まれているものもある。最も重要なのは忍耐と規律であり、バリュー株を保有する際に近視眼的であってはならないと彼らはいう。

カーンは、数カ月あるいは数年で株価が上昇しないからといって、その銘柄がよいパフォーマンスを生まない株だとは言い切れないと指摘している。バリュー株はその保有期間の大部分において、マーケット全体に対して後れをとることが多い。しかし、最終的にその本当の価値が株価に反映されたとき、マーケット全体に比べて魅力的な年次のリターンに投資家が驚くこともよくあることだ。

バリュー投資においては、売り込まれた銘柄をバリュー株だと誤認してしまう〝バリュー・トラップ〟という現象がある。ジャン・マリー・エベヤールは、もしある株に実際に価値があって、それでも人々がそれを〝トラップ〟と呼んでいる場合、問題なのは人々のほうであるとしている。「株価が本質的価値を反映するまで待てないからといって、単純にバリュー・トラップという概念を持ち出すのはおかしい。正しい分析をし、忍耐強く待っていれば、株価は必ず本質的価値を反映するはずだ！」

一方で、エベヤールは、〝一時的な未実現の投下資本の損失〟と〝恒久的な投下資本の損失〟とは異なるものだと考えている。バリュー株には回復するための時間が必要なため、前者には忍耐が求められる。後者は投資家がビジネスの強みと弱みを見誤ったことを意味する。そうであれば、投資家は即座に損切りし、失敗から学び、次へと進むべきである。

新興市場においては、売りのタイミングには逆張りの発想が必要だ。マーク・モビアスは最低五年間の保有期間を設けており、その間でならば、マーケットが乱高下することを歓迎している。「特に新興市場はまだ成熟していないために、人々はいつも過度に強気になったり、弱気になったりする。バリューを重視するため、私たちは他の投資家が手を引いたときに投資することができる。また、バリューの規律にのっとって異なる市場と比較することにより、割高なマーケットを見つけ出し、他の投資家が参入したときに、私たちは手を引くこともできる」と彼は述べている。

長期投資のパフォーマンスは二つのリターンによって構成される。一つは投資のリターン、もう一つは再投資による複利効果である。多くの投資家が特定の投資に関する優れたリターンについて自慢する。問題なのは、彼らがこうした投資先を複数確保しているかどうかだ。

香港のヴィーニー・イェは、売却時には常に再投資リスクについて考えているという。「ほとんどの投資家は再投資のリスクを軽くみて、きちんと分析しようとしていない。投資がうまくいって、株を売ったとしよう。そうして手にした資金は、いずれにせよ何かに再投資しなければならない。再投資のスキルをだれも重視していないようだが、優れた投資家と普通の投資家との分かれ目は、まさに再投資のスキルにある。優れた投資家は常に再投資の準備をしていて、複利効果を働かせることができるんだよ」

スーパー投資家ウォルター・シュロスは、ビジネスの潜在的な可能性よりも数字を重視し、妥当な価格に到達したら、上がりきる時点よりもかなり前に売却していた。ダウンサイドリスクを注視していたからであり、アップサイドの可能性は無視していたのである。したがって、彼は再投資のアイデアを探すために、ほかの投資家たちよりも一生懸命に働かなければならなかった。

シュロスはこう述べている。「うまくいかなかったとか、もっとうまくいったのにとかいって悔やんでも仕方がない。人生において大事なのは、次のことにとりかかることだ。私の父は〝ひどいことが起きないだけで儲けものだ！〟と教えてくれたよ。私の目標は損を抑えることなのだ。すると、いくつかの銘柄の株価が上昇してくれれば、複利効果でリターンは上昇するものだ」

シュロスは謙遜して認めなかったが、早すぎるタイミングでの売却であっても彼は四六年間で複利年率一六％のリターンを生み出していた。同期間におけるＳ＆Ｐ５００でのリターンが約一〇％であったことと比べると、シュロスの運用では一〇倍もの資産が生み出された計算になる。

バリュー投資との相性

一二名の投資家と話をしたことで、バリュー投資家になるかどうかは性格によるところが非常に大きいと私は確信した。ジャン・マリー・エベヤールは「バリュー投資家はなぜこんなにも人数が少ないのか」と疑問を投げかける。それに対して彼が出した答えは、バリュー投資家はほかの投資家から後れをとることを受け入れ、かつ、精神的にも財政的にもそれに耐えることを求められるから、というものだった。

ヴィーニー・イェは、投資が即座に祝福されることはないとわかり、バリュー投資の原理はつまるところ気質だと考えている。バリュー投資は、投資のダウンサイドリスクを最初にみるような保守的な人にとって魅力的なのだ。

「バリュー投資を通じて公正さの感覚が養われる。バリュー投資では、慎重にことを進めながら安全域を確保できる銘柄を探す。それによって思慮深くなり、ほかの大勢の意見に左右されなくなる。こうした思想によって正しい気質を養うことができ、最終的には投資プロセスや投資戦略がより高度なものになっていくのだ」

ウィリアム・ブラウンは、投資家は感情的になって当然であり、ニュースに影響されるものだが、バリュー投資家はメディアが紹介する意見や論評に接しても冷静さを保つことができるとみている。その秘訣はおそらく、客観的思考という知的フレームワークにあるのだろう。

バリュー投資家はみな、投資とは半分はアートであり、残り半分は科学であるととらえている。投資価値を計算するための基礎的な素養は必要だが、より大切なのは熟考することである。トーマス・カーンがいったように、もし投資は数字がすべてのゲームであったなら、コンピュータのプログラムで常に正しい銘柄を見つけることが可能だろう。しかし、実際はそうではない。

私が前著『バフェット合衆国――世界最強企業バークシャー・ハサウェイの舞台裏』で学んだことは、投資判断は常に明確な事実と前提に基づいて行われるべきであるということだ。ビジネスの価値が、そうして見出された価値以上のものであることはない。バフェットがいうように、「価格はあなたが払うもの。価値はあなたが得るもの」である。

一年や二年のリターンのよさをもって、優れた投資実績ということはできない。優れた投資実績とは、さまざまに変化する市場環境を生き延びたことをいう。正しい投資モデルをもっていることは大事だが、公正かつ誠実に投資することのほうがもっと大事である。九五年の生涯において一八回もの不況を耐え抜いたウォルター・シュロスは、すべての投資家にとってお手本となる存在だ。

ウォーレン・バフェットは、シュロスの死後、二〇一二年二月に所感として次のように語っている。「彼の運用実績は並外れているが、それよりも重要なのは、彼が資産運用において誠実さの模範となる例を示したことだ。ウォルターは、投資家が多額の儲けを出さない限り、彼らから一ダイムのカネももらおうとはしなかった。彼は投資家に対して手数料を定額で課すことをいっさいせず、利益を分け合っただけだった。彼の受託者としての感覚は、彼の投資スキルとすべての点において合致していた」

ウィリアム・ブラウンは、シュロスのことを誠実さのかたまりのような人だったといっている。それは彼が、汚い取引には決して手を出さず、投資家を損失から守ることを常に自らの義務としていたからだ。ブラウンはこういう。「友達も顧客も株式市場でのばかげた失敗は許してくれるだろうが、彼らを欺く行為は絶対に許してくれない！」

シュロスの親友アービング・カーンは、将来に対して常に前向きで、ストレスに邪魔されることを決して容認しなかった。彼なら、健康を損ねてカネ持ちになることに何の意味もないというだろう。

一〇六歳のカーンが考える、投資を成功させるために必要なものとは、バリュー投資家だけではなく、すべての投資家に当てはまることだろう。すなわち、活動的であること、さまざまな人と会うこと、刺激を受けること、読書に励むこと、将来にフォーカスすることだ。「どんなときでも何かやることはあるものさ。ちょっとだけしっかりと物事を観察し、クリエイティブになって、柔軟に考えればいいだけのことだよ！」

結局、投資は楽しくあるべきであり、かつ、チャレンジングであるべきだ。ストレスや不安になるものではない。不確かな世の中にいてバリュー投資を実践するのは、実際のところ、穏やかな心を保つための一つの手段である。安全域にフォーカスし、長期的に考え、忍耐強くあることで、時間をかけて安定的な投資を実現するというゴールに至る。そのプロセスにおいて、投資家は人生における幸福感や満足感を得ることもあるだろう。

最後は、バリュー投資の父ベンジャミン・グレアムの言葉で締めくくろう。「投資家にとっていちばんやっかいな存在、最も悪しき敵でさえあるものは、自分自身であろう」

謝　辞

この本はチームの成果である。私自身は著者というよりもオーガナイザーであり、コーディネーターであった。出版社のジョン・ワイリー&サンズなしにこの本が世に出ることはなかっただろうし、尊敬されているバリュー投資家がこぞって参加してくれなければ、出版すべき本そのものが存在しなかっただろう。

まず、以下の方々には本書への参画と寄与に謝意を表したい。アービング・カーン、マーク・モビアス、ジャン・マリー・エベヤール、トーマス・カーン、ウィリアム・ブラウン、ティング・イック・リーエン、アンソニー・ナット、阿部修平、チア・チェング・フイエ、ヴィーニー・イエ、そしてフランチェスコ・ガルシア・パラメスという著名なバリュー投資家たちだ。彼らにインタビューの機会をもらったのはきわめて貴重なことだった。正直なところ、彼らに直接会って、彼らと彼らの経験から学ぶ以外に、これらの優れた投資家たちからバリュー投資のエッセンスを取り入れる方法は思いつかなかった。

ウォルター・シュロスは二〇一二年二月一九日にニューヨークのマンハッタンで逝去した。九五歳だった。私は二〇一一年九月末頃に彼と話した日のことを覚えている。電話口の彼は、本書に自身が登場することを受け入れてくれた。彼は旅行に出かけるようで、それを勘案すると二〇一二年の年初がインタビューにはよさそうだった。ただ、彼は旅行に出かける前に会えるなら、それでもよいといってくれた。

私は迷うことなく香港からニューヨークに飛んだ。彼のマンハッタンのアパートを訪ね、午前中いっぱいをインタビューに費やし、成功という言葉の意味やバリュー投資のコンセプトについて学ぶ機会を得た。より重要なのは、誠実さと一貫性についても学べたことだ。インタビューの最後に、ウォルターは、投資という最もやりたかったことを実行する機会を与えてくれたアメリカをいかに愛しているかを語ってくれた。彼との出会いは、本当に名誉なことだった。

バリュー投資のレジェンドたちへのインタビューに加え、多くの人たちが私のプロジェクトを支えてくれた。マシュー・久保、アンドリュー・カーン、ベルトラン・パラヘス・レベルテラ、エダ・ナドラー、ロバート・クローショー、ジャビエ・サン・デ・センザノ、リチャード・ピリエロ、デビー・ラスマン、アリシア・ワイリー、ビディ・ハング、アン・リュイ、リサ・グリフィス、ジュディ・ラーソン、ジタ・ングの名前を謝意を込めてここに記す。

コロンビア大学のヘイルブラン・センター・フォー・グレアム・ドッド・インベスティングのアカデミック・ディレクターであるブルース・グリーンウォルドには本書の冒頭の「発刊に寄せて」を寄稿してもらった。『ニューヨーク・タイムズ』紙はグリーンウォルド教授を「ウォールストリートの導師たちにとっての導師」と呼んでおり、この導師からの寄稿は、本書に重みを与えてくれたと感謝している。

グリーンウォルド教授のほかに著名な方々から直接、間接に励ましの声をいただいた。ドナルド・キーオ、ウォーレン・バフェット、ドナルド・ヤックマン、デイビッド・ダースト、ネイト・ダルトン、チャールズ・マック、プレム・ジャインに謝意を表したい。

最初の著作『バフェット合衆国――世界最強企業バークシャー・ハサウェイの舞台裏』を書き終えた時、私はこの本が最初で最後の著書になるだろうと考えていた。しかし、読者や出版社からの好意的なコメントがあり、私は書き続けることができた。

最初の本では、世界的なバリュー投資家であるウォーレン・バフェットと、彼の周囲の参謀たちが成功した理由について書いたので、今回の著作では、自然の流れでバリュー投資そのものに焦点を当てることになった。そのために世界中の著名なバリュー投資家にインタビューすることになるのも当然の流れであり、その結果として本書がある。

本書で何を書くかはすぐに決まったのだが、著名なバリュー投資家をリストアップするのはむずかしかった。多くの投資家はアメリカを本拠にしているが、本書では、世界中のさまざまな地域でバリュー投資という同一の投資への心構えが共有されている理由を明らかにするために、できる限り多様な文化的な背景をもつ投資家たちを取り上げたかった。多くの人々が一般的な、またはアイデアを練り上げるためのサポートをしてくれたが、とりわけ、ブライアン・リュイ、ウィリアム・ツァング、キット・チャン、アンブローズ・トング、マイケル・ウォング、ジョイス・ツァング、トリスタン・ワン、デニス・ラム、トミー・ジム、ボニー・チャン、クレア・チャン、シャロン・チャウ、ダリン・ウー、ジョナサン・フイ、テレンス・シュー、デブ・スジャナニには深く感謝する。

ジョン・ワイリー&サンズは本書作成に特別のサポートを与えてくれた。特にニック・ウォールワーク、ジュレス・ヤップ、ゲマ・ロージー・ディアズ、ステファン・スキーンには出版までの過程で大変世話になった。また、デブラ・エングランダーのガイダンスなしには私は本を書くということにすらたどり着かなかっただろう。

この本の構成の責任はもちろん私にあるが、私が個人的に編集作業を依頼したエリカ・ヘベレスウェイト、マイク・プール、ニック・ケースは英語による表現方法のチェックをしてくれた。男女混成のこのチームにより、男性、女性双方の視点から、バランスのとれた本になったのではないかと思う。

最後に、妻のジャシンス、娘のチェルシー、亡父のヤト・サン、母のミレーヌ、妹のジェイド、義理の弟のジョンソンにもおおいなる謝意を表したい。

最初に本書にとりかかった際、私の母親は、私が混迷を深める経済に直面しつつ、家族を育み、資産運用会社を切り盛りしながら、どうやって時間を見つけて本を書くなどという贅沢ができるのかと心配していた。私は母に、秘密は継続することにあると説明した。本書は一三章からなる。それぞれの章はだいたい英語で五〇〇〇語ほど。毎日一時間使って五〇〇語を書けば、一〇日で一章ができあがる。たったの五〇〇語だ！　五カ月で書き終わって、なお、ほかの私の責任を果たすための時間をたっぷりとることができる。

インタビューしたバリュー投資家は、いずれも共通のことを教えてくれた。一年や二年、たまたまリターンがよくても、優れた投資パフォーマンスとはいわず、仲間からの尊敬を勝ち取ることもできない。継続的にリターンを出すことが重要なのだ。

冒頭に記したように、本書は個人の業績ではなく、チームワークの成果である。ここで言及した人々すべての協力がなかったら、私の夢が実現することはなかった。みなさん、ありがとう！

訳者あとがき

日本の資産運用、とりわけ株式運用では、国をあげて大きな変化が起きている。二〇一四年には金融庁が日本版スチュワードシップ・コードを公表し、資産運用会社に投資先企業との対話を促した。同年には経済産業省がいわゆる伊藤レポートを公表し、投資家、資産運用業者、企業等による運用・資金の一連の流れとしてインベストメント・チェーンという概念を提唱した。二〇一五年には金融庁と東京証券取引所を事務局とするコーポレートガバナンス・コードが公表され、企業のガバナンスや情報開示のあるべき姿が示された。

こうした動きの背景には、長期投資の促進という政策目的がある。投資はともすれば、短期で利益をあげることを目指すショート・ターミズムに陥りがちだ。しかし、長期にわたって投資を実践する長期投資家がいないことには、人々の経済活動の基盤となる企業の成長は望めない。長期投資のためには、投資家とその委託を受ける資産運用業者と、投資先の企業との間の対話（エンゲージメント）が欠かせない。

投資家・資産運用業者は企業としっかりと対話をすることで、財務情報に加えて有益な情報を得ることができる。その有益な情報とは非財務情報である。非財務情報とは経営者の経営哲学、人材についての考え方、社会との共生、ビジネスモデル等々、財務諸表に記載される数字や言葉には表しえない、しかし、長期投資には欠くことのできない情報だ。

このような先進的な動きがわが国で起きている……。いやいや、こんなことはバリュー投資の世界では常識だ。一九三〇年代からずっとやり続けているのだ。本書を読めばそれがよくわかる。時代がやっとバリュー投資に追いついたということだろうか。

ウォルター・シュロス、アービング・カーンをはじめとする古今東西の卓越したバリュー投資家たちの生い立ちを含め、投資に対する姿勢、投資手法をわかりやすく、具体的に記した本書は、いまのわが国での投資のありようをリードするものではないかと思えるほど、先進性に富んでいる。

著者のロナルド・チャンは、誠実さと愛嬌を兼ね備えた好青年だ（私からみれば若い！）。自らチャートウェル・キャピタルという資産運用会社を経営している、プロのファンドマネジャーでもある。この誠実さと愛嬌、そしてプロとしての知見を武器に、本書に登場するすごい投資家たちにメール、手紙、電話でアポイントメントをとり、自ら足を運んで、どんどん取材している。その成果が本書なのだ。居並ぶバリュー投資家たちも、ロナルドの人物としての魅力にひきこまれて、つい本音を吐露してしまったのではないかと思われる記述も数多くみられ、類書にはない深さがあるように感じられる。

私は一九九〇年にシカゴ大学でマートン・ミラーから、平均分散に基づく投資理論を学ぶ機会を得た。その後、ハリー・マーコヴィッツやウィリアム・シャープからも教えを請う機会があった。彼らに共通しているのは、株式投資をするにあたって投資先企業との対話は欠かせない、そのうえでポートフォリオに含まれる株式は分散されるべきである、という考え方だ。それがいつの間にか、対話という基本が忘れ去られ、財務情報だけを頼りに数量的にポートフォリオを作成することが論理的・先進的投資だと勘違いされたのではないかという思いがある。本書は、株式投資の本質に立ち返る機会を与えてくれるのではないかとも期待している。

最後に、何度も質問をする訳者に丁寧に答えてくれたロナルド・チャンに感謝したい。また、本書の翻訳の機会を与えてくれた一般社団法人金融財政事情研究会の花岡博氏に感謝したい。花岡氏には多くの時間を割いていただいて、ほとんど翻訳者であるかのごとくのアドバイスを頂戴した。共訳者の小林真知子氏は持ち前の緻密さを発揮し、おおいに貢献していただいた。この貢献なく、翻訳は完了していなかった。もちろん訳文の不出来の責はすべて山本御稔にある。

本書が、わが国に真の長期投資家を生み出す一助になればと期待している。

訳者代表　**山本　御稔**

【本書で紹介されている文献の一覧】

・“You Can be a Stock Market Genius”, Joel Greenblatt, Touchstone
『グリーンブラット投資法―M&A、企業分割、倒産、リストラは宝の山』ジョエル・グリーンブラット著、奥脇省三訳、パンローリング刊
（発刊に寄せて「あなたも天才投資家になれる」）

・“Security Analysis”, Benjamin Graham and David Dodd, Mc Graw-Hill Education
『証券分析』ベンジャミン・グレアム著、デビッド・ドッド著、関本博英訳、パンローリング刊
（発刊に寄せて、第1章、第2章、第5章、第12章「証券分析」）

・“The Intelligent Investors”, Benjamin Graham, HarperBusiness
『賢明なる投資家』ベンジャミン・グレアム著、土光篤洋監修、増沢和美訳、新美美葉訳、パンローリング刊
（第3章、第5章、第9章、第10章「賢明なる投資家」）

・“Storage and Stability”, Benjamin Graham, Mac Graw-Hill
本邦未訳
（第2章「備蓄と安定性」）

・“10 ways to Beat an Index”, Tweedy, Browne.http://www.tweedy.com/research/papers_speeches.php
本邦未訳
（第4章「インデックスに打ち勝つ10の方法」）

・“One Up on Wall Street”, Peter Lynch with John Rothchild, Simon & Schuster
『ピーター・リンチの株で勝つ』ピーター・リンチ著、ジョン・ロスチャイルド著、三原淳雄訳、土屋安衛訳、ダイヤモンド社刊

（第6章「ワンアップ・オン・ウォールストリート」）
・"Common Stocks and Uncommon Profits", Phillip A. Fisher, Wiley
『フィッシャーの「超」成長株投資―普通株で普通でない利益を得るために』フィリップ・フィッシャー著、高田有現訳、武田浩美訳、フォレスト出版刊
（第6章「普通株と普通でない利益」）
・"The Austrian School: Market Order and Entrepreneurial Creativity", Jesus Huerta de Soto, Edward Elgar Publishing
本邦未訳
（第6章「オーストリア学派：市場の秩序と起業家の創造性」）
・"Trading with China", Mark Mobius, Interasia Publication ltd.
本邦未訳
（第8章「中国との取引」）
・"The Investor's Guide to Emerging Markets", Mark Mobius, Mc Graw-Hill Companies
『エマージングマーケットとは何か―いま、世界で一番おもしろい投資分野』マーク・モビアス著、荒木隆司監訳、ダイヤモンド社刊
（第8章「新興市場への投資ガイド」）
・"Mobius on Emerging Markets", Mark Mobius, FT Press
本邦未訳
（第8章「新興市場とは何か」）
・"Passport to Profits", Mark Mobius, Wiley
『国際投資へのパスポート　モビアスの84のルール』マーク・モビアス著、林康史訳、宮川修子訳、日本経済新聞社刊

（第8章「国際投資へのパスポート」）

・"Equities – An Introduction to the Core Concepts", Mark Mobius, Wiley
本邦未訳
（第8章「株式の本質を理解する」）

・"Mutual Funds – An Introduction to the Core Concepts", Mark Mobius, Wiley
本邦未訳
（第8章「ミューチュアル・ファンドの本質を理解する」）

・"Foreign Exchanges – An Introduction to the Core Concepts", Mark Mobius, Wiley
本邦未訳
（第8章「外国為替の本質を理解する」）

・"Money Masters of Our Time", John Train, HarperBusiness
『マネーマスターズ列伝―大投資家たちはこうして生まれた』ジョン・トレイン著、坐古義之訳、臼杵元春訳、日本経済新聞社刊
（第12章「マネーマスターズ」）

・"Financial Statement Analysis: A practioner's Guide", Martin S. Fridson and Fernando Alvarez, Wiley
本邦未訳
（第12章「財務諸表分析：実務者向けガイド」）

・"A Random Walk Down Wall Street", Burton G. Malkiel, W. W. Norton & Co Inc
『ウォール街のランダム・ウォーカー―株式投資の不滅の真理』バートン・マルキール著、井手正介訳、日本経済新聞出版社刊
（第13章「ウォール街のランダムウォーカー」）

・"Behind the Berkshire Hathaway Curtain: Lessons from Warren Buffett's Top Business Leaders", Ronald W. Chan, Wiley
『バフェット合衆国―世界最強企業バークシャー・ハサウェイの舞台裏』ロナルド・W・チャン著、船木麻里訳、パンローリング刊
（第13章「バフェット合衆国」）

[マ 行]

[ヤ 行]

[ラ 行]

[ワ 行]

［タ　行］

［ナ　行］

［ハ　行］

事項索引

価値の探究者たち

平成29年1月6日　第1刷発行

著　者　Ronald W. Chan
訳　者　山　本　御　稔
　　　　小　林　真知子
発行者　小　田　　　徹
印刷所　奥村印刷株式会社

〒160-8520　東京都新宿区南元町19
発　行　所　一般社団法人 金融財政事情研究会
　　編 集 部　TEL 03(3355)2251　FAX 03(3357)7416
販　　　売　株式会社 き ん ざ い
　　販売受付　TEL 03(3358)2891　FAX 03(3358)0037
　　　　　　URL http://www.kinzai.jp/

ISBN978-4-322-13026-3

扉の絵：Kiki Mok
カバーの絵：Jaques Wardlaw Redway, *The Redway School History, Outlining the Making of the American Nation* (New York: Silver, Burdett and Company, 1905) 282, from http://etc.usf.edu/clipart/21900/21903/49ers_21903.htm